"十三五"普通高等教育本科系列教材

DIANGONG JISHU JICHU

电工技术基础

主编 丁巧林

编写 谢 庆 张建坡 高本锋 杨 琳

主审 姚缨英

中国电力出版社

CHINA ELECTRIC POWER PRESS

内 容 简 介

　　本书共 9 章，包括电路模型及其基本定律、直流电阻电路的分析、电路的暂态分析、正弦稳态电路的分析、三相电路、磁路与铁芯线圈电路、三相异步电动机以及基于 MatLab 软件的电路辅助分析方法、部分习题参考答案。本书配有数字资源，读者可通过扫描书中二维码获得。本书推荐的理论教学时长为 52 课时左右、实验时长为 12 课时左右，共 64 课时，对其中加 "*" 的章节不做硬性要求。

　　本书适合作为普通高等院校理工科中弱电、非电专业学生 "电工学" 课程的学习用书。

图书在版编目（CIP）数据

电工技术基础/丁巧林主编 . —北京：中国电力出版社，2019.5（2023.6 重印）
"十三五"普通高等教育本科规划教材
ISBN 978 - 7 - 5198 - 2592 - 8

Ⅰ.①电… Ⅱ.①丁… Ⅲ.①电工技术—高等学校—教材 Ⅳ.①TM

中国版本图书馆 CIP 数据核字（2018）第 255154 号

出版发行：中国电力出版社
地　　址：北京市东城区北京站西街 19 号（邮政编码 100005）
网　　址：http://www.cepp.sgcc.com.cn
责任编辑：陈　硕（010 - 63412532）
责任校对：黄　蓓　太兴华
装帧设计：郝晓燕
责任印制：钱兴根

印　　刷：三河市百盛印装有限公司
版　　次：2019 年 5 月第一版
印　　次：2023 年 6 月北京第五次印刷
开　　本：787 毫米×1092 毫米　16 开本
印　　张：14.25
字　　数：366 千字
定　　价：40.00 元

前　言

本书以教育部《关于进一步加强高等学校本科教学的若干意见》为指导依据，面向普通院校理工科中弱电、非电专业的学生的电工学课程用书而编写。

电工技术基础是高等院校弱电、非电专业的技术基础课程，开设本课程的主要目的是使学生掌握必备的专业基础知识和从事电工、电子行业的基础理论。为此，本书包括了电工技术领域中基本概念、基本理论、基本知识和基本分析方法，并通过例题讲授以加强学生对理论知识和分析方法的理解与应用。书中配有适量的思考题和课后习题，以便学生及时练习巩固。

本书为新编教材。全书内容较为全面而丰富，共 10 部分，包括电路模型及其基本定律、直流电阻电路的分析、电路的暂态分析、正弦稳态电路分析、三相电路、磁路与铁芯线圈电路、三相异步电动机以及基于 MatLab 软件的电路辅助分析方法、部分习题参考答案。

本书在编写时，注意了以下原则：

（1）理论与实际相结合的原则，以帮助学生培养分析和解决问题的能力。

（2）循序渐进、由浅及深的原则，对于难点和重点内容，尽量做出清晰阐述，层层引导，练习题设置由简到难，逐步深入。

（3）重视计算机工具使用，新增了附录 A 基于 MatLab 软件的电路辅助分析方法，形成了"理论研究＋计算机仿真＋动手实践"的完整教学链条，便于学生加深对理论知识的学习掌握，并培养学生初步具备利用计算机进行电路分析处理的能力。

（4）重视对学生人文品质的教育，新增了拓展知识：电工技术知名人物略记，将近代历史上为电工技术发展做出卓越贡献的部分知名人物进行了梳理，以激发读者兴趣，学习优秀科学家事迹，并鼓励读者投身伟大科学事业。该内容为数字资源，读者可通过扫描书中二维码获得。

（5）本书注意到跟其他课程及后续课程的配合与分工，避免了知识的脱节和赘述。但为了加强理论的系统性，重要的基本概念和定理仍被列入书中，起到温故而知新的作用，对于后续专业课程深入学习的内容，则点到为止。

本书按照 64 课时编写，其中理论教学 52 课时左右、实验 12 课时左右，教学实施过程中对加"＊"的章节可不做硬性要求。为照顾少学时教学计划，本书也可按照理论教学 40 课时左右、实验 8 课时左右实施，建议少学时教学实施中可对动态电路、磁路等内容适当降低要求，但务必确保学生对基本概念的理解及基本方法的掌握。

本书由华北电力大学丁巧林副教授主编并负责统稿。其中前言、第 1、2 章由谢庆编写，第 3 章由杨琳编写，第 4、5 章由丁巧林编写，第 6 章、附录 A 由张建坡编写，第 7 章由高本锋编写，附录 B 由李婷、谢庆共同编写。李婷、郭海潮参与了本书部分内容及习题整理工作。

本书是华北电力大学电工技术基础课程团队多年教学经验的积累与提炼，是课程团队及所在教研室老师集体智慧的结晶。本书出版过程中参考了同行成果，也得到了诸多老师的指导与出版社的帮助，在此一并致谢。

本书承浙江大学姚缨英教授仔细审阅并提出诸多宝贵修改意见，在此表示衷心感谢。

限于编者能力及时间有限，书中不妥与疏漏在所难免，甚至出现错误之处。恳请广大读者，尤其是使用本书的教师、学生，批评指正，提出宝贵意见，以便修改完善。

编者

2018 年 12 月

目　录

第1章 电路模型及其基本定律

电路分析的任务是研究电路的基本规律，分析电路的计算方法。本章重点介绍电路模型，电流、电压的参考方向，理想电路元件及其伏安特性，基尔霍夫定律，电位的概念及其计算等内容。通过学习达到以下要求：

（1）理解电路模型的概念；

（2）理解电流和电压参考方向的概念；

（3）掌握功率的计算及意义；

（4）理解理想电路元件的概念，掌握其伏安特性；

（5）理解基尔霍夫定律，并能熟练应用；

（6）理解电路中电位的概念并掌握其计算方法。

1.1 电路与电路模型

1.1.1 电路的组成与作用

实际电路是为了实现某种功能由电气设备或电器元件相互连接而构成的电流通路。常见的电气设备和电器元件有发电机、变压器、电动机、电热炉、二极管、三极管等。

实际电路形式多样、千差万别，功能和作用也各不相同，一类可以实现电能的传输和分配，一类可以实现信号的传递和处理。图1-1（a）所示的电力系统，在发电厂内发电机可把热能、水能、核能等能量形式转换为电能，经变压器升压后由输电线路传输到用户侧，再经变压器降压后将电能分配给负荷（电动机、电热炉、家用电器等），最后把电能转化为机械能、热能或其他形式的能量。图1-1（b）所示的扩音机电路，话筒将语言或音乐信号转化为相应的电压和电流信号，通过中间电路及放大器滤波、放大等处理后传递到扬声器，还原为语言或音乐信号。类似的例子还有电视机、收音机中的信号接收和放大电路；计算机中对采集的外部信号进行分析、计算、处理和储存等操作的电路；仪表中对电压和电流等信号进行测量的电路等，不胜枚举。

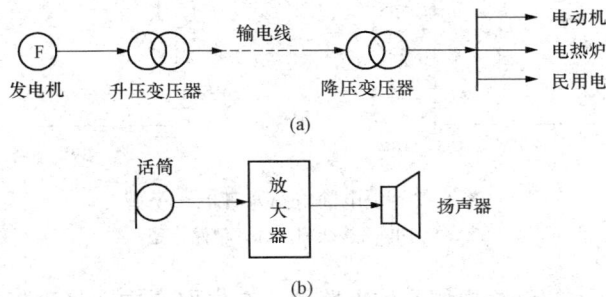

图1-1 实际电路示意图
（a）电力系统；（b）扩音机电路

　　无论电路多么复杂，按照电路结构都可以将其划分为三部分：提供电能或电信号的电源部分，吸收电能或接收电信号的负载部分，连接电源和负载的中间环节部分，有时为了分析方便也可以将电路划分为电源和负载两部分，如图 1-2 所示。

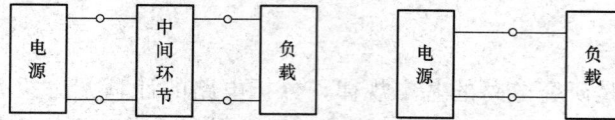

图 1-2　电路的划分

　　电路中的电压和电流是在电源的作用下产生的，电源又称为激励，由激励在电路中产生的电压和电流称为响应。有时根据激励和响应之间的因果关系，把激励称为输入、响应称为输出。

1.1.2　电路模型

　　实际电路的电磁特性非常复杂，不便于分析计算，通常采用模型分析法，即先对实际电路科学抽象，突出其主要电磁特性，获得其电路模型，再对电路模型进行分析计算，然后根据计算结果结合实际情况给出结论。电路模型是对实际电路进行科学抽象的结果，由理想电路元件和理想导线相互连接而成，简称电路。理想电路元件是理想化元件，具有特定的电磁特性和数学定义，可用相应的电路参数来表征，是构成电路模型的最小元素。如后面介绍的理想电阻元件、理想电感元件、理想电容元件、理想电压源、理想电流源及理想受控源等，这些元件统称为电路元件，简称元件。根据其与外接电路连接的端子数目又可分为二端元件和多端元件。

　　将一个实际电路抽象为电路模型的过程，也是突出电路主要电磁特性，忽略其次要因素的过程，又称建模过程，所建模型的准确性与实际电路工作条件及计算精度要求有关。如图 1-3 所示手电筒电路，其实际电路器件有干电池、电灯泡、开关和筒体，接线图如图 1-3（a）所示，电路模型如图 1-3（b）所示，其中，理想电阻元件 R 是电灯泡的电路模型，理想电压源 E 和理想电阻元件 R_0 的串联组合是干电池的电路模型，理想导线是筒体的电路模型（忽略筒体的电阻）。可见，实际电路的电路模型可由理想电路元件的串、并联组合及理想导线组成。

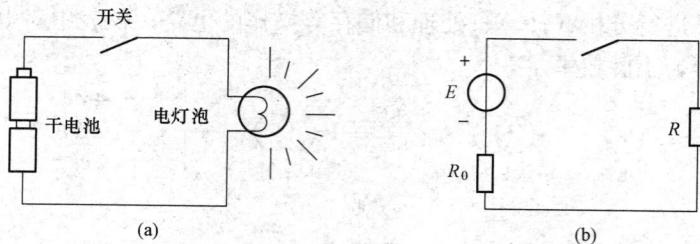

图 1-3　手电筒电路及其电路模型
(a) 手电筒接线图；(b) 电路模型

　　如图 1-3（b）所示的电路模型又称电路图。在电路图中，将理想电路元件用特定的电路符号表示，理想导线可以画成直线、折线或曲线，可以任意伸缩，其特点是处处等电位。

　　电路分析的对象是电路模型，其主要任务就是研究电路模型遵循的基本规律及其计算方法，并用电压、电流、功率等物理量进行表征，一般不涉及内部发生的物理或化学过程。

练习与思考

1. 实际电路是怎样组成的，主要起什么作用？
2. 如何理解理想电路元件与实际电路器件的含义？它们的关系如何？
3. 电路模型与实际电路主要区别是什么？组成它们的基本元素一样吗？

1.2　电流和电压及其参考方向

在电路分析中涉及的物理量主要有电流、电压、电荷、磁链及功率和能量。这些物理量在物理学中都曾介绍过，本节仅对在本课程中常用的电流、电压、功率做简单复习，统一认识，重点介绍电流、电压的参考方向和功率的计算。

1.2.1　电流及其参考方向

电荷的定向移动形成电流。把单位时间内通过导体横截面的电荷量定义为电流强度，用以衡量电流的大小，通常简称为电流，用 $i(t)$ 或 i 表示，即

$$i(t) = \frac{\mathrm{d}q}{\mathrm{d}t} \tag{1-1}$$

大小和方向随时间周期性变化并且平均值为零的电流称为交变电流，用小写字母 i 表示。大小和方向都不随时间改变的电流，称为恒定电流或直流电流，用大写字母 I 表示。

在国际单位制中，电荷的单位是 C（库仑），时间的单位是 s（秒），电流的单位是 A（安培）。

电流的方向是客观存在的，习惯上把正电荷移动的方向或负电荷移动的相反方向规定为电流的方向，也称为电流的实际方向。

对结构比较复杂的直流电路，可能无法直接判断各支路电流的实际方向。在交流电路中，电流的大小和方向随时间时刻在变化，也无法准确得知其实际方向，这就给电流的计算带来不便。为此，在分析和计算电路时，可先任意选定某一方向作为电流的方向，并把这个方向称作电流的参考方向，在电路图中用箭头"→"或双下标表示，如图 1-4 所示。方框表示一个二端元件或是一部分电路，图 1-4（a）中的箭头方向和如图 1-4（b）所示字母" i_{ab} "的下标均表示电流 i 的参考方向由 a 经过元件流向 b。

参考方向是人为任意选定的，可能与实际方向相同，也可能与实际方向相反，用电流的正、负值加以区别，规定当参考方向与实际方向相同时，电流取正值，即 $i>0$；当参考方向与实际方向相反时，电流取负值，即 $i<0$。或者按选定的参考方向对电路进行计算，当计算结果 $i>0$ 时，表示参考方向与实际方向相同；$i<0$ 时，表示参考方向与实际方向相反，如图 1-5 所示。

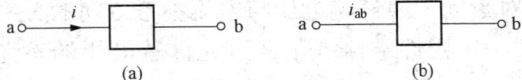

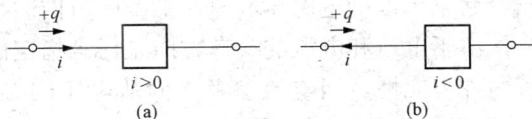

图 1-4　电流的参考方向　　　　　　　　图 1-5　电流的参考方向与实际方向的关系
　（a）用箭头表示；（b）用双下标表示　　　（a）参考方向与实际方向相同；（b）参考方向与实际方向相反

1.2.2　电压及其参考方向

电压是用来描述电场力对电荷做功能力的物理量。其大小等于电场力将单位正电荷从电场的高电位点 a 经过电路移动到低电位点 b 所做的功，即

$$u_{ab} = \frac{dW}{dq} \tag{1-2}$$

如果电压的大小或方向随时间周期性变化且平均值为零，称为交变电压，用小写字母 u 表示；如果电压的大小和方向都不随时间变化，则称为恒定电压或直流电压，用大写字母 U 表示。

在国际单位制中，功的单位是 J（焦耳）、电荷的单位是 C（库仑）、电压的单位是 V（伏特）。

习惯上将由高电位指向低电位的方向规定为电压的方向，并称作电压的实际方向或实际极性。

与电流一样，在分析计算电路时，要先给电压任意选定一个参考方向或参考极性。图 1-6 展示了电路图中电压参考方向的三种表示方法，图 1-6（a）中，用符号"＋"表示参考高电位，用符号"－"表示参考低电位；图 1-6（b）中，用箭头"→"所指方向表示电压降落方向；图 1-6（c）中，用带双下标的字母表示，其中 a 点表示参考高电位，b 点表示参考低电位。规定当参考方向与实际方向相同时，电压取正值，即 $u>0$；当参考方向与实际方向相反时，电压取负值，即 $u<0$，如图 1-7 所示。

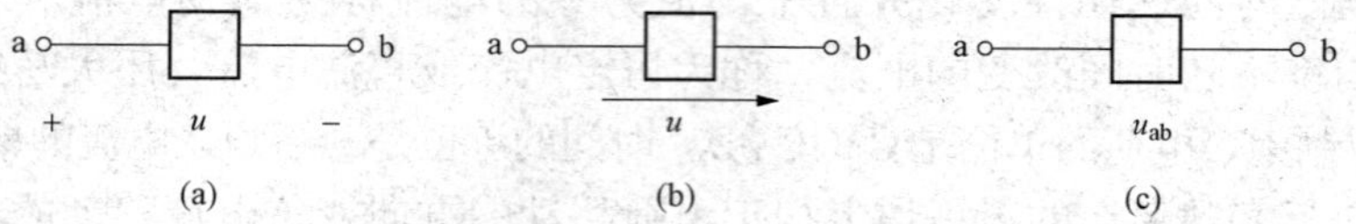

图 1-6　电压的参考方向

（a）用符号"＋""－"表示；（b）用箭头"→"表示；（c）用带双下标的字母表示

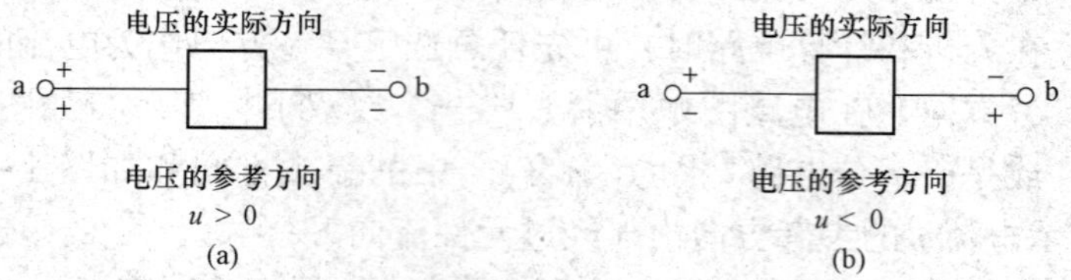

图 1-7　电压参考方向与实际方向的关系

（a）参考方向与实际方向相同；（b）参考方向与实际方向相反

对电路进行计算时，应先确定电压或电流的参考方向，按照参考方向进行计算，结果有正有负，变成了代数量，其绝对值表示电压或电流的大小，正、负号表示方向，与参考方向结合起来可以确定电压或电流的实际方向。

由于电压和电流的参考方向是任意指定的，对于同一元件，电压与电流参考方向的关系有两种可能性：当电流参考方向从电压的参考"＋"极性端流入，经过元件从电压的参考"－"极性端流出时，称电流与电压为关联参考方向；当电流参考方向从电压的参考"－"极性流入，经过元件从电压的参考"＋"极性流出时，称电流与电压为非关联参考方向，如

图 1 - 8 所示。

实际电路中电压和电流的变化范围是很大的，可以采用辅助单位如 mV（毫伏）、kV（千伏）及 mA（毫安）、μA（微安）、kA（千安）、MA（兆安）等计量。

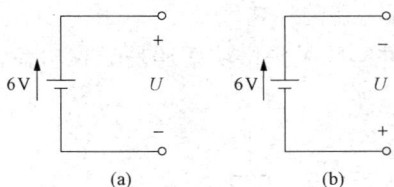

图 1 - 8　电流与电压参考方向的关系
(a) 关联参考方向；(b) 非关联参考方向

1.2.3　电动势

电动势是用来描述电源内部非电场力对电荷做功能力的物理量。其大小等于非电场力将单位正电荷从电源的低电位端 a 经过电源内部移动到电源高电位端 b 所做的功，即

$$e_{ab} = \frac{\mathrm{d}w}{\mathrm{d}q} \tag{1-3}$$

如果电动势的大小和方向随时间周期性变化且平均值为零，则称为交变电动势，用 $e(t)$ 或 e 表示；如果电动势的大小和方向不随时间变化，则称为恒定电动势或直流电动势，用大写字母 E 表示。

在国际单位制中，电动势的单位与电压的单位一样。

习惯上将由电源的低电位端经过电源指向高电位端的方向规定为电动势的方向。在电路计算中，电动势的方向通常是已知的。

【例 1 - 1】　已知某一直流电压源的电动势 $E = 6\mathrm{V}$，内阻忽略不计，如图 1 - 9 所示。求图中两种参考方向下的端电压 U。

图 1 - 9　【例 1 - 1】的电路图

解　端电压的参考方向为高电位指向低电位，电动势的实际方向从低电位指向高电位。

图 1 - 9（a）中，端电压参考方向与电动势实际方向相同，因此

$$U = 6\mathrm{V}$$

图 1 - 9（b）中，端电压参考方向与电动势实际方向相反，因此

$$U = -6\mathrm{V}$$

可见，当端电压的参考方向与电动势的实际方向一致时，端电压就等于电动势。

🧠 练习与思考

1. 图 1 - 4（a）所示电路中，如果 $i = 2\mathrm{A}$，则电流的实际大小和实际方向如何？

2. 图 1 - 6（c）所示电路中，如果 $u_{ab} = 6\mathrm{V}$，则 a 端电位比 b 端电位高还是低？a、b 两端电位差是多少？

1.3　功　　　率

根据能量守恒定律可知，当电路中的某些元件消耗能量时，其他某些元件一定在提供能量。电路中某一段电路在单位时间内提供或消耗的能量称为该电路的电功率，简称功率，用

$p(t)$ 或 p 表示，即

$$p(t) = \frac{\mathrm{d}w}{\mathrm{d}t} = \frac{\mathrm{d}w}{\mathrm{d}q} \cdot \frac{\mathrm{d}q}{\mathrm{d}t} = ui \qquad (1-4)$$

对于直流电路，功率可表示为

$$P = UI \qquad (1-5)$$

在国际单位制中，当能量的单位为 J（焦耳），时间的单位为 s（秒）时，功率的单位是 W（瓦特，简称瓦）。

已知电压电流实际方向时，根据式（1-4）可直接计算功率大小，功率的物理意义可根据电流的流向判断。如图 1-10（a）所示电阻元件，电流总是从电压的"＋"极性端经过元件移动到"－"极性端，这个过程中，电场力对电荷做功，电阻元件消耗能量或吸收功率；图 1-10（b）所示电压源，当电流从电压的"－"极性端经元件移动到"＋"极性端时，非电场力对电荷做功，电压源提供能量或发出功率。

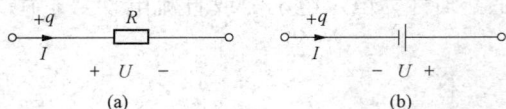

综上所述可确定参考方向下功率的物理意义：

（1）当电压和电流取关联参考方向时，$p(t) = ui$ 表示元件吸收功率。当 $p > 0$ 时，表示元件实际消耗功率；当 $p < 0$ 时，则表示元件实际是在提供功率；

图 1-10　电阻和电压源的功率
（a）电阻元件；（b）电压源

（2）同理，当电压和电流取非关联参考方向时，$p(t) = ui$ 表示元件提供功率。当 $p > 0$ 时，表示元件实际提供功率；当 $p < 0$ 时，则表示元件实际是在消耗功率。

【例 1-2】　计算图 1-11 中各元件的功率，并判断元件实际是提供功率还是吸收功率。

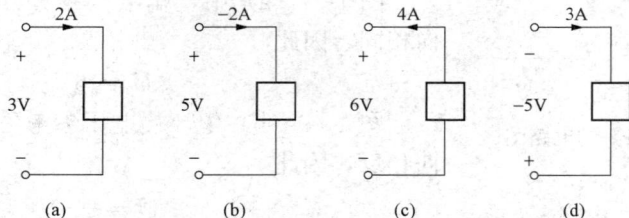

图 1-11　【例 1-2】的电路图

解

图 1-11 中，（a）电压与电流为关联参考方向，元件吸收的功率为
$$P = 3 \times 2 = 6(\text{W}) \qquad \text{元件实际吸收功率 6W。}$$
（b）电压与电流为关联参考方向，元件吸收的功率为
$$P = 5 \times (-2) = -10(\text{W}) \qquad \text{元件实际提供功率 10W。}$$
（c）电压与电流为非关联参考方向，元件提供的功率为
$$P = 6 \times 4 = 24(\text{W}) \qquad \text{元件实际提供功率 24W。}$$
（d）电压与电流为非关联参考方向，元件提供的功率为
$$P = (-5) \times 3 = -15(\text{W}) \qquad \text{元件实际吸收功率 15W。}$$
可见，一个元件消耗的功率等于其提供功率的负值，或者说提供的功率等于消耗功率的负值。

练习与思考

1. 当元件的电压与电流取关联参考方向时，$p=ui$ 表示元件消耗功率，那么 $p=-ui$ 的物理意义是什么？

2. 当元件的电压与电流取非关联参考方向时，$p=ui$ 表示元件提供功率，那么 $p=-ui$ 的物理意义是什么？

3. 计算图 1-12 所示各元件的功率，并判断元件实际是提供功率还是吸收功率。

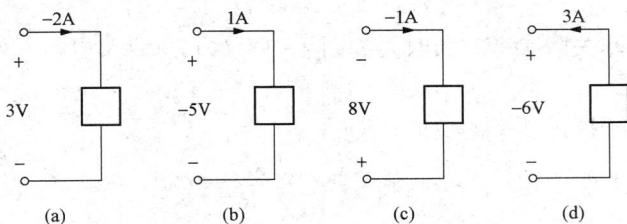

图 1-12　练习与思考 3 的电路图

1.4　电阻元件与欧姆定律

1.4.1　电路元件

电路元件是构成电路模型的最小单元，每一个元件通过其端子与外部电路相连接，元件的电磁特性可通过端电压与端电流的关系进行描述，并把这种关系称为元件的端口电压电流关系（VCR）或伏安关系（VAR）。

常见的电路元件有电阻元件、电压源、电流源、电感元件、电容元件和受控源元件。后续的学习中将陆续介绍这些元件。

1.4.2　线性电阻元件

电阻元件是反映电路耗能特性的元件，二端线性电阻元件在任一瞬间其端电压和端电流的关系服从欧姆定律。电路符号如图 1-13（a）所示，其中 R 是电阻的参数，对于线性电阻元件，R 是一个正实常数，称作电阻，国际单位是 Ω（欧姆），G 称作电导，单位是 S（西门子），$G=\dfrac{1}{R}$。

当电压与电流取关联参考方向时，如图 1-13（b）所示，其 VAR 可表示为

$$u = Ri \quad 或 \quad i = Gu \tag{1-6}$$

当电压与电流取非关联参考方向时，如图 1-13（c）所示，VAR 为

$$u = -Ri \quad 或 \quad i = -Gu \tag{1-7}$$

电阻元件的伏安特性还可以用 u-i 平面的曲线表示，简称伏安特性曲线。对于线性电阻元件，其伏安特性曲线是一条过原点的直线，如图 1-13（d）所示（$R \geqslant 0$）。

当电压与电流取关联参考方向时，如图 1-13（b）所示，电阻元件消耗的功率为

$$p = ui = Ri^2 = \frac{u^2}{R} = Gu^2 \tag{1-8}$$

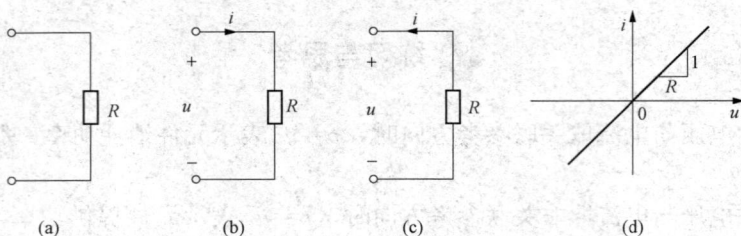

图 1-13　电阻元件及其伏安特性曲线

(a) 电路符号；(b) 关联参考方向；(c) 非关联参考方向；(d) 伏安特性曲线

当电压与电流取非关联参考方向时，如图 1-13（c）所示，电阻元件提供的功率为

$$p = ui = (-Ri)i = -Ri^2 \tag{1-9}$$

其消耗的功率等于提供功率的负值，即

$$p = -ui = Ri^2 = \frac{u^2}{R} = Gu^2$$

可见，当 R 和 G 都是正实常数时，电阻元件消耗的功率恒大于零。因此电阻元件是一种耗能元件。

以后为了叙述方便，把电阻元件简称为电阻，R 即表示电阻元件的参数，也表示一个电阻元件。

实际的用电设备有两类，在一定条件下都可以用线性电阻元件作为其电路模型。一类是在电子电路中常用的各种电阻元件及实验室用的各种标准电阻、滑线变阻器等；另一类是借电阻发热而达到其应用目的的用电设备，如白炽灯、电热炉、电烙铁等，其伏安特性曲线都可通过实验测得。其他电路器件及各种导线实际上都有一定的电阻，当它的存在对计算结果产生一定影响时，就要考虑在其电路模型中增加电阻元件。

【例 1-3】已知条件如图 1-14 所示，其中图（c）、（d）中 P 均为吸收功率。求未知电压 U 或电流 I。

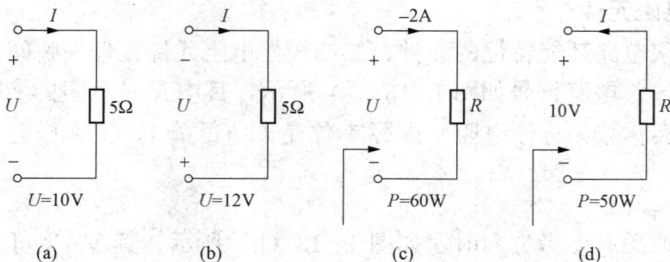

图 1-14　【例 1-3】的电路图

解　图 1-14（a）中 U 与 I 为关联参考方向，由式（1-6）可得

$$I = \frac{U}{R} = \frac{10}{5} = 2(A)$$

图 1-14（b）中 U 与 I 为非关联参考方向，由式（1-7）可得

$$I = -\frac{U}{R} = -\frac{12}{5} = -2.4(A)$$

图 1-14（c）中 U 与 I 为关联参考方向，由式（1-8）可得

$$U = \frac{P}{I} = \frac{60}{-2} = -30(\text{V})$$

图 1-14（d）中 U 与 I 为非关联参考方向，元件提供功率为 $P=UI$。因为元件吸收的功率等于提供功率的负值，所以吸收功率为 $P=-UI$。由吸收功率公式可得

$$I = -\frac{P}{U} = -\frac{50}{10} = -5(\text{A})$$

【例 1-4】 有一台额定值[❶]为 220V/1500W 的电热炉，接在 220V 的电源上，求流过电热炉端线的电流及此时电热炉的电阻；如果用电热炉加热 3h，将消耗多少电能？

解　将电热炉看成是一个电阻元件，则流过电热炉端线的电流为

$$I = \frac{P}{U} = \frac{1500}{220} = 6.82(\text{A})$$

此时电热炉的电阻为

$$R = \frac{U^2}{P} = \frac{220^2}{1500} = 32.27(\Omega)$$

加热 3h，将消耗电能

$$W = Pt = 1500 \times 3 = 4.5(\text{kW} \cdot \text{h})$$

练习与思考

1. 一个功率为 10W 的 20kΩ 电阻器，求它的额定电压和额定电流是多少？

2. 有一个额定值为 60W、220V 的白炽灯，分别将其接在 220、110、380V 的电源上，求三种情况下流过电灯的电流及其电阻值。比较电灯的亮度，说明会有什么后果？

3. 已知人体电阻的最小值为 800Ω，当通过人体的电流超过 50mA 就会造成死亡。求安全工作电压的最大限值是多少？

1.5　电压源和电流源

1.5.1　理想电压源

理想电压源是实际电压源的理想化模型，简称电压源，电路符号如图 1-15（a）所示。理想电压源是一个二端元件，电压 $u_s(t)$ 随时间按一定规律变化，其大小和极性与外接电路无关。当电压为恒定值时，称为直流电压源或恒定电压源，其参数可用大写字母 U_s 表示，电路符号如图 1-15（b）所示。下面以直流电压源为例讨论其伏安特性和功率特性。

取电压源端电压、端电流参考方向如图 1-15（c）所示，则

$$U = U_s \tag{1-10}$$

[❶]　额定值是制造厂为了使产品能在给定的工作条件下正常运行而规定的正常允许值。大多数电气设备的寿命与绝缘材料的绝缘强度和耐热性能有关。当所加电压超过额定值过多时，绝缘材料可能被击穿；当电流超过额定值过多时，由于发热过多，将使绝缘加速老化，使设备使用寿命受到影响。

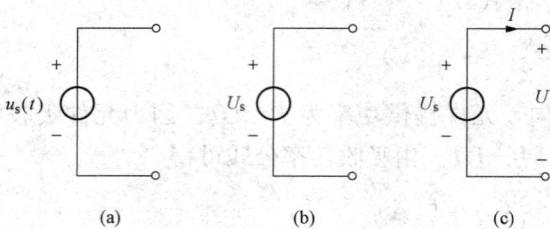

图 1-15　理想电压源及其参考方向
（a）电压源符号；（b）直流电压源；（c）参考方向

可见，理想电压源的端电压就等于电压源的电压，端电流 I 随外接电路的改变而改变，其大小和方向由外接电路和 U_s 共同决定。特别地，当 $U_\mathrm{s}=0$ 时，理想电压源的端电压 $U=0$，对外电路而言，相当于短路。

如图 1-15（c）所示，端电流与端电压取非关联参考方向时，电压源提供的功率

$$P = U_\mathrm{s} I \tag{1-11}$$

当 $P>0$ 时，称电压源工作在电源状态，当 $P<0$ 时，称电压源工作在负载状态。

1.5.2　理想电流源

理想电流源是实际电流源的理想化模型，简称电流源，电路符号如图 1-16（a）所示。理想电压源也是一个二端元件，电流 $i_\mathrm{s}(t)$ 的大小和方向与外接电路无关。当 $i_\mathrm{s}(t)$ 为恒定值时，称为直流电流源或恒定电流源，参数可用 I_s 表示，电路符号可用图 1-16（b）表示。下面以直流电流源为例讨论其伏安特性和功率特性。

取电流源端电流、端电压参考方向如图 1-16（c）所示，则

$$I = I_\mathrm{s} \tag{1-12}$$

可见，理想电流源的输出电流就等于电流源的电流，端电压 U 是不定的，随外接电路的改变而改变，其大小和极性由外接电路和 I_s 共同决定。

特别地，当 $I_\mathrm{s}=0$ 时，理想电流源的端电流 $I=0$，对外电路而言，相当于断路。

图 1-16　理想电流源及其参考方向
（a）电流源符号；（b）直流电流源；（c）参考方向

如图 1-16（c）所示，取端电压与端电流为非关联参考方向，电流源提供的功率

$$P = U I_\mathrm{s} \tag{1-13}$$

当 $P>0$ 时，称电流源处于电源状态；当 $P<0$ 时，称电流源处于负载状态。

1.5.3　实际电源的电路模型

实际电源有电池、发电机、信号源、光电池等，它们在向外电路提供能量或电信号（电压、电流）的同时，内部也有一定的能量损耗，其电路模型可由理想电压源与电阻元件的串联或理想电流源与电阻元件的并联组成，图 1-17 所示为实际的直流电压源和直流电流源的电路模型，R_0 为实际电源的内阻，U 和 I 为实际电源的端电压和端电流。

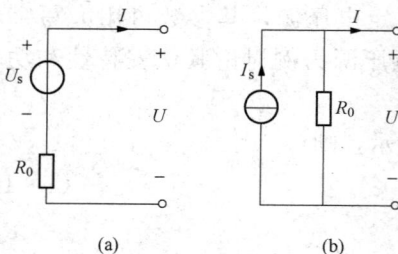

图 1-17　实际电源的电路模型
（a）实际电压源；（b）实际电流源

直流发电机、蓄电池、干电池的工作机理比较接近电压源，其电路模型是理想电压源与电阻元件的串联组合，简称电压源模型。光电池及一些专门设计的电子电路，工作时的外特性接近电流源，其电路模型是理想电流源与电阻元件的并联组合，简称电流源

模型。

当实际电压源的内阻 R_0 很小，与外接电路电阻串联后，其电阻可以忽略不计时，其电路模型就是理想电压源。当实际电流源的内阻 R_0 很大，与外电路电阻并联后，其电阻无穷大时，其电路模型就是理想电流源。

【例 1-5】　如图 1-18（a）所示直流电压源的电路模型，其额定输出功率为 $P_N=$ 500W，额定电压 $U_N=60$V，负载电阻 R 可以调节。已知直流电压源内阻 $R_0=0.5\Omega$，$U_s=$ 64V。求（1）额定工作状态下的电流 I_N 及负载电阻 R；（2）负载断开时电压源的端电压 U_0；（3）负载短路时流过电压源的短路电流 I_{sc}。

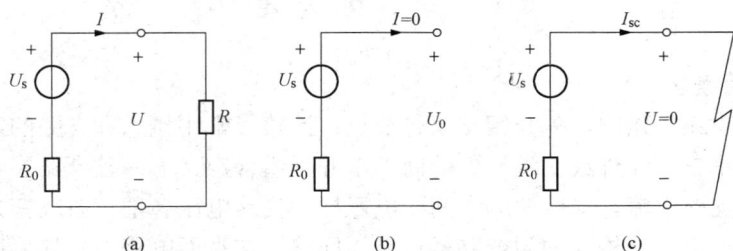

图 1-18　【例 1-5】的电路图

解　（1）电源输出功率等于负载消耗功率，额定工作状态下

$$I_N=\frac{P_N}{U_N}=\frac{500}{60}\approx8.33(\text{A}) \qquad R=\frac{U_N^2}{P_N}=\frac{60^2}{500}=7.2(\Omega)$$

（2）负载断开时，如图 1-18（b）所示，电压源输出电流 $I=0$，由电阻 VAR 得电阻电压为 $U_R=R_0I=0$

所以，直流电压源的端电压（又称开路电压）用 U_0 表示为

$$U_0=U_s=64(\text{V})$$

可见，负载开路时电源端电压大于额定负载时的端电压。

（3）负载短路时，如图 1-18（c）所示，流过电压源的短路电流用 I_{sc} 表示

$$I_{sc}=\frac{U_s}{R_0}=\frac{64}{0.5}=128(\text{A})$$

可见，电压源端口短路时，流过电压源的电流远远大于其额定工作电流，有可能将电源及流过短路电流的线路、元件烧毁。实际中，为了避免短路带来的危害，通常在电源的开关后边安装熔断器（俗称保险），一旦发生短路，大的短路电流立即将熔断丝熔断，从而切断事故电路，保护电气设备。

🧠 练习与思考

1. 如图 1-19 所示为一个理想电压源和一个理想电流源组成的电路。求各电源的功率，并判断其工作状态（电源状态或负载状态）。

2. 图 1-20 所示电路，求电压源和电流源提供的功率。

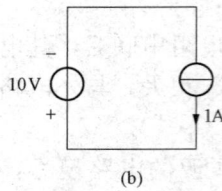

图 1-19　练习与思考 1 的电路图　　　　图 1-20　练习与思考 2 的电路图

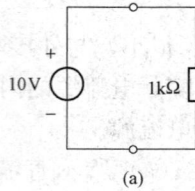

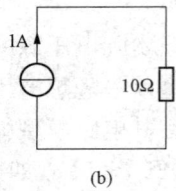

1.6　基尔霍夫定律

1.6.1　常用概念

为了说明基尔霍夫定律，先介绍支路、节点、回路等常用概念。支路的定义是比较灵活的，这里仅把一个二端元件或二端元件的简单串并联组合定义为一条支路。一条支路只流过一个电流，称为支路电流，支路两端之间的电压称为支路电压。把三条或三条以上支路连接的点定义为节点，由支路构成的闭合路径定义为回路。在平面电路中，如果回路中任意两点之间不存在其他支路，则这样的回路定义为网孔。如图 1-21 所示电路，将元件 1 和 4 的串联组合定义为一条支路，其余每个二端元件为一条支路，则该电路共有 6 条支路，4 个节点（a，b，c，d），支路组（1，2，5，4）、（5，6，7）、（2，3，6）、（1，3，7，4）、（1，2，6，7，4）、（1，3，6，5，4）、（2，3，7，5）共构成七个回路，其中支路组（1，2，5，4）、（5，6，7）、（2，3，6）构成 3 个网孔。

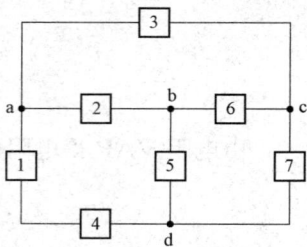

图 1-21　支路、节点、回路

电路中的支路电流和支路电压遵循两类约束。一类是由支路中的元件特性施加给支路电流和支路电压的约束关系，称为支路电压电流关系，又称支路伏安关系或局部约束；另一类是由电路结构施加给支路电流和支路电压的约束关系，称结构约束或拓扑约束。基尔霍夫定律描述的是电路的结构约束关系。

1.6.2　基尔霍夫电流定律（KCL）

基尔霍夫电流定律（简写为 KCL）描述的是电荷守恒，KCL 中指出，对于电路中的任一节点，在任一瞬间，流出（或流入）该节点的所有支路电流的代数和等于零。其数学表达式为

$$\sum i = 0 \tag{1-14}$$

式（1-14）又称为支路电流方程或 KCL 方程。若规定流出节点的电流前面取"＋"号，则流入节点的电流前面取"－"号，反之亦然。基尔霍夫电流定律（KCL）也可以表述为，流出该节点的所有支路电流之和等于流入该节点的所有支路电流之和。

如图 1-22 所示电路，选取各支路电流参考方向如图所示，应用 KCL 可得各节点 KCL 方程如下：

节点①：$-i_1 + i_2 + i_3 = 0$

节点②：$-i_2 - i_3 + i_4 + i_5 = 0$

节点③：$i_1 - i_4 - i_5 = 0$

可见，基尔霍夫定律对流出（或流入）某一节点的所有支路电流给出了线性约束，且 KCL 方程只与电路结构有关，与构成支路的元件性质无关。若将所有节点的 KCL 方程叠加，结果等于零，说明对所有节点所列写出的 KCL 方程不是彼此独立的。一般地，对于具有 n 个节点的电路，有且只有 $n-1$ 个独立的 KCL 方程。在应用 KCL 对电路进行计算时，涉及两套正负号，一套是支路电流参考方向相对于节点流出或流入时所用的正负号，另一套是各支路电流参考方向与实际方向是否一致所涉及的正负号。如图 1-22 所示的电路，设 $i_1 = -1\mathrm{A}$，$i_2 = -2\mathrm{A}$，则由节点①的 KCL 方程可得 $i_3 = +i_1 - i_2 = +(-1) - (-2) = 1(\mathrm{A})$。

KCL 通常用于节点，也可以推广应用于包围部分电路的闭合面（闭合曲线），即在任意瞬间，与闭合面（闭合曲线）相交支路上的支路电流代数和等于零。

如图 1-23 示平面电路，要求 i_1、i_2、i_3 的关系，取闭合曲线用虚线表示，可知

$$i_1 + i_2 + i_3 = 0$$

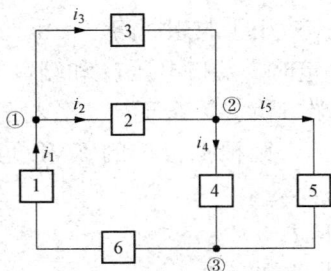

图 1-22　KCL 的应用　　　　　　　图 1-23　KCL 的推广应用

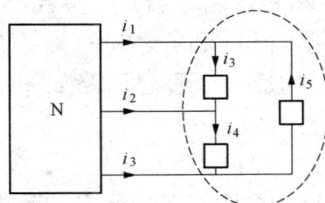

1.6.3　基尔霍夫电压定律（KVL）

基尔霍夫电压定律（简写为 KVL）描述的是能量守恒，KVL 中指出，对于电路中的任一回路，在任一瞬间，沿回路绕行方向，回路中所有支路电压的代数和为零。数学表达式为

$$\sum u = 0 \tag{1-15}$$

式（1-15）也称为支路电压方程或 KVL 方程。在对某一回路列写 KVL 方程时，先选取各支路电压参考方向，并任意指定一个回路绕行方向（顺时针方向或逆时针方向），当电压参考方向与绕行方向一致时，电压前面取"＋"号，当电压参考方向与绕行方向相反时，电压前面取"－"号。基尔霍夫电压定律（KVL）也可以表述为沿回路绕行方向，回路中各电压降支路的电压之和等于各电压升支路的电压之和。

如图 1-24 所示电路，取顺时针方向为回路绕行方向，根据 KVL 可列写方程

回路 1：$-u_1 + u_2 + u_5 - u_4 = 0$

回路 2：$-u_5 + u_3 + u_6 = 0$

回路 3：$-u_1 + u_2 + u_3 + u_6 - u_4 = 0$

可见，基尔霍夫电压定律对回路中所有电压做出了线性约束。若将前两个方程相加，结果与第三个方程相同，也就是说以上三个回路方程彼此不独

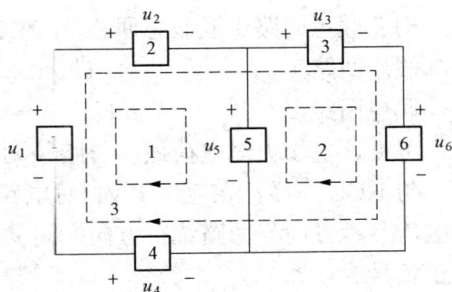

图 1-24　KVL 的应用

立。一般地，对于具有 n 个节点，b 条支路的电路，有且仅有 $b-n+1$ 个独立的 KVL 方程。对于平面电路，独立的 KVL 方程数等于网孔数，全部网孔的 KVL 方程是彼此独立的。

特别地，当电路仅由电阻元件和直流电压源组成时，KVL 方程可表达为

$$\sum RI = \sum U_{\text{s}} \tag{1-16}$$

式中：$\sum RI$ 是回路中所有电阻元件电压降的代数和；$\sum U_{\text{s}}$ 是回路中所有电压源电压升的代数和。

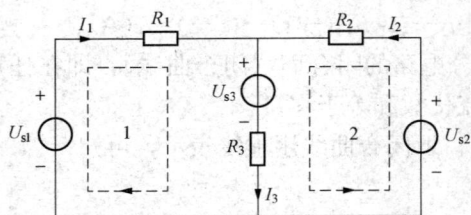

图 1-25　KVL 的应用

如图 1-25 所示电路，设元件参数已知，取电流参考方向和回路绕行方向如图所示，独立的 KVL 方程可表示为

回路 1　　$R_1 I_1 + R_3 I_3 = U_{\text{s1}} - U_{\text{s3}}$

回路 2　　$R_2 I_2 + R_3 I_3 = U_{\text{s2}} - U_{\text{s3}}$

基尔霍夫电压定律不仅可用于闭合回路，也可以推广应用于假想回路。

如图 1-26 所示电路，当元件参数 U_{s} 和 R_0 一定时，端口电压 U 和端口电流 I 随着外接电路变化而变化，但 U 和 I 之间的关系不变，即端口伏安关系不变。若将外接电路假想为一条广义支路，构造一个假想回路如图 1-26 所示，则根据推广的 KVL 可得端口伏安关系为

$$U = U_{\text{s}} - R_0 I \tag{1-17}$$

式（1-17）也称为含源支路的伏安关系或含源支路欧姆定律。

【例 1-6】　如图 1-27 所示电路，求电压 U_{bd}。

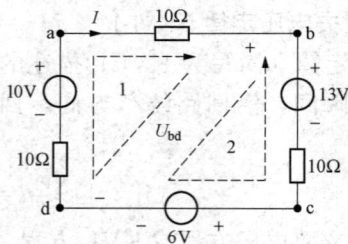

图 1-26　KVL 的推广应用　　图 1-27　【例 1-6】的电路图

解　根据 KVL 对大回路列方程可得

$$30I = -13 - 6 + 10, \quad I = -0.3\text{A}$$

构造假想回路 1 或假想回路 2，根据广义的 KVL 可得 b、d 两点之间的电压，即

假想回路 1　　　　　　$U_{\text{bd}} + 20I - 10 = 0, \quad U_{\text{bd}} = 16\text{V}$

假想回路 2　　　　　　$U_{\text{bd}} - 6 - 10I - 13 = 0, \quad U_{\text{bd}} = 16\text{V}$

可见，电场力对电荷做功与路径无关。

与 KCL 一样，在应用 KVL 对电路进行计算时，也要涉及两套正负号，一套为反映支路电压参考方向与回路绕行方向之间关系的正负号，另一套是反映参考方向与实际方向关系的正负号。

基尔霍夫定律和元件伏安关系是对电路进行计算的最基本依据，需要深刻理解并能灵活

应用。对一个电路应用 KCL、KVL 列方程时，应先对支路、节点及回路进行编号，标出各支路电流与电压的参考方向并指定回路的绕行方向。

【**例 1-7**】　如图 1-28（a）所示电路，求电压源和电流源提供的功率。

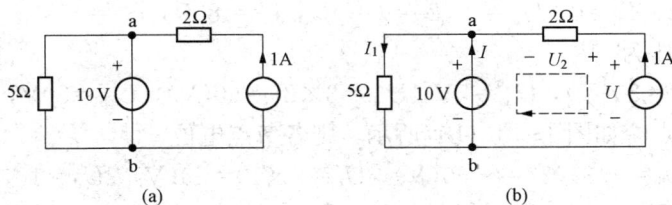

图 1-28　【例 1-7】的电路图

解　要求电压源和电流源提供的功率，需先求出电压源的电流、电流源的电压。选电流与电压的参考方向如图 1-28（b）所示，由欧姆定律得

$$I_1 = \frac{10}{5} = 2(\text{A}), U_2 = 2 \times 1 = 2(\text{V})$$

由 KCL 得　　　　　　　$I_1 - I - 1 = 0$ 即 $I = I_1 - I = 2 - 1 = 1(\text{A})$

由 KVL 得　　　　　　　$-U_2 + U = 10$ 即 $U = U_2 + 10 = 12(\text{V})$

电压源提供的功率　　　　　　$P_1 = 10I = 10\text{W}$

电流源提供的功率　　　　　　$P_2 = 1 \times U = 12\text{W}$

练习与思考

1. 如图 1-29 所示某节点汇集了三条支路。若 $i_1 = -3\sin 314t$ A，$i_3 = 4\cos 314t$ A，求 $t = 1\text{ms}$ 时 i_2 的值。

2. 列写图 1-30 所示含源二端网络的端口伏安关系表达式。

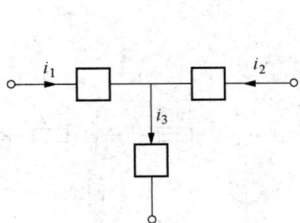

图 1-29　练习与思考 1 的图

图 1-30　练习与思考 2 的图

1.7　电位的概念及其计算

在电子电路中，经常涉及电位的概念，电位也是衡量电场力对电荷做功能力的物理量。电路中某一点的电位等于该点到参考点的电压。规定参考点电位为零，在电路图中用符号"⊥"表示。若电位大于零，说明该点电位比参考点电位高；若电位小于零，则说明该点电位比参考点电位低。在电路计算中，可任意选定某一节点作为参考点。在电子电路中，常选

一条特定的公共线作为参考点，这条公共线是许多元件的汇集处且与机壳相连，这条线也称作地线（不一定与大地相连）。

如图 1-31（a）所示电路，如果选 b 点为参考点，则各节点电位

$$U_b=0, \quad U_a=3\times20=60(\mathrm{V}), \quad U_c=80\mathrm{V}, \quad U_d=65\mathrm{V}$$

各节点之间电压为

$$U_{ca}=10\times2=20(\mathrm{V}), \quad U_{da}=5\mathrm{V}, \quad U_{ab}=3\times20=60(\mathrm{V}), \quad U_{cb}=80\mathrm{V}, \quad U_{db}=65\mathrm{V}$$

如果选 a 点为参考点，如图 1-31（b）所示，则各节点电位

$$U_a=0, \quad U_b=-3\times20=-60(\mathrm{V}), \quad U_c=2\times10=20(\mathrm{V}), \quad U_d=1\times5=5(\mathrm{V})$$

各节点之间电压为

$$U_{ca}=10\times2=20(\mathrm{V}), \quad U_{da}=5\mathrm{V}, \quad U_{ab}=3\times20=60(\mathrm{V}), \quad U_{cb}=80\mathrm{V}, \quad U_{db}=65\mathrm{V}$$

可见，同一个电路，选择不同的节点为参考点时，电路中同一点的电位是不同的，但任意两个节点之间的电压是不变的。也就是说，电位是相对的，电压是绝对的。电路中某点电位反映的是各点相对于参考点之间的电位高低，电压反映的则是电路中某两点之间的电位之差。

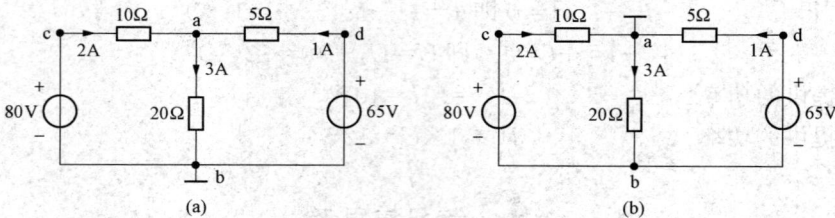

图 1-31 举例电路

（a）b 为参考点；（b）a 为参考点

在电子电路中，电压源的负极性端通常是接地的，为了作图方便和清晰，习惯上在电路图中不画电压源，而在电压源的非接地端标出极性及其电位值，这样的电路称为简化电路。图 1-32 就是图 1-31（a）的简化电路。

【例 1-8】 如图 1-33（a）所示简化电路，求 a 点电位（悬空点）。

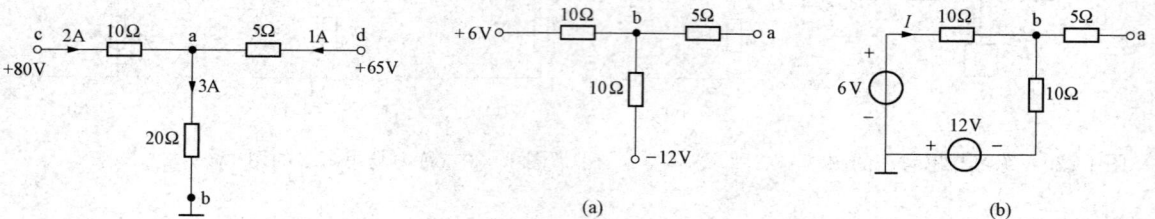

图 1-32 简化电路   图 1-33 【例 1-8】的电路图

解 将简化电路还原为含电压源的电路如图 1-33（b）所示。因为 a 点为悬空点，流过 5Ω 电阻的电流为零，所以 a 点电位等于 b 点电位。由 KVL 可得

$$I=\frac{6+12}{10+10}=0.9(\mathrm{A})$$

$$U_a=U_b=-10I+6=-3(\mathrm{V})$$

或

$$U_{\mathrm{a}} = U_{\mathrm{b}} = 10I - 12 = -3(\mathrm{V})$$

练习与思考

1. 如图 1-34 所示，说明参考点的位置并计算 a 点电位。

2. 如图 1-35 所示，a 点是电位器的滑动端，当 a 点从左向右滑动时，求 a 点电位的变化范围。

图 1-34　练习与思考 1 的图　　　图 1-35　练习与思考 2 的图

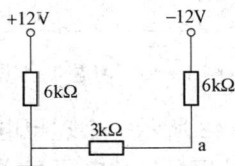

3. 如图 1-36 所示，求开关断开和闭合时 a 点的电位。

4. 如图 1-37 所示，计算 a 点电位。

图 1-36　练习与思考 3 的图　　　图 1-37　练习与思考 4 的图

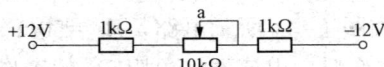

习　题

电路模型

1-1　什么是理想电路元件？实际电路器件与理想电路元件之间的联系和差别是什么？电路模型能完全表示实际电路吗？

1-2　试说明什么是电压、电流的实际方向、参考方向、关联参考方向。实际电压与电流有正负之分吗？电功率正负号的含义是什么？

电路的物理量

1-3　求如图 1-38 所示部分电路中未知电压和电流，并说明其参考方向与实际方向的关系。

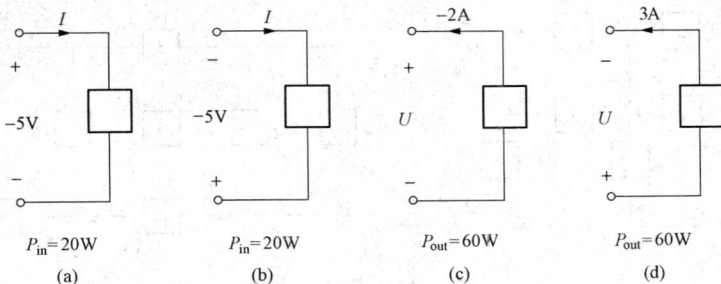

$P_{\mathrm{in}}=20\mathrm{W}$　　$P_{\mathrm{in}}=20\mathrm{W}$　　$P_{\mathrm{out}}=60\mathrm{W}$　　$P_{\mathrm{out}}=60\mathrm{W}$

(a)　　　　(b)　　　　(c)　　　　(d)

图 1-38　习题 1-3 图

1-4　求图 1-39 所示二端元件 A 的功率，并判断是吸收还是发出。

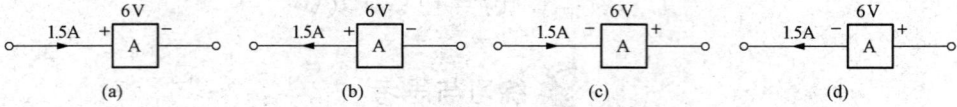

图 1-39　习题 1-4 图

电压源和电流源

1-5　如图 1-40 所示电路。当 $R_1 = 10\Omega$ 和 $R_1 = 100\Omega$ 时，分别求电流 I 和 I_2。说明当 R_1 改变时，电压源和电阻 R_2 的工作状态是否改变？

1-6　如图 1-41 所示电路，$R_2 = 50\Omega$。当 $R_1 = 5\Omega$ 和 $R_1 = 50\Omega$ 时，分别求电压 U、U_2。说明当 R_1 改变时，电流源和电阻 R_2 的工作状态是否改变？

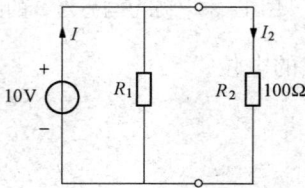

图 1-40　习题 1-5 图

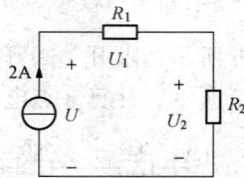

图 1-41　习题 1-6 图

1-7　如图 1-42 所示一个理想电压源和一个实际电压源分别带相同负载的电路，分别求两个电压源的端电流 I、端电压 U 及其提供的功率 P。

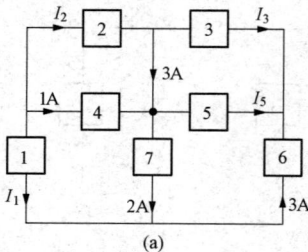

图 1-42　习题 1-7 图
(a) 电路图一；(b) 电路图二

基尔霍夫定律

1-8　如图 1-43 (a)、(b) 所示电路，求：图 1-43 (a) 各未知支路电流；图 1-43 (b) 各未知支路电压。

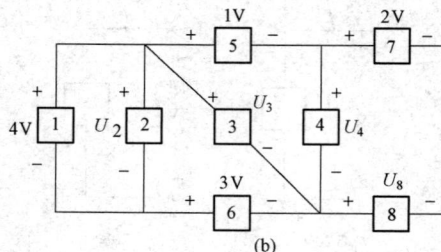

图 1-43　习题 1-8 图
(a) 电路图一；(b) 电路图二

1-9　如图 1-44 所示电路，已知 $I_1=2\text{A}$，$I_3=-1\text{A}$，$U_1=6\text{V}$，$U_3=10\text{V}$，$U_5=3\text{V}$。求各元件的功率，判断哪些元件吸收功率，哪些元件提供功率，验证功率守恒。

1-10　如图 1-45 所示部分电路，求电压 U_{ab}，U_{bc}，U_{ca}。

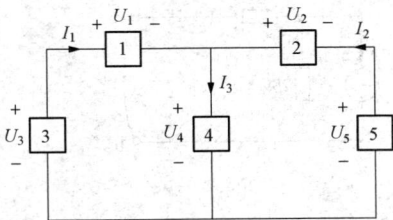
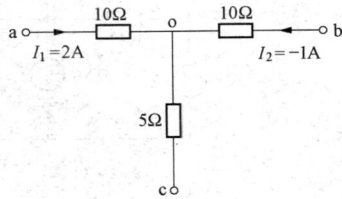

图 1-44　习题 1-9 图　　　　　图 1-45　习题 1-10 图

1-11　求如图 1-46 所示电路中各元件的功率，并说明其工作状态。

1-12　如图 1-47 所示电路中，分别求开关 S 断开和闭合时电流 I。

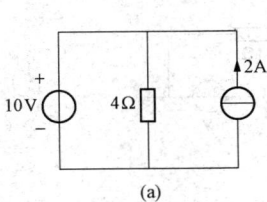
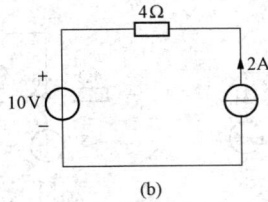
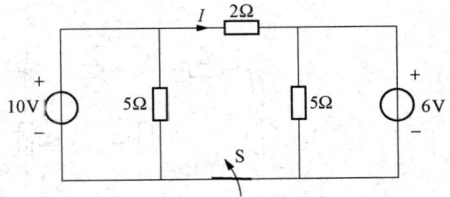

(a)　　　　　　　　　(b)

图 1-46　习题 1-11 图　　　　　图 1-47　习题 1-12 图
(a) 电路图一；(b) 电路图二

1-13　如图 1-48 所示电路，求 4V 电压源提供的功率。

1-14　如图 1-49 所示电路，求电流源和电压源提供的功率。

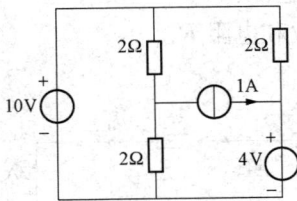

图 1-48　习题 1-13 图　　　　　图 1-49　习题 1-14 图

1-15　如图 1-50 所示的电路中，求 ab 端断开时端口电压 U_{ab}。

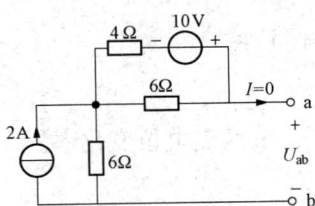
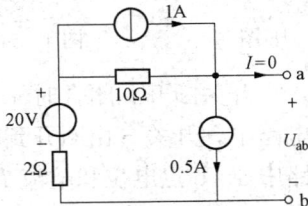
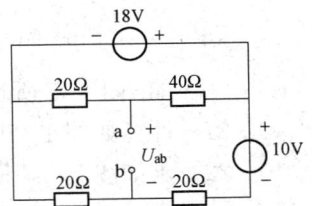

(a)　　　　　　　　(b)　　　　　　　　(c)

图 1-50　习题 1-15 图
(a) 电路图一；(b) 电路图二；(c) 电路图三

1-16 如图 1-51 所示电路中，ab 端之间用理想导线短接时，求流过短接线的电流 I_{ab}。

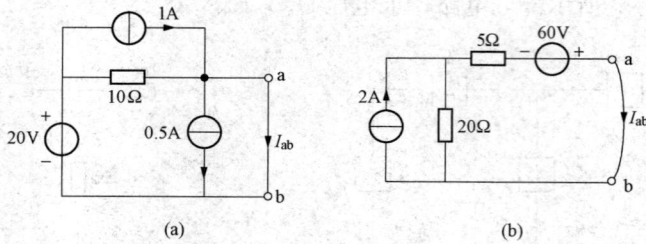

图 1-51 习题 1-16 图
(a) 电路图一；(b) 电路图二

电位的概念和计算

1-17 计算图 1-52 所示电路中 a、b、c 各点的电位。

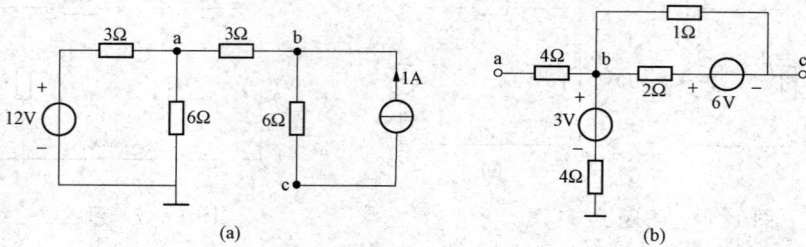

图 1-52 习题 1-17 图
(a) 电路图一；(b) 电路图二

1-18 计算如图 1-53 所示电路中 a、b 各点的电位。

1-19 如图 1-54 所示电路，求电路中 b 点电位和电阻 R。

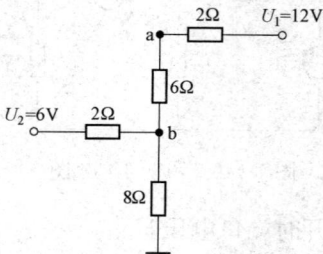

图 1-53 习题 1-18 图   图 1-54 习题 1-19 图

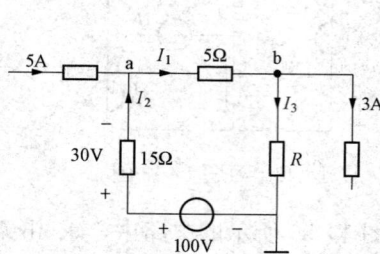

1-20 如图 1-55 所示电路，求开关断开和闭合时 a、b 两点的电位。

1-21 计算如图 1-56 所示电路中，开关 S 由断开到闭合，a、b 两点电位变化率。

1-22 求如图 1-57 所示电路中 a、b 点电位和电流 I。

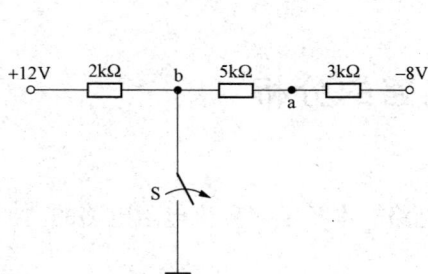

图 1-55　习题 1-20 图　　　　图 1-56　习题 1-21 图　　　图 1-57　习题 1-22 图

综合提高题

1-23　求如图 1-58 所示电路中，计算 a、b、c 三点电位和 2A 电流源的功率。

1-24　如图 1-59 所示电路中，计算电压 U 和电流 I_1 的值。

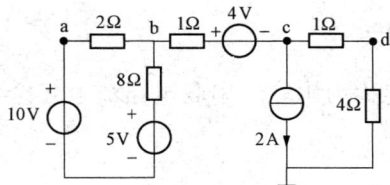

图 1-58　习题 1-23 图　　　　　图 1-59　习题 1-24 图

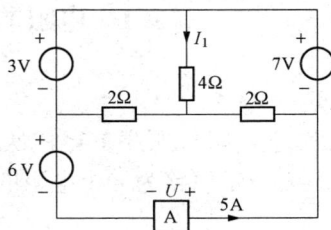

第 2 章　直流电阻电路的分析

由电阻元件和直流电源组成的电路称为直流电阻电路。本章学习直流电阻电路的主要分析方法，通过学习达到以下要求：

（1）理解等效变换的概念，掌握利用等效变换化简直流电阻电路的方法；

（2）理解叠加定理、戴维南定理和诺顿定理，掌握它们在电路分析中的应用；

（3）了解受控源及含受控源电路的分析方法；

（4）了解非线性电阻及非线性电阻电路的分析方法。

2.1　电阻的连接及其等效变换

2.1.1　串联

两个或两个以上电阻按顺序首尾依次相连称为串联，串联电路流过各个元件的电流相等。如图 2-1（a）所示电路为 n 个电阻的串联。

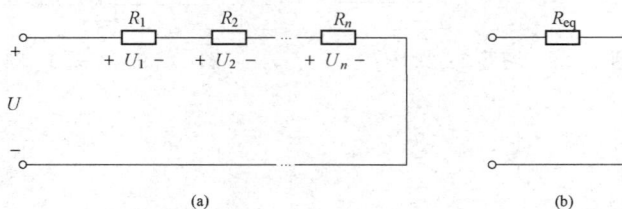

图 2-1　电阻的串联及其等效化简
(a) 电阻的串联；(b) 等效电阻

对外电路而言，串联电阻可以用一个电阻等效代替，如图 2-1（b）所示。等效条件是在相同端电压作用下电流保持不变，由此可得等效电阻等于串联电阻之和，即

$$R_{eq} = \sum_{k=1}^{n} R_k \qquad (2-1)$$

串联电阻具有分压作用，设各电压参考方向如图 2-1（a）所示，则各电阻上的电压分配公式为

$$U_k = \frac{R_k}{R_{eq}} U \qquad (k = 1, 2, \cdots, n) \qquad (2-2)$$

可见，串联电阻上的电压与电阻成正比。在直流电路中，某个电阻上的分压总是小于端电压。当串联支路上的某个电阻较其他电阻小很多时，该电阻两端的分压就较其他电阻上的电压低很多，在工程中这个电阻的分压常可忽略不计。

电阻串联的应用很多，如当负载额定电压低于电源电压的情况下，可通过串联一个电阻分担一部分电压；为了限制流过某个特定负载的电流，可以串联一个限流电阻；在电路中串联一个变阻器可以对电路中的电流进行调节等。

2.1.2 并联

两个或两个以上电阻都连接在相同的两个节点之间，这种连接法称为电阻的并联。如图 2-2（a）所示，为 n 个电阻的并联。

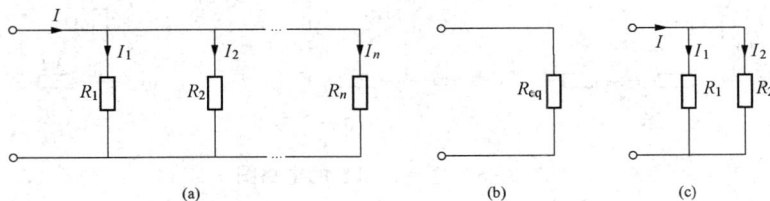

图 2-2 电阻的并联及其等效化简
(a) 电阻的并联；(b) 等效电阻；(c) 两个电阻并联

对外电路而言，并联电阻可以用一个电阻等效代替，如图 2-2（b）所示，等效电阻与各并联电阻的关系为

$$\frac{1}{R_{eq}} = \sum_{k=1}^{n} \frac{1}{R_k} \qquad (2-3)$$

可见，并联的电阻越多，总电阻越小。若端电压保持不变，则电路中的总电流和总功率会随着电阻的增多而增大，但各个电阻上的电流和功率保持不变。

并联电阻具有分流作用，取各电流参考方向如图 2-2（a）所示，第 k 条支路电流分配公式为

$$I_k = \frac{G_k}{\sum G_k} I \qquad (2-4)$$

式中：G_k 表示第 k 条支路上的电导，其大小等于该支路电阻 R_k 的倒数。可见，并联电阻上的电流分配与电导成正比，与电阻成反比。并联支路中某个电阻较其他电阻大很多时，通过它的电流就较其他电阻上的电流小很多，在工程中该电阻上的分流常可忽略不计。

特别地，当两个电阻并联时（$n=2$），如图 2-2（c）所示，等效电阻可以表示为

$$R_{eq} = \frac{R_1 R_2}{R_1 + R_2} \qquad (2-5)$$

各电阻分流公式为

$$\begin{cases} I_1 = \dfrac{R_2}{R_1+R_2} I \\ I_2 = \dfrac{R_1}{R_1+R_2} I \end{cases} \quad 或 \quad \begin{cases} I_1 = \dfrac{G_1}{G_1+G_2} I \\ I_2 = \dfrac{G_2}{G_1+G_2} I \end{cases} \qquad (2-6)$$

式中：G_1 和 G_2 分别为电阻 R_1 和 R_2 的电导。

对于既有电阻串联，又有电阻并联的电路，称为混联电路，求混联电路等效电阻时，一般首先从端口出发，观察电路结构，正确区分各元件的连接关系，然后从离端口最远的电阻串、并联等效化简入手，逐步向端口等效化简，最后获得端口等效电阻。

【例 2-1】 如图 2-3（a）所示电路中，每个电阻均为 6Ω。求 ab 端的等效电阻 R_{ab}。

解 对本题而言，正确区分各元件的连接关系后，首先将两个电阻的并联等效为一个电阻，如图 2-3（b）所示；再将 3Ω 与 6Ω 的串联电阻等效为一个 9Ω 的电阻，如图 2-3（c）

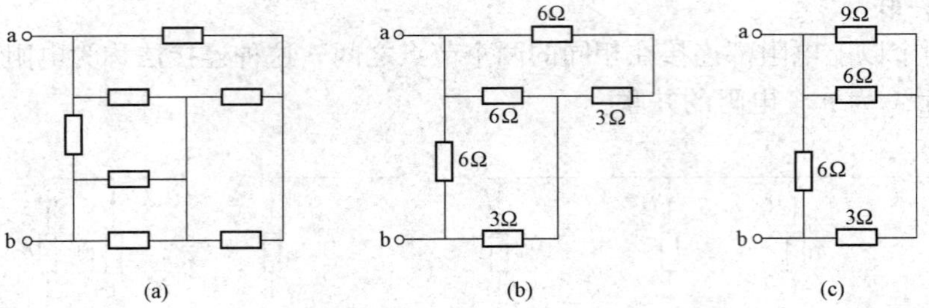

图 2-3　【例 2-1】的电路图

所示。则

$$R_{ab} = 6//(3+9//6) = \frac{6 \times \left(3+\dfrac{9 \times 6}{9+6}\right)}{6+\left(3+\dfrac{9 \times 6}{9+6}\right)} = \frac{6 \times 6.6}{6+6.6} \approx 3.14(\Omega)$$

上式："//"表示两个电阻并联。

【例 2-2】 求如图 2-4（a）所示电路中的电流 I。

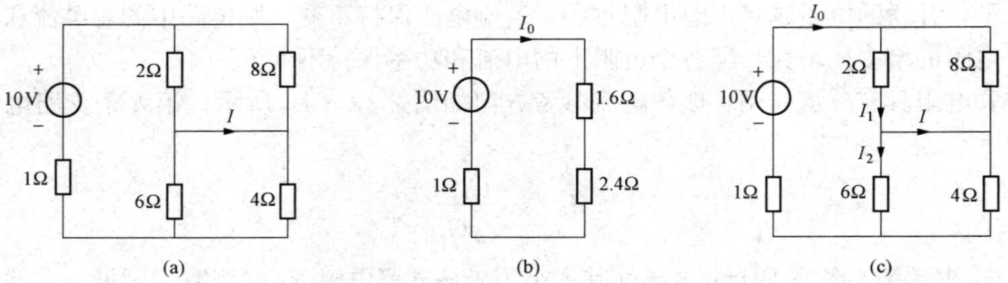

图 2-4　【例 2-2】的电路图

解　先化简电路如图 2-4（b）所示，则

$$I_0 = \frac{10}{1+1.6+2.4} = 2(A)$$

设其他支路电流参考方向如图 2-4（c）所示，根据分流公式可得

$$I_1 = \frac{8}{2+8} \times I_0 = 1.6A$$

$$I_2 = \frac{4}{6+4} \times I_0 = 0.8A$$

由 KCL 可得

$$I = I_1 - I_2 = 1.6 - 0.8 = 0.8(A)$$

2.1.3　电桥与电桥平衡

如图 2-5（a）所示电路称为电桥电路，电阻 R_1，R_2，R_3，R_4 所在支路称为桥臂，R_5 支路称为桥。当 $R_1/R_2 = R_3/R_4$ 时，电桥达到平衡，此时流过 R_5 支路的电流等于零，桥两端 c、d 两点的电位相等。

【例 2-3】 如图 2-5（a）所示电路中，已知 $R_1 = 3\Omega$，$R_2 = 6\Omega$，$R_3 = 6\Omega$，$R_4 = 12\Omega$，$R_5 = 10\Omega$。求 ab 端的等效电阻 R_{ab}。

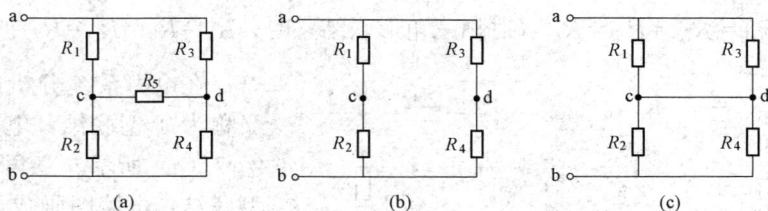

图 2 - 5　【例 2 - 3】的电路图

解　求 ab 端的等效电阻 R_{ab} 时，根据电桥平衡的特点有以下两种求法：

方法 1：根据流过 R_5 支路的电流等于零这一特点，可将 R_5 支路断开，如图 2 - 5（b）所示。则

$$R_{ab} = (R_1 + R_2)//(R_3 + R_4) = \frac{(R_1 + R_2)(R_3 + R_4)}{R_1 + R_2 + R_3 + R_4} = \frac{9 \times 18}{3 + 6 + 6 + 12} = 6(\Omega)$$

方法 2：根据桥两端 c、d 点的电位相等这一特点，可将 R_5 支路短接，如图 2 - 5（c）所示。则

$$R_{ab} = R_1//R_3 + R_2//R_4 = \frac{R_1 R_3}{R_1 + R_3} + \frac{R_2 R_4}{R_2 + R_4} = \frac{3 \times 6}{3 + 6} + \frac{6 \times 12}{6 + 12} = 2 + 4 = 6(\Omega)$$

2.1.4　星形与三角形联结

将三个电阻的一个端子连接在一起，另一个端子分别与外电路相连，这种连接法称为星形（Y 形）联结，如图 2 - 6（a）所示。

三个电阻顺序连接形成一个回路后，将其连接点与外电路相连，这种连接法称为三角形（△形）联结，如图 2 - 6（b）所示。

电阻的星形联结与三角形联结之间可以等效变换，等效变换的条件是在相同端口下，对外的伏安特性相同。由此可以推导出等效变换时参数之间的换算公式。

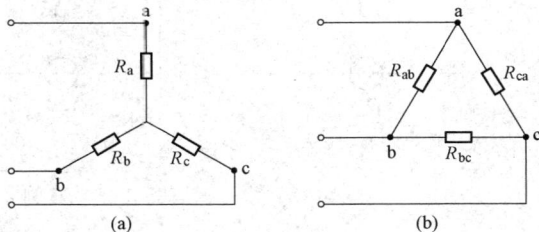

图 2 - 6　电阻的星形与三角形联结及其等效变换
（a）电阻的星形联结；（b）电阻的三角形联结

将星形联结等效变换为三角形联结时

$$\begin{cases} R_{ab} = R_a + R_b + \dfrac{R_a R_b}{R_c} \\[2mm] R_{bc} = R_b + R_c + \dfrac{R_b R_c}{R_a} \\[2mm] R_{ca} = R_c + R_a + \dfrac{R_c R_a}{R_b} \end{cases} \tag{2-7}$$

显然，当 $R_a = R_b = R_c = R_Y$（对称星形联结）时，$R_{ab} = R_{bc} = R_{ca} = R_\triangle = 3R_Y$。

将三角形联结等效变换为星形联结时

$$\begin{cases} R_a = \dfrac{R_{ab} R_{ca}}{R_{ab} + R_{bc} + R_{ca}} \\[2mm] R_b = \dfrac{R_{ab} R_{bc}}{R_{ab} + R_{bc} + R_{ca}} \\[2mm] R_c = \dfrac{R_{bc} R_{ca}}{R_{ab} + R_{bc} + R_{ca}} \end{cases} \tag{2-8}$$

同理，当 $R_{ab}=R_{bc}=R_{ca}=R_\triangle$（对称三角形联结）时，$R_a=R_b=R_c=R_Y=\dfrac{1}{3}R_\triangle$。

图 2-7　电阻的 T 型联结和 Ⅱ 型联结

(a) 电阻的 T 型联结；(b) 电阻的 Ⅱ 型联结

在电力系统分析中，星形联结又称为 T 型联结，电路图画成如图 2-7（a）所示。三角形联结称为 Ⅱ 型联结，电路图画成如图 2-7（b）所示。

电阻的串、并联是最简单的连接方式，电桥电路是一种特殊的连接方式。电桥平衡时，电路计算是简单的，当电桥不平衡时，仅仅依靠电阻的串、并联化简无法得到等效电阻，此时，可以利用电阻的星形联结与三角形联结之间的等效变换关系轻松分析电桥不平衡电路。

【例 2-4】　如图 2-8（a）所示电路，求电流 I、I_1。

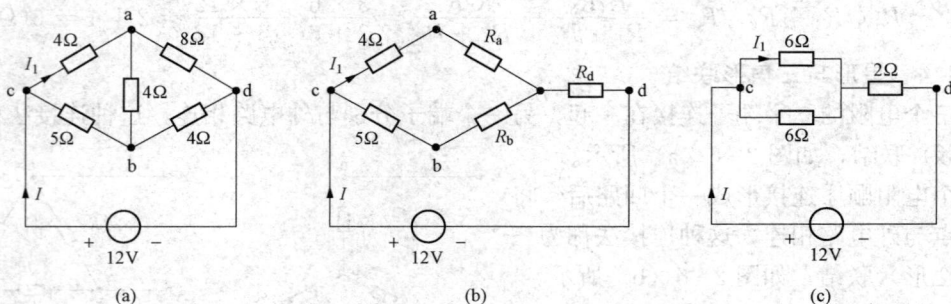

图 2-8　【例 2-4】的电路图

解　利用 Y-△变换及串并联等效变换化简电路如图 2-8（b）、（c）所示。其中

$$R_a=\frac{4\times 8}{4+4+8}=2(\Omega)，\quad R_b=\frac{4\times 4}{4+4+8}=1(\Omega)，$$

$$R_d=\frac{4\times 8}{4+4+8}=2(\Omega)$$

所以

$$I=\frac{12}{2+\dfrac{6\times 6}{6+6}}=2.4(A)$$

利用分流公式得

$$I_1=\frac{1}{2}I=1.2(A)$$

练习与思考

1. 一盏 110V、10W 的指示灯，要接在 220V 的电源上，问要串多大阻值的电阻？该电

阻将消耗多少功率？

2. 如图 2 - 9 所示两个电路，要使 6V、50mA 的电灯泡正常发光，应采用哪一个电路？

3. 有两个电阻，其额定值分别为 10W、40Ω 和 40W、10Ω，问允许通过它们的额定电流是多少？如将它们串联起来，其两端所加电压最大值应该是多少？

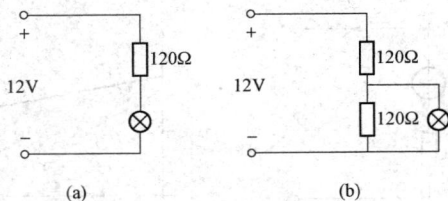

图 2 - 9 练习与思考 2 的图

2.2 电源模型及其等效变换

2.2.1 理想电源的串并联等效变换

上一节我们学习了电阻的串并联等效化简，下面介绍理想电源串并联等效化简的方法。

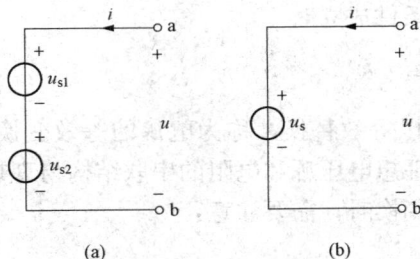

图 2 - 10 电压源串联等效变换
(a) 电路图；(b) 等效电路图

两个理想电压源串联电路如图 2 - 10 (a) 所示。可以用如图 2 - 10 (b) 所示的一个电压源等效代替，等效条件是

$$u_s = u_{s1} + u_{s2}$$

同理，对于多个理想电压源串联的二端网络，也可以等效为一个电压源。其等效条件为

$$u_s = \sum_{k=1}^{n} u_{sk}$$

当串联电压源极性与等效电压源极性一致时取正号，反之取负号。

如图 2 - 11 (a) 所示的两个电流源并联网络，可以由一个理想电流源等效代替。其等效条件为

$$i_s = i_{s1} + i_{s2}$$

同理，多个理想电流源并联的二端网络，也可以等效为一个电流源。其等效条件为

$$i_s = \sum_{k=1}^{n} i_{sk}$$

当并联电流源方向与等效电流源方向一致时取正号，反之取负号。

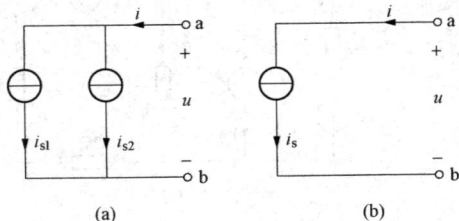

图 2 - 11 电流源并联等效变换
(a) 电路图；(b) 等效电路图

2.2.2 电源模型的等效变换

在 1.6 节中介绍了实际电源的电路模型，电压源模型由理想电压源与电阻元件的串联组成，如图 2 - 12 (a) 所示。

其端口伏安关系由 KVL 可知，端电压

$$U = U_s - IR_0 \tag{2-9}$$

其伏安特性曲线如图 2 - 12 (b) 所示，端口电压 U 随输出电流 I 的增加而降低。

实际电流源模型由理想电流源与电阻元件并联组成，如图 2 - 13 (a) 所示。

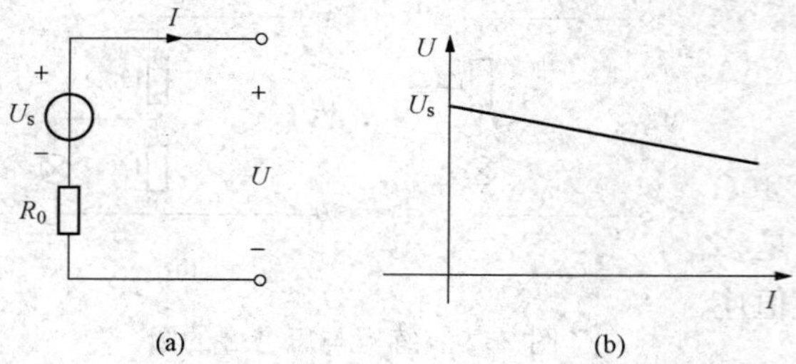

图 2-12　电压源模型及其端口伏安特性
(a) 电压源模型；(b) 伏安特性曲线

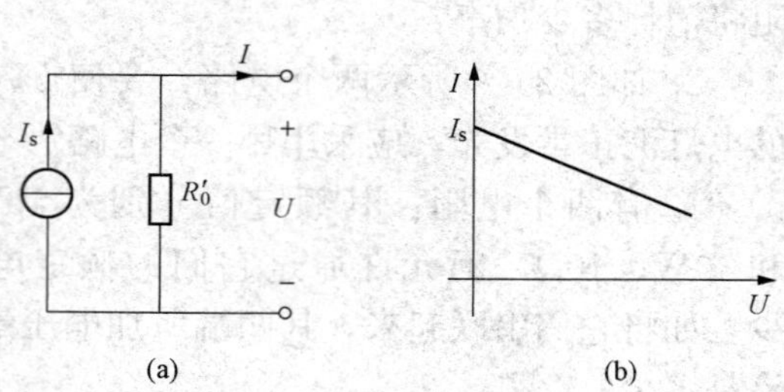

图 2-13　电流源模型及其端口伏安特性
(a) 电流源模型；(b) 伏安特性曲线

其端口伏安关系由 KCL 可知，输出电压为

$$U = R'_0(I_s - I) \tag{2-10}$$

其伏安特性曲线如图 2-13 (b) 所示。

分析比较式（2-9）、式（2-10）以及图 2-12 (b)、图 2-13 (b)，可以发现，两种电源模型端口伏安特性的表达式及曲线是相似的，当以下条件成立时

$$R_0 = R'_0, \ I_s = \frac{U_s}{R_0} \ \text{或} \ U_s = I_s R'_0$$

两种电源模型的对外特性完全相同，则对外电路而言可以等效替换，称为电源的等效变换。上述实际电源两种电路模型之间的等效变换，可推广为理想电压源和电阻的串联结构与理想电流源和电阻的并联结构之间的等效变换。在进行等效变换时，需要注意：

（1）等效是对外电路而言的；

（2）电压源的正极性端子与电流源电流流出的端子相对应；

（3）理想电压源与理想电流源之间无等效关系。

【例 2-5】　试用等效变换法求如图 2-14 (a) 所示电路中的电流 I。

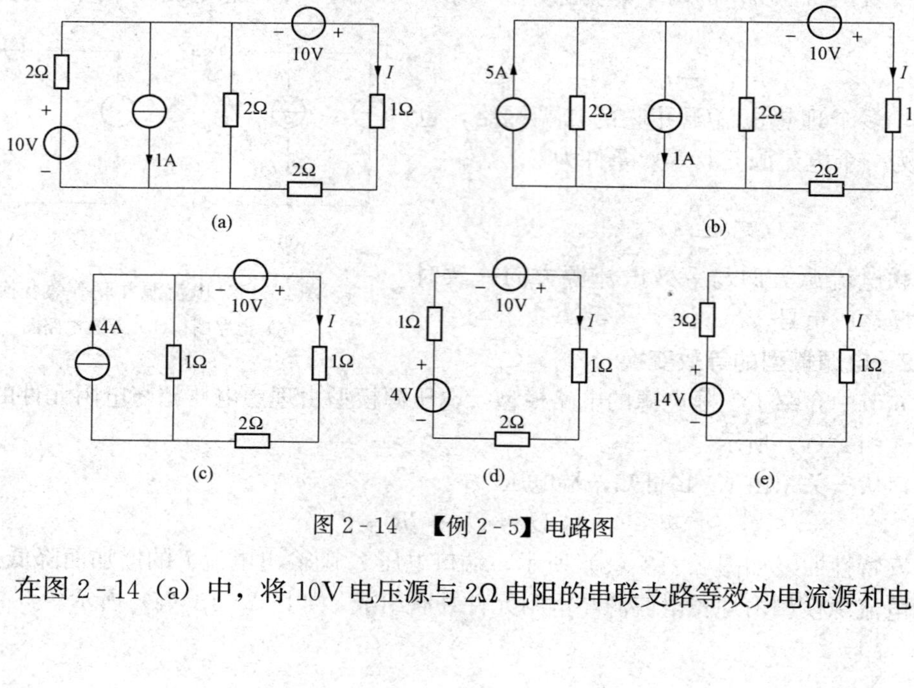

图 2-14　【例 2-5】电路图

解　在图 2-14 (a) 中，将 10V 电压源与 2Ω 电阻的串联支路等效为电流源和电阻的并联

支路，电流源大小为 5A，方向向上，电阻值 2Ω 不变，如图 2-14（b）所示。再将图 2-14（b）的 5A 和 1A 电流源并联合并，2 个 2Ω 电阻并联如图 2-14（c）所示。

在图 2-14（c）中，将 4A 电流源与 1Ω 电阻的并联支路等效为电压源和电阻的串联，如图 2-14（d）所示。继续化简如图 2-14（e）所示。易求出

$$I = \frac{14}{3+1} = 3.5(\text{A})$$

【例 2 - 6】 电路如图 2-15（a）所示，已知 $U_{s1} = 10\text{V}$，$I_{s1} = 15\text{A}$，$I_{s2} = 5\text{A}$，$R_1 = 30\Omega$，$R_2 = 20\Omega$，求电流 I。

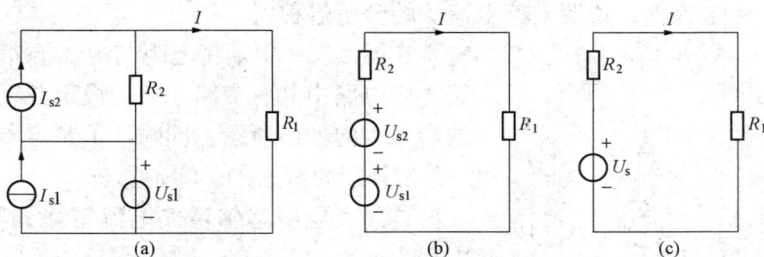

图 2-15　【例 2-6】的电路图

解　在图 2-15（a）中，理想电压源 U_{s1} 与理想电流源 I_{s1} 并联，支路的端口伏安特性为 $U = U_{s1}$，电流源 I_{s1} 对并联电压无贡献，其大小不影响 KVL 方程的列写，则可视 I_{s1} 为虚元件，将其开路处理，即 U_{s1} 与 I_{s1} 并联支路可直接等效为理想电压源 U_{s1}；电流源 I_{s2} 与电阻 R_2 的并联可等效为电压源 U_{s2} 与电阻 R_2 的串联，电路等效变换后如图 2-15（b）所示，其中

$$U_{s2} = I_{s2}R_2 = 5 \times 20 = 100(\text{V})$$

在图 2-15（b）中，电压源 U_{s1} 电压源 U_{s2} 的串联可等效为电压源 U_s，电路变换如图 2-15（c）所示，其中

$$U_s = U_{s2} + U_{s1} = 100 + 10 = 110(\text{V})$$

在图 2-15（c）中，根据欧姆定律可知

$$I = \frac{U_s}{R_1 + R_2} = \frac{110}{30 + 20} = 2.2(\text{A})$$

练习与思考

1. 画出如图 2-16 所示电路的另一种等效电源模型。
2. 试用等效变换化简电路的方法求如图 2-17 所示电路中的 2Ω 电阻的功率 P。

图 2-16　练习与思考 1 的图

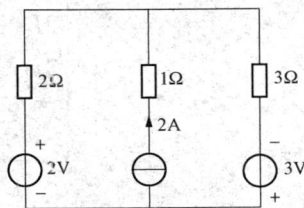

图 2-17　练习与思考 2 的图

2.3　支路电流法

对于某些比较复杂的电阻电路，不能直接采用电阻的串、并联等效或 Y-△变换来处理。此时，可以采用一种以支路电流为变量，建立电路方程并求解的方法来分析，这种方法称为支路电流法。支路电流法是分析复杂电阻电路的最基本方法，其基本原理是应用基尔霍夫电流定律和基尔霍夫电压定律分别对独立节点和基本回路列写方程，而后联立求解各支路电流。

下面以图 2-18 为例，说明支路电流法的分析过程。

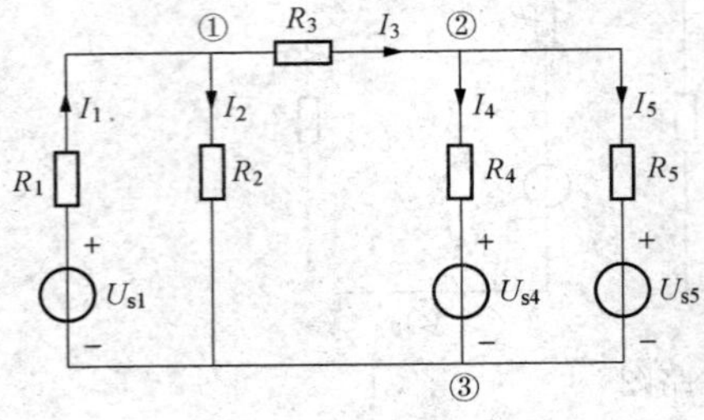

图 2-18　支路电流法分析电路

在图 2-18 中，将电阻与电压源串联看作一条支路，则电路中共有支路 5 条，设定并标出各支路电流的参考方向如图所示。同时，可判定电路中共有节点 3 个，分别为节点①、②、③。

首先，应用基尔霍夫电流定律列写独立的 KCL 方程为

$$I_1 - I_2 - I_3 = 0 \qquad (2-11)$$
$$I_3 - I_4 - I_5 = 0 \qquad (2-12)$$

然后，应用基尔霍夫电压定律列写独立的回路 KVL 方程，图 2-18 中，共有 3 个网孔，列写出 KVL 方程为

$$R_1 I_1 + R_2 I_2 - U_{s1} = 0 \qquad (2-13)$$
$$R_2 I_2 - R_3 I_3 - R_4 I_4 - U_{s4} = 0 \qquad (2-14)$$
$$R_4 I_4 - R_5 I_5 + U_{s4} - U_{s5} = 0 \qquad (2-15)$$

可见，由两个独立节点 KCL 方程与三个网孔 KVL 方程构成五个独立方程，即可联立求解出各支路电流来。

综上，对于含 b 条支路，n 个节点的电路，以支路电流为解变量，可以列写出 $n-1$ 个节点 KCL 方程与 $b-n+1$ 个网孔 KVL 方程，共同形成 b 个独立的方程，可求解出 b 条支路的电流，并进而求解其他感兴趣的变量。

【例 2-7】　如图 2-18 所示，若 $U_{s1} = -28V$，$U_{s4} = 10V$，$U_{s5} = -14V$，$R_1 = 2\Omega$，$R_2 = 3\Omega$，$R_3 = 1\Omega$，$R_4 = 10\Omega$，$R_5 = 2\Omega$，试求各支路电流。

解　各支路电流及其参考方向如图 2-18 所示。应用基尔霍夫电压、电流定律列写出式 (2-11) ～ (2-15)，并代入相应的参数，可得

$$\begin{cases} I_1 - I_2 - I_3 = 0 \\ I_3 - I_4 - I_5 = 0 \\ 2I_1 + 3I_2 + 28 = 0 \\ 3I_2 - I_3 - 10I_4 - 10 = 0 \\ 10I_4 - 2I_5 + 10 + 14 = 0 \end{cases}$$

解上式，得

$$\begin{cases} I_1 = -6.66\text{A} \\ I_2 = -4.90\text{A} \\ I_3 = -1.76\text{A} \\ I_4 = -2.29\text{A} \\ I_5 = 0.53\text{A} \end{cases}$$

求解出各支路电流以后，可以很方便地求解出其他感兴趣变量。

【例 2 - 8】　如图 2 - 19 （a） 所示，$R_1 = 3\Omega$，$R_2 = 2\Omega$，$R_3 = 1\Omega$，$U_{s4} = 1\text{V}$，$U_{s5} = 5\text{V}$，$I_{s6} = 4\text{A}$，求各支路电流大小。

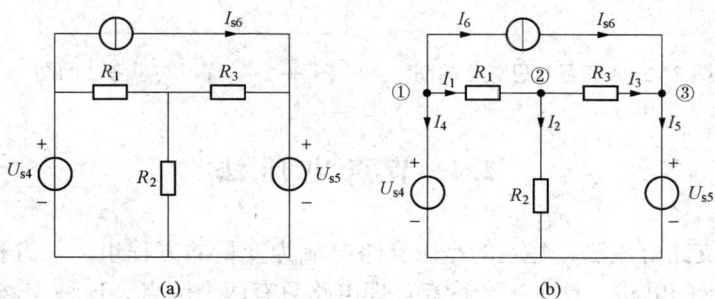

图 2 - 19　【例 2 - 8】的电路图

解　设各支路电流为 I_1、I_2、I_3、I_4、I_5、I_6，其参考方向如图 2 - 19 （b） 所示。列出独立节点①、②、③的 KCL 方程为

$$I_1 + I_4 + I_6 = 0 \tag{2-16}$$
$$I_1 - I_2 - I_3 = 0 \tag{2-17}$$
$$I_3 - I_5 + I_6 = 0 \tag{2-18}$$

因为 $I_6 = I_{s6}$ 所以 6 个支路电流中有 5 个未知，需 5 个独立方程，除 KCL 独立方程之外还需列出单孔回路的 KVL 方程 2 个

$$U_{s4} = R_1 I_1 + R_2 I_2 \tag{2-19}$$
$$U_{s5} = R_2 I_2 - R_3 I_3 \tag{2-20}$$

联立式 （2 - 16） ～式 （2 - 20） 求解，可得

$$\begin{cases} I_1 = -0.64\text{A} \\ I_2 = 1.45\text{A} \\ I_3 = -2.09\text{A} \\ I_4 = -3.36\text{A} \\ I_5 = 1.91\text{A} \\ I_6 = 4\text{A} \end{cases} \tag{2-21}$$

练习与思考

1. 对于含 b 条支路，n 个节点的电路，可以列写出多少个独立的 KCL 方程与独立的 KVL 方程？

2. 用支路电流法求解图 2-20 各支路电流。

3. 试用支路电流法求图 2-21 中各支路电流，其中，$R_1=3\Omega$，$R_2=R_3=6\Omega$，$U_s=12V$，$I_s=3A$。

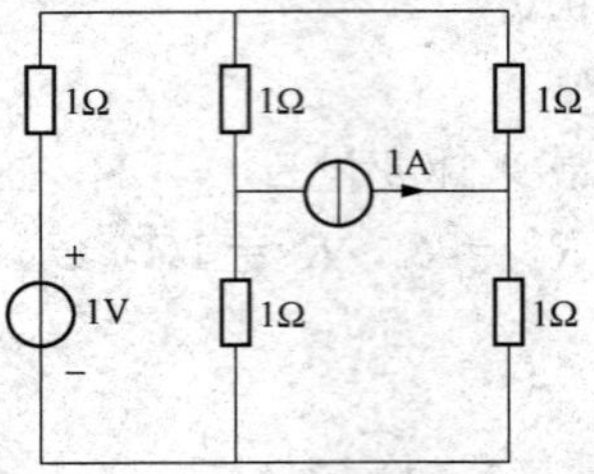

图 2-20　练习与思考 2 的图 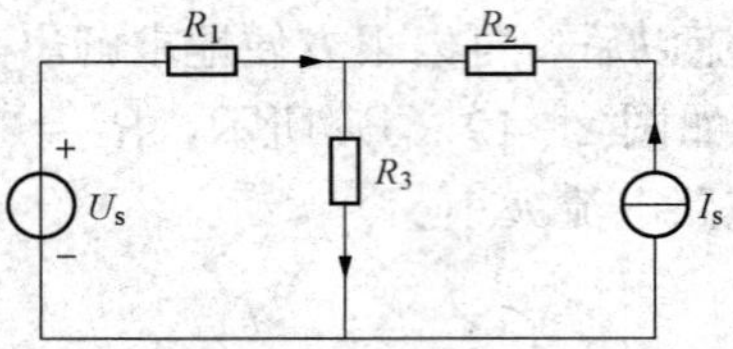　　　图 2-21　练习与思考 3 的图

2.4　节点电压法

上节介绍的支路电流法，建立的是以支路电流为变量的方程组，其方程数就是支路数。而如图 2-22 所示的电路，具有一个特点，即电路只有两个节点，这种支路数较多、节点数较少的电路通常采用节点电压法分析更为简单。

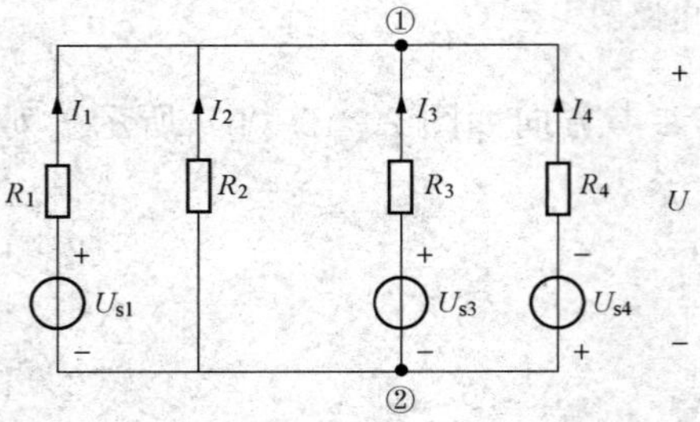

图 2-22　节点电压法分析电路

假设节点①、②之间的电压为 U，各支路电流及其参考方向如图 2-22 所示，应用基尔霍夫电压定律列出各支路的 KVL 方程为

$$\begin{cases} U=U_{s1}-R_1I_1 \\ U=-R_2I_2 \\ U=U_{s3}-R_3I_3 \\ U=-U_{s4}-R_4I_4 \end{cases}$$

将各支路电流用节点电压表示，可以得到

$$\begin{cases} I_1=\dfrac{U_{s1}-U}{R_1} \\ I_2=-\dfrac{U}{R_2} \\ I_3=\dfrac{U_{s3}-U}{R_3} \\ I_4=-\dfrac{U_{s4}+U}{R_4} \end{cases} \tag{2-22}$$

由上可知，如果能确定出节点①、②之间的电压 U，则可很方便地求解出对应的各支路电流。

节点①对应的基尔霍夫电流方程为 $I_1+I_2+I_3+I_4=0$，代入可得

$$\frac{U_{s1}-U}{R_1}-\frac{U}{R_2}+\frac{U_{s3}-U}{R_3}-\frac{U_{s4}+U}{R_4}=0 \tag{2-23}$$

整理后可解出

$$U = \frac{\dfrac{U_{s1}}{R_1} + \dfrac{U_{s3}}{R_3} - \dfrac{U_{s4}}{R_4}}{\dfrac{1}{R_1} + \dfrac{1}{R_2} + \dfrac{1}{R_3} + \dfrac{1}{R_4}} = \frac{\sum \dfrac{U_s}{R}}{\sum \dfrac{1}{R}} \qquad (2-24)$$

上式中，分母是节点①、②之间各条支路上电导的代数和，恒为正；分子是各支路上的等效电流，若电压源方向与节点电压 U 方向一致，则前面取正，否则取负。

由上可知，节点电压法的本质是列写 KCL 方程。若只有两个节点电路中，节点①、②之间存在电流源支路，则应将电流源代入，公式（2-26）可以改写为

$$U = \frac{\sum \dfrac{U_s}{R} + \sum I_s}{\sum \dfrac{1}{R}}$$

其中，分母是节点①、②之间各条支路上电导的代数和，恒为正；分子是各电源支路上的电压源等效电流源和独立电流源的代数和，若电压源方向与节点电压 U 方向一致，则前面取正，否则取负；若电流源方向与节点电压方向相反，则前面取正，否则取负。该规律也称为弥尔曼定理。弥尔曼定理适用于求解两节点电路的节点电压，是节点电压法的一种特殊形式。

若节点①、②之间存在电流源串联电阻支路，因为电流源所串联电阻对该支路电流无贡献，其大小不影响 KCL 方程列写，可以将其等效为短路，所以电流源串联电阻支路的电阻不会体现在节点电压方程之中。

【例 2-9】　如图 2-23 所示，已知 $I_{s1} = 4A$，$U_{s3} = 9V$，$R_1 = 1\Omega$，$R_2 = 2\Omega$，$R_3 = 3\Omega$。假设节点①、②之间的电压为 U，各支路电流及其参考方向如图所示，利用基尔霍夫定律，求：（1）I_2，I_3 的值；（2）R_3 上消耗的功率；（3）电流源 I_{s1} 提供的功率。

由图 2-23 可知此电路实际是一个两节点电路，可采用式（2-22）进行分析。

解　选节点②为参考节点，①、②节点之间的电压为 U，各支路电流的表达式为

$$I_1 = I_{s1} \quad I_2 = -\frac{U}{R_2} \quad I_3 = -\frac{U + U_{s3}}{R_3}$$

节点①的 KCL 方程为

$$I_1 + I_2 + I_3 = 0$$

代入可得

$$I_{s1} - \frac{U}{R_2} - \frac{U + U_{s3}}{R_3} = 0$$

整理可得

$$U = \frac{I_{s1} - \dfrac{U_{s3}}{R_3}}{\dfrac{1}{R_2} + \dfrac{1}{R_3}} = \frac{4 - \dfrac{9}{3}}{\dfrac{1}{6} + \dfrac{1}{3}} = 2(\text{V})$$

则

$$I_2 = -\frac{1}{3}A, \quad I_3 = -\frac{11}{3}A$$

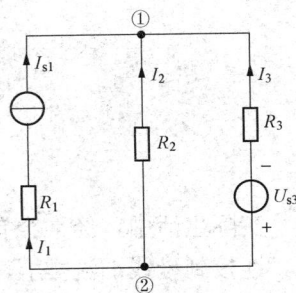
图 2-23　例 2-9 的电路图

R_3 消耗的功率

$$P_3 = I_3^2 R_3 = \left(-\frac{11}{3}\right)^2 \times 3 = \frac{121}{3}(\text{W})$$

再假设电流源两端电压为 U_{sl}，则电流源发出的功率为

$$U_{\text{sl}} = U + R_1 I_1 = 2 + 4 = 6(\text{V})$$

$$P_{\text{s}} = U_{\text{sl}} I_{\text{sl}} = 6 \times 4 = 24(\text{W})$$

需要注意的是，在求节点电压 U 时，R_1 与 I_{sl} 串联支路电流为 $I_1 = I_{\text{sl}}$，R_1 不影响 KCL 方程的列写，则可以把 R_1 当作短路来处理，但在求 P_{s} 时，由于等效的对外特性，R_1 不能作为短路处理。

【例 2 - 10】 试求如图 2 - 24（a）所示的电路中 5Ω 电阻的功率。

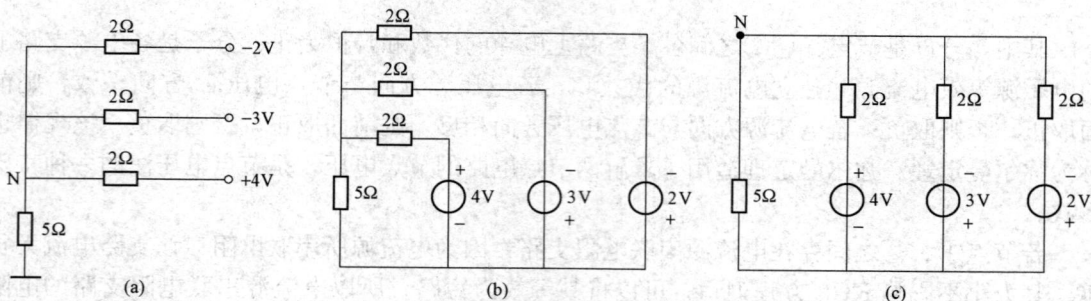

图 2 - 24　【例 2 - 10】的电路图

解　该电路等效为图 2 - 24（b），整理后如图 2 - 24（c）。可以看出其为两节点电路，利用式（2 - 24）可求出

$$U_{\text{N}} = \frac{\dfrac{4}{2} - \dfrac{3}{2} - \dfrac{2}{2}}{\dfrac{1}{5} + \dfrac{1}{2} + \dfrac{1}{2} + \dfrac{1}{2}} = -\frac{5}{17}(\text{V})$$

$$P_{5\Omega} = \frac{U_{\text{N}}^2}{5} = \frac{\left(-\dfrac{5}{17}\right)^2}{5} = \frac{5}{289}(\text{W})$$

实际生活中，经常会有两个节点的电路出现，如图 2 - 25（a）所示，两个电源并联运行，连接到母线汇流排上，并供给另一个负载。

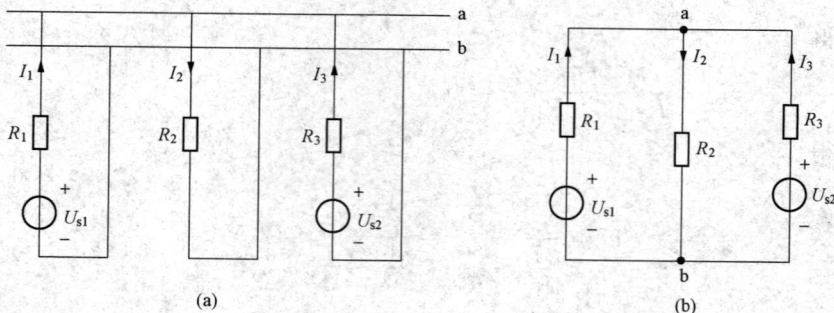

图 2 - 25　电源并联运行示意图及其等效电路

（a）并联运行示意图；（b）等效电路

该电路可以将母线 a、b 分别看作两个节点，画出其等效电路图如图 2-25（b）所示。通过观察可知该电路实际是一个两节点电路，可采用式（2-24）来进行分析。

练习与思考

1. 节点电压法的本质是什么？
2. 如图 2-26 所示，用节点电压法求电流 I。

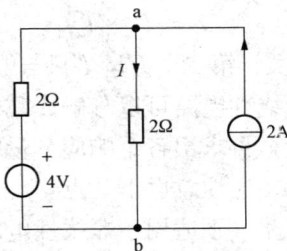

图 2-26　练习与思考 2 的图

2.5 叠 加 定 理

叠加定理是线性电路的基本定理。线性电路指除电源外，由线性元件组成的电路。

叠加定理指出，在线性电路中，多个独立电源共同作用产生的响应（电压或电流）可以看成各个独立电源单独作用所产生的响应的代数和。

下面以如图 2-27（a）所示电路为例来阐明叠加定理的正确性。

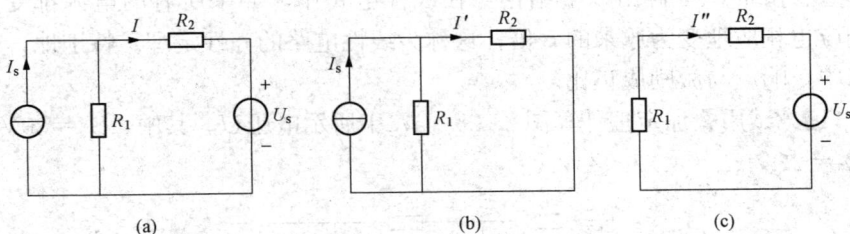

图 2-27　叠加定理

(a) 原理分析图；(b) I_s 单独作用；(c) U_s 单独作用

图 2-27（a）中，U_s、I_s、R_1、R_2 均为已知，求电流 I 的值。

根据本章前几节内容介绍的节点电压法、支路电流法等均可求解出电流 I 的值为

$$I = \frac{R_1}{R_1 + R_2} \times I_s - \frac{1}{R_1 + R_2} \times U_s \qquad (2-25)$$

由式（2-25）可以看出，I 由两项组成。

进一步分析图 2-27（a）电路可知，其中第一项 $\frac{R_1}{R_1+R_2} \times I_s$ 可以通过电流源 I_s 单独作用时的电路（电压源 U_s 置零，相当于短路），由并联支路分流公式求得，电路如图 2-27（b）所示。由图可得，R_2 支路电流即为

$$I' = \frac{R_1}{R_1 + R_2} \times I_s \qquad\qquad (2\text{-}26)$$

第二项$-\dfrac{1}{R_1 + R_2} \times U_s$可以通过电压源$U_s$单独作用时的电路（电流源$I_s$置0，相当于开路），由串联支路伏安关系求得，电路如图2-27（c）所示。由图可得，R_2支路电流即为

$$I'' = -\frac{1}{R_1 + R_2} \times U_s \qquad\qquad (2\text{-}27)$$

观察式（2-25）～（2-27），显然

$$I = I' + I'' \qquad\qquad (2\text{-}28)$$

第一个分量I'只与电流源I_s有关，第二个分量I''只与电压源U_s有关，且均与电源成正比。

由此可得，一个多电源的复杂线性电路可以分解成几个较为简单的电路来分析，在简单电路中分别求解出电压、电流分量，再求出各个响应分量的代数和。

应用叠加定理分析计算电路时，应注意以下几点：

（1）叠加定理只适用于线性电路，不适用于非线性电路。

（2）叠加定理只适用于求解电压、电流，不适用于直接求功率。

（3）当一个电源作用时，其他的电源要置零。电压源置零相当于短路，即用短路线替代；电流源置零相当于开路，即用开路线替代。

（4）在求响应分量的电路中，除了相应电源置零外，电路结构、电路参数应与原电路保持一致。

（5）在对各个响应分量叠加时，若参考方向与原电路保持一致，响应分量前取正号，反之取负号。

另外，图2-27（a）中，如果两个电源均变为原来的k倍，显然响应I也相应地变为原来的k倍。进一步推广可得出以下结论：在线性电路中，如果所有的电源都变为原来的k倍，那么响应也相应地变为原来的k倍，这称为线性电路的齐性定理。特别地，在唯一激励的线性电路中，响应与激励成正比。

【例2-11】 试用叠加定理计算图2-28（a）中所示电压U。其中，$U_s = 30\text{V}$，$R_1 = 4\Omega$，$R_2 = 4\Omega$，$R_3 = 2\Omega$，$R_4 = 4\Omega$，$I_s = 2\text{A}$。

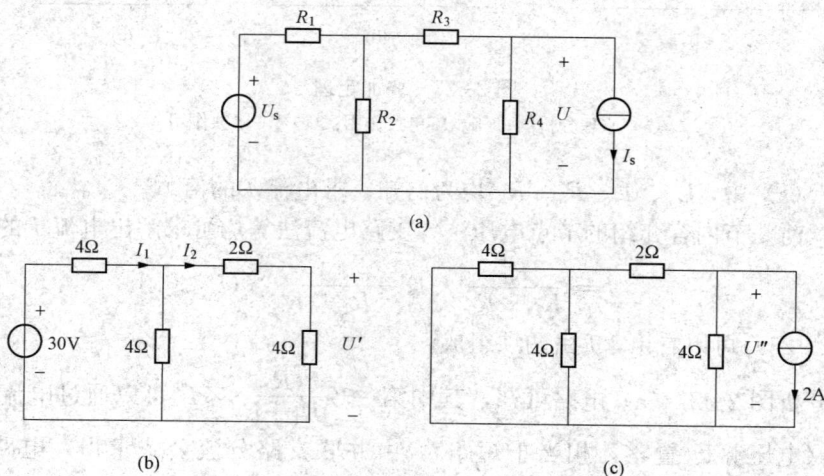

图2-28　【例2-11】的电路图

解 （1）当电压源单独作用时，电流源置零，该支路断路，电路如图 2 - 28（b）所示，在图 2 - 28（b）中，易求

$$I_2 = \frac{30}{4+411(4+2)} \times \frac{4}{4+4+2} = \frac{15}{8}(\text{A})$$

$$U' = 4 \times \frac{15}{8} = \frac{15}{2}(\text{V})$$

（2）当电流源单独作用时，电压源置零，该支路短路，电路如图 2 - 28（c）所示，可求除电流源外的其他部分的等效电阻及等效电压为

$$R_{eq} = (4//4+2)//4 = 2(\Omega)$$

$$U'' = -2 \times 2 = -4(\text{V})$$

（3）由叠加定理得

$$U = U' + U'' = 15/2 - 4 = 3.5(\text{V})$$

【例 2 - 12】 如图 2 - 29 所示，N_s 是一个线性含源网络，已知 $U_{s1} = -1\text{V}$，$U_{s2} = 2\text{V}$ 时，$U = -1\text{V}$；$U_{s1} = 2\text{V}$，$U_{s2} = 0$ 时，$U = 4\text{V}$；$U_{s1} = 0$，$U_{s2} = 2\text{V}$ 时，$U = 2\text{V}$。

求：（1）U_{s1} 和 U_{s2} 为任意值时，电压 U 的表达式；（2）$U_{s1} = 1\text{V}$，$U_{s2} = -2\text{V}$ 时 U 的值。

解 （1）N_s 是一个线性含源网络，利用叠加定理，U 可以看作是 U_{s1} 和 U_{s2} 及 N_s 三部分电源共同作用的结果。由齐次定理，可设 $U = K_1 U_{s1} + K_2 U_{s2} + U_3$，其中 U_3 表示 N_s 内部电源单独作用时对 U 的贡献，又由已知条件代入可得

$$\begin{cases} -1 = -K_1 + 2K_2 + U_3 \\ 4 = 2K_1 + U_3 \\ 2 = 2K_2 + U_3 \end{cases}$$

求解上述方程可得

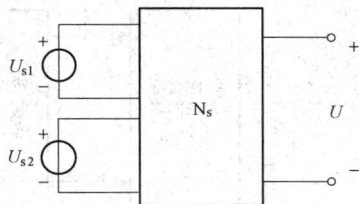

图 2 - 29 【例 2 - 12】的电路图

$$\begin{cases} K_1 = 3 \\ K_2 = 2 \\ U_3 = -2 \end{cases}$$

电压 U 的表达式

$$U = 3U_{s1} + 2U_{s2} - 2$$

（2）$U_{s1} = 1\text{V}$，$U_{s2} = -2\text{V}$ 时，$U = 3 \times 1 + 2 \times (-2) - 2 = -3(\text{V})$。

练习与思考

1. 为什么叠加定理不能直接应用于求解功率？请举例说明。

2. 用叠加定理求如图 2 - 30 所示电路中的 U 的表达式。

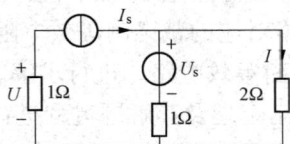

图 2 - 30 练习与思考 2 的图

2.6 等效电源定理

如果一个电路（网络）只有两个与外部电路连接的端钮，则称该网络为二端网络。对于简单电路中，一个线性无源二端网络 N_0，可以用一个等效电阻 R_0 来替代，如图 2-31 所示。

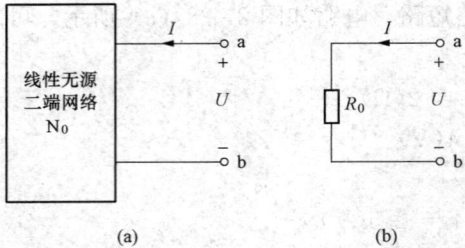

图 2-31 二端网络

(a) 线性无源二端网络 N_0；

(b) 线性无源二端网络等效电阻 R_0

复杂电路中，若只对线性含源电路中的某一条支路感兴趣，可以将此支路从复杂电路中单独拿出来，剩余部分电路变成一个线性含源二端网络 N_s，如图 2-32（a）所示。网络 N_s 可以应用等效电源定理进行等效简化，然后再进行分析。

若用实际电压源模型（理想电压源与电阻的串联组合）来等效 N_s，则称为戴维南定理，其等效电路如图 2-32（b）所示；若用实际电流源模型（理想电流源与电阻并联组合）来等效 N_s，则称为诺顿定理，其等效电路如图 2-32（c）所示。

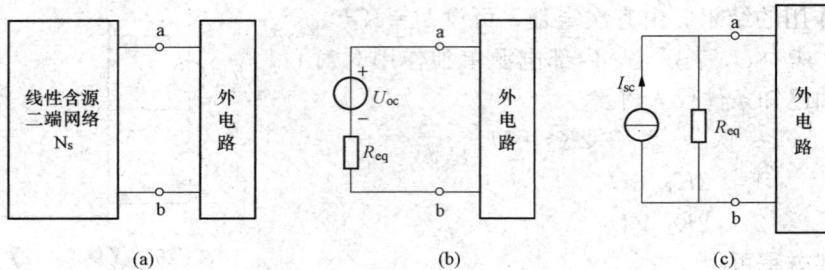

图 2-32 等效电源定理电路原理图

(a) 线性含源二端网络 N_s；(b) 戴维南等效电路图；(c) 诺顿等效电路

下面分别对戴维南定理与诺顿定理予以介绍。

2.6.1 戴维南定理

戴维南定理指出，任何一个线性含源二端网络 N_s，对外电路来说，都可以用一个理想电压源与电阻的串联组合来等效代替，其电压源的电压值为含源二端网络的开路电压 U_{oc}，电阻为含源二端网络中所有独立电源置零（电压源短路，电流源开路）后，从端口看进去的等效电阻 R_{eq}，也称为戴维南等效电阻，如图 2-33 所示。

应用戴维南定理分析电路的步骤如下：

（1）移走外部支路（感兴趣支路），构造线性含源二端网络 N_s；

（2）求解线性含源二端网络 N_s 的开路电压 U_{oc}；

（3）求解 N_s 线性含源二端网络对应的戴维南等效电阻 R_{eq}；

（4）移回外部支路，构造戴维南等效电路，进行求解。

下面以例 2-13 为例，对戴维南定理及其解题过程进行详细分析。

【例 2-13】 如图 2-34（a）所示，试求流过电阻 R_0 的电流 I。图中 $R_1 = R_2 = R_3 = 4\Omega$，$R_4 = 2\Omega$，$I_s = 8A$，$R_0 = 2\Omega$。

图 2-33 戴维南定理中开路电压 U_{oc} 及等效电阻 R_{eq} 的计算电路

(a) 开路电压 U_{oc} 计算电路；(b) 等效电阻 R_{eq} 的计算电路

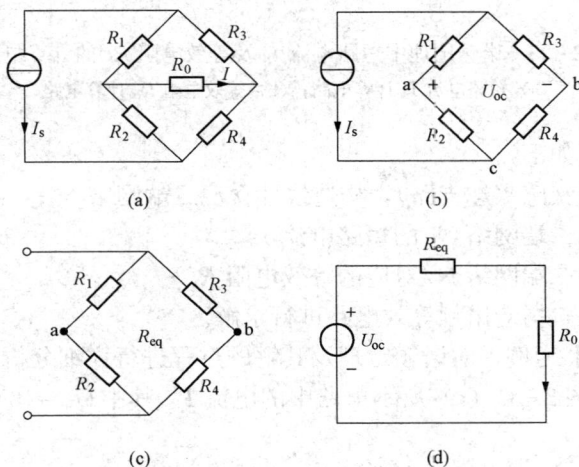

图 2-34 【例 2-13】的电路图

解 (1) 求移走 R_0 支路两端的开路电压 U_{oc}，如图 2-34（b）所示，以 c 点为参考点，可求 a，b 点的电位

$$U_a = \frac{R_3 + R_4}{R_1 + R_2 + R_3 + R_4} \times I_s \times R_1 = \frac{16}{4} \times 8 \times 4 = \frac{96}{7}(\text{V})$$

$$U_b = \frac{R_1 + R_2}{R_1 + R_2 + R_3 + R_4} \times I_s \times R_3 = \frac{8}{14} \times 8 \times 4 = \frac{128}{7}(\text{V})$$

故

$$U_{oc} = U_a - U_b = \frac{96}{7} - \frac{128}{7} = -32/7(\text{V})$$

(2) 求从移走支路看进去电路的等效电阻 R_{eq}，将二端网络内的电流源全部置零，即电流源支路开路，如图 2-34（c）所示，其等效电阻为

$$R_{eq} = (R_2 + R_4)//(R_1 + R_3) = (4 + 2)//(4 + 4) = 6//8 = \frac{6 \times 8}{6 + 8} = \frac{24}{7}(\Omega)$$

(3) 移回感兴趣支路，得到戴维南等效电路如图 2-34（d）所示。易求

$$I = \frac{U_{oc}}{R_{eq} + R_0} = -\frac{16}{19}(\text{A})$$

2.6.2　诺顿定理

诺顿定理指出，任何一个线性含源二端网络 N_s，对外电路来说，都可以用一个理想电流源与电阻的并联组合来等效代替，其电流源的电流值为含源二端网络的短路电流 I_{sc}，电阻为含源二端网络中所有独立电源置零（电压源短路，电流源开路）后，从端口看进去的等效电阻 R_{eq}，如图 2-35 所示。

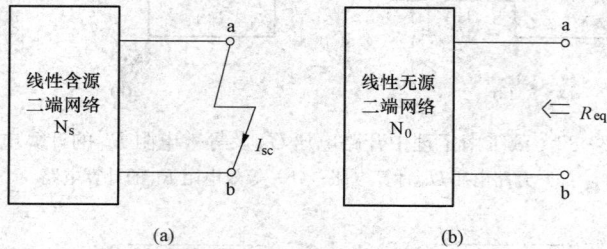

图 2-35　诺顿定理中短路电流 I_{sc} 及等效电阻 R_{eq} 的计算电路
(a) 短路电流 I_{sc} 计算电路；(b) 等效电阻 R_{eq} 计算电路

诺顿定理解题步骤如下：
(1) 移走外部支路（感兴趣支路），构造线性含源二端网络 N_s；
(2) 求解线性含源二端网络 N_s 的短路电流 I_{sc}；
(3) 求解线性含源二端网络 N_s 对应的等效电阻 R_{eq}；
(4) 移回外部支路，构造诺顿等效电路进行求解。

下面以【例 2-14】为例，对诺顿定理及其解题过程进行详细分析。

【例 2-14】 求如图 2-36 (a) 所示电路中的电流 I。其中 $U_s=10V$，$I_s=2A$，$R_1=3\Omega$，$R_2=5\Omega$，$R_3=8\Omega$。

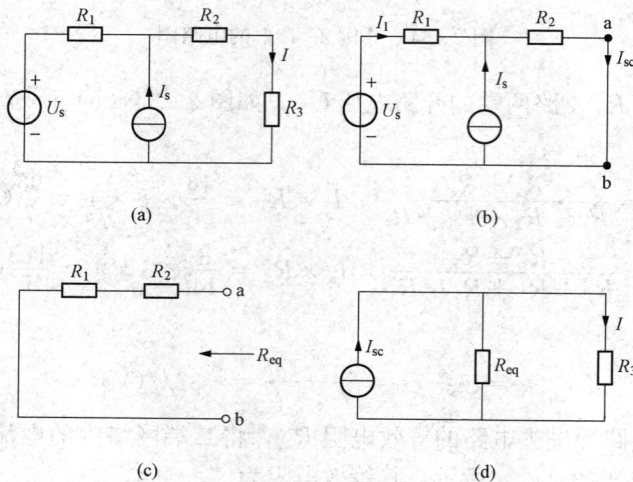

图 2-36　【例 2-14】的电路图

解　(1) 移走 R_3 支路，求短路电流 I_{sc}，如图 2-36 (b) 所示。列写两类约束方程如下

$$\begin{cases} U_s = R_1 I_1 + R_2 I_{sc} \\ I_1 = I_{sc} - I_s \end{cases}$$

代入已知条件

$$\begin{cases} 10 = 3 \times I_1 + 5 \times I_{sc} \\ I_1 = I_{sc} - 2 \end{cases}$$

求得

$$I_{sc} = 2A$$

（2）求 R_{eq}，如图 2 - 36（c）所示。

$$R_{eq} = R_1 + R_2 = 3 + 5 = 8(\Omega)$$

（3）画出诺顿等效电路，如图 2 - 36（d）所示。求 I。

由并联分流公式，可得

$$I = 1A$$

戴维南定理与诺顿定理是电路理论中的重要定理，其作用在于可以将复杂电路的某一部分简化，便于剩余支路的分析求解。在应用过程中，要注意以下几点：

（1）等效电路中的 U_{oc}、R_{eq}、I_{sc} 参数，满足如下关系

$$R_{eq} = \frac{U_{oc}}{I_{sc}}$$

（2）并不是所有线性含源二端网络都同时具备戴维南等效电路和诺顿等效电路；

（3）等效电源定理不适用于对具有多个解的电路进行等效处理；

（4）等效电源定理应用中的外电路可以是非线性电路。

*2.6.3　最大功率传递定理

在图 2 - 34（a）中，若感兴趣支路的电阻负载 R_0 任意可调，下面分析当负载 R_0 为何值时，可以获得最大功率，即求负载 R_0 从二端网络获得最大功率的条件。

一般而言，对于如图 2 - 37（a）所示电路，要研究 R_0 获得最大功率的条件，首先可以求解得到线性含源二端网络 N_s 的戴维南等效电路，如图 2 - 37（b）所示。

图 2 - 37（b）所示电路中，负载所获功率表达式为

$$P_L = R_L I^2 = R_L \left(\frac{U_{oc}}{R_L + R_{eq}} \right)^2$$

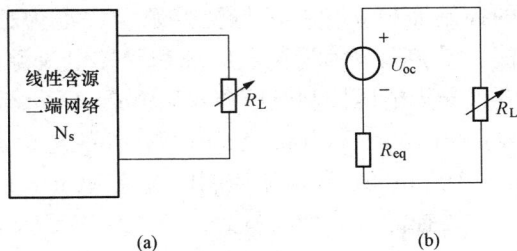

图 2 - 37　最大功率传递定理电路图

要使 P_L 达到最大，则应使得

$$\frac{dP_L}{dR_L} = 0$$

即

$$U_{oc}^2 \times \frac{R_{eq} - R_L}{(R_L + R_{eq})^3} = 0$$

可得

$$R_L = R_{eq}$$

当满足上述条件时，负载 R_L 可获得最大功率

$$P_{Lmax} = \frac{U_{oc}^2}{4R_{eq}}$$

$R_L=R_{eq}$ 称为负载与电源最大功率匹配条件，P_{Lmax} 称为匹配功率，该定理称为最大功率传递定理。

图 2-34（a）中，当调节 $R_0=R_{eq}=\dfrac{24}{7}\Omega$ 时，R_0 可获得最大功率

$$P_{Lmax}=\frac{U_{oc}^2}{4R_{eq}}=\frac{\left(\frac{32}{7}\right)^2}{4\times\frac{24}{7}}=\frac{32}{21}(\text{W})$$

练习与思考

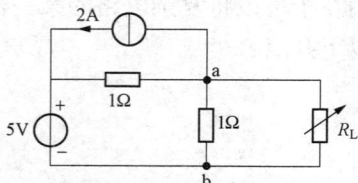

图 2-38　练习与思考 2 的电路图

1. 戴维南等效电路和诺顿等效电路是否可以相互变换？是否所有的线性含源二端网络都同时具备戴维南和诺顿等效电路？

2. 如图 2-38 所示，求 a，b 左侧电路的戴维南等效电路。

3. 求上题中 R_L 可获得的最大功率。

*2.7　含受控源的电路分析

受控源是由一些电子器件抽象出来的理想化模型，表示一条支路的电压或电流受另外一条支路的电压或电流的控制。以前所讨论的电压源的电压和电流源的电流均不受外电路的控制而独立存在，与受控源相比称为独立电源。根据受控源的被控制量是电压还是电流，受控源分为受控电压源和受控电流源两大类。根据控制量是电压还是电流，受控电压源可分为电压控制电压源（Voltage Controlled Voltage Source）和电流控制电压源（Current Controlled Voltage Source），受控电流源可分为电压控制电流源（Voltage Controlled Current Source）和电流控制电流源（Current Controlled Current Source）。为叙述方便，以上四类受控源可分别简写为：VCVS、CCVS、VCCS、CCCS。受控源的电路符号如图 2-39 所示。

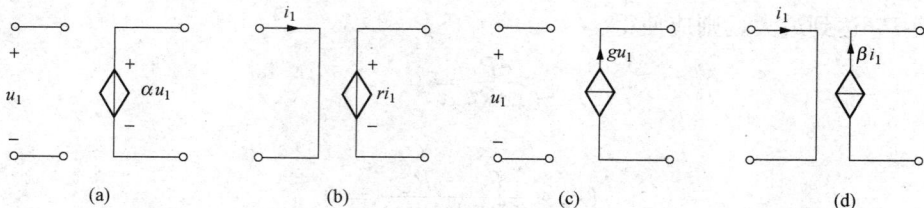

图 2-39　受控源的电路符号
(a) VCVS；(b) CCVS；(c) VCCS；(d) CCCS

图 2-39 中的系数 α、r、g、β 称为受控源的控制系数，对于线性受控源，它们都是常数。r 具有电阻的量纲，g 具有电导的量纲，α、β 都是没有量纲的实常数，u_1、i_1 称为受控

源的控制量，它们可以是受控源外接电路中某两点之间的电压或某条支路的电流，一般是待求解的变量。当控制量为零时，受控源的电压或电流相应也为零。

设控制量所在支路为支路 1，受控源所在支路为支路 2，取受控源端电压与端电流参考方向如图 2-40 所示，则端电压与端电流关系（VAR）表述如下。

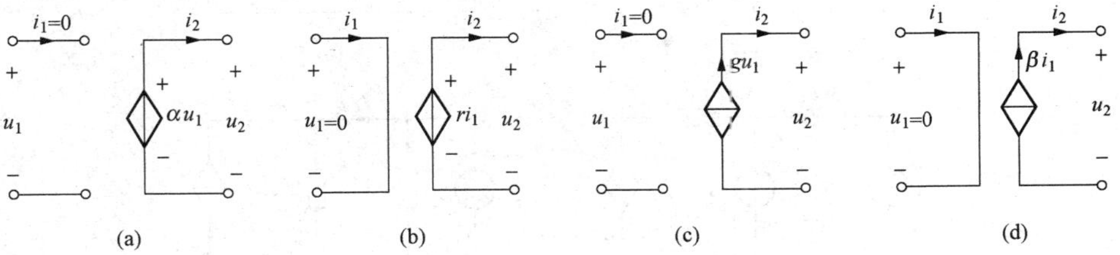

图 2-40　受控源及电压、电流参考方向
(a) VCVS；(b) CCVS；(c) VCCS；(d) CCCS

在图 2-40（a）中：$i_1=0$，u_1 是外接电路中某两点之间的电压，
$u_2=\alpha u_1$，i_2 由 αu_1 和外接电路确定；

在图 2-40（b）中：$u_1=0$，i_1 是外接电路中某支路的电流，
$u_2=ri_1$，i_2 由 ri_1 和外接电路确定；

在图 2-40（c）中：$i_1=0$，u_1 是外接电路中某两点之间的电压，
$i_2=gu_1$，u_2 由 gu_1 和外接电路确定；

在图 2-40（d）中：$u_1=0$，i_1 是外接电路中某支路的电流，
$i_2=\beta i_1$，u_2 由 βi_1 和外接电路确定。

可见，受控电压源所在支路的端电压等于受控电压源的电压，与电压源是相似的；受控电流源所在支路的端电流等于受控电流源的电流，与电流源是相似的。对于电压控制支路，认为其电流为零；对于电流控制支路，认为其电压为零。

取如图 2-40 所示端电压、端电流参考方向时，受控源提供的功率

$$p=-u_1i_1+u_2i_2=u_2i_2 \qquad (2-29)$$

可见，计算受控源的功率时，只要计算受控源所在支路的功率即可。直流电路中

$$P=U_2I_2 \qquad (2-30)$$

独立电源是电路中能量和信号的输入，对电路起激励的作用，表示外界对电路的作用。受控电源则反映电路中某处的电压或电流受其他支路电流或电压的控制，是电路中的一种物理现象，实质上是一种线性电阻元件。晶体管的集电极电流受基极电流控制，运算放大器的输出电压受输入电压控制，所以这类器件的电路模型中通常要用到受控源。

应用列方程的方法对电路进行分析时，将受控源像独立源一样处理，但必须注意受控源的控制量通常是待求的解变量。

【例 2-15】　如图 2-41 所示含受控源电路，指出受控源的类型、控制系数及控制量。

解　图 2-41（a）中：受控源是电流控制电压源，控制系数 $r=2\Omega$，控制量是电流 I_1；
图 2-41（b）中：受控源是电压控制电压源，控制系数是 α，控制量是电压 U_1；
图 2-41（c）中：受控源是电压控制电流源，控制系数 $g=0.5S$，控制量是电压 U_1；
图 2-41（d）中：受控源是电流控制电流源，控制系数 $\beta=2$，控制量是电流 I_1。

图 2-41　【例 2-15】的电路图

图 2-42　【例 2-16】的电路图

【例 2-16】　如图 2-42 所示含受控源的电路，求电压 U 及各元件的功率。

解　30Ω 电阻的端电压为 6V，流过 20Ω 电阻的电流为 50I。由元件 VAR 得

$$I = \frac{6}{30} = 0.2(\text{A}), U = 20 \times 50I = 200(\text{V})$$

电压源提供的功率　$P_{6\text{v}} = 6 \times 0.2 = 1.2(\text{W})$

受控源提供的功率　$P_{50I} = 50IU = 50 \times 0.2 \times 200 = 2000(\text{W})$

30Ω 电阻消耗的功率　$P_{30\Omega} = 30I^2 = 1.2(\text{W})$

20Ω 电阻消耗的功率　$P_{20\Omega} = 20 \times (50I)^2 = 2000(\text{W})$

【例 2-17】　如图 2-43 所示含受控源的电路，求各元件的功率。

解　由 KVL 及 VAR 可得

$$4U + U = 20, U = 4\text{V}$$

$$I = \frac{U}{10} = 0.4(\text{A})$$

电压源提供功率 $P_{20\text{v}} = 20I = 8(\text{W})$

受控源消耗功率 $P_{4U} = 4UI = 6.4(\text{W})$

电阻消耗功率 $P_{10\Omega} = UI = 1.6(\text{W})$

图 2-43　【例 2-17】的电路图

由上述例题计算结果可知，受控源在电路中可以提供功率，其作用相当于电源，也可以消耗功率，其作用相当于电阻。一般把受控源称作广义电阻元件，提供功率时相当于一个负值电阻；消耗功率时相当于一个正值电阻。

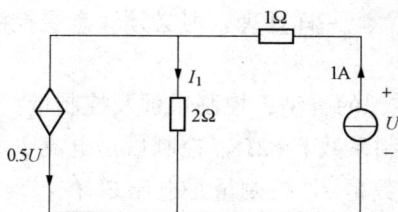

【例 2-18】　求图 2-44 所示电路中的电压 U。

解　图中的电路含有一个电压控制电流源，利用 KCL 可得

$$I_1 = 1 - 0.5U$$

图 2-44　【例 2-18】的电路图

利用 KVL 可得

$$U = 1 \times 1 + 2I_1$$

两式联立解得

$$U = 1.5V$$

【例 2 - 19】 利用等效变换求解图 2 - 45（a）中的电流 I。

解　含受控源的电路使用等效变换方法求解时，受控源当作独立源处理，必须注意受控源的控制量不能在变换过程中丢失。通过等效变换可以得到如图 2 - 45（b）所示的电路。再应用基尔霍夫电压定律可得

$$6 = 2I + I + 2I$$

解之

$$I = 1.2A$$

图 2 - 45　【例 2 - 19】的电路图

【例 2 - 20】 试用叠加定理求解如图 2 - 46（a）所示电路中的电压 U。

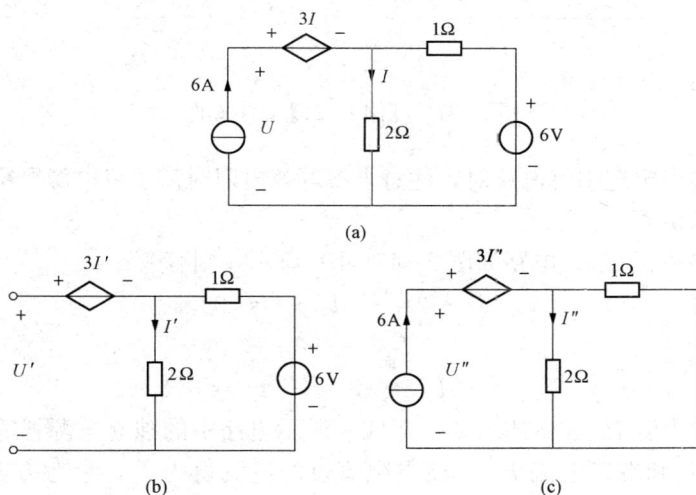

图 2 - 46　【例 2 - 20】的电路图

解　利用叠加定理求解电路时，应按照电路中的激励，即独立电源进行分组，受控源保留不动，其控制量随独立源的不同而做相应的变化。

（1）6V 电压源单独作用时，电路如图 2 - 46（b）所示，则

$$I' = \frac{6}{1+2} = 2(A)$$

$$U' = 3I' + 2I' = 10(V)$$

（2）6A 电流源单独作用时，电路如图 2 - 46（c）所示，则

$$I'' = \frac{1}{1+2} \times 6 = 2(A)$$

$$U'' = 3I'' + 2I'' = 10(V)$$

（3）利用叠加定理得

$$U = U' + U'' = 10 + 10 = 20(\text{V})$$

需要注意的是在使用叠加定理时，各分电路应包含全部的受控电源和控制变量。

【例 2 - 21】 利用戴维南定理求解如图 2 - 47（a）所示电路中的电流 I_L。

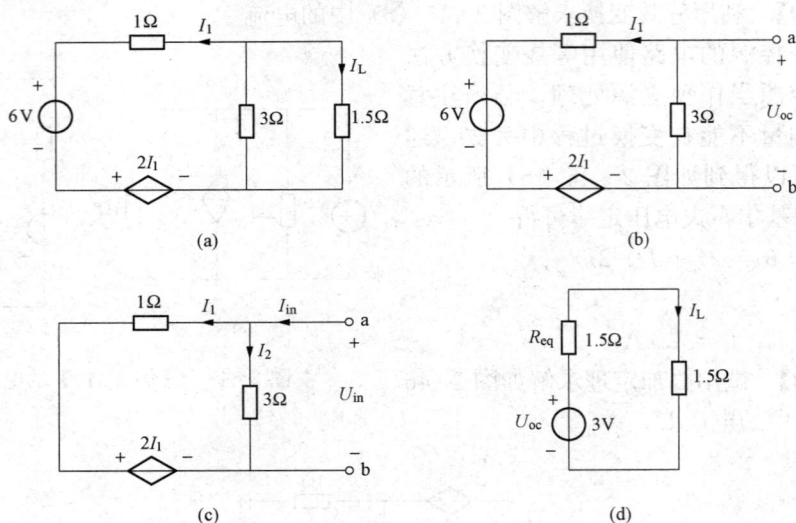

图 2 - 47　　【例 2 - 21】的电路图

解　利用戴维南定理求解电路时，注意求解等效电阻时需要将电源置零，此时电源指独立电源，受控源保留不动。

（1）求解开路电压 U_oc，电路如图 2 - 47（b）所示，则有

$$I_1 + 2I_1 + 3I_1 + 6 = 0$$

$$I_1 = -1\text{A}$$

$$U_\text{oc} = -3I_1 = -3 \times (-1) = 3(\text{V})$$

（2）求解等效电阻 R_eq。将如图 2 - 47（b）所示电路中的独立电源置零，端口处依关联方向设端口电压 U_in 和端口电流 I_in，3Ω 电阻流过的电流设为 I_2，参考方向如图 2 - 47（c）所示。利用基尔霍夫定律得

$$\begin{cases} I_\text{in} = I_1 + I_2 \\ I_1 + 2I_1 = 3I_2 = U_\text{in} \end{cases}$$

解得

$$I_1 = I_2, \ U_\text{in} = 3I_1, \ I_\text{in} = 2I_1$$

因此

$$R_\text{eq} = \frac{U_\text{in}}{I_\text{in}} = \frac{3I_1}{2I_1} = 1.5(\Omega)$$

（3）原电路的戴维南等效电路如图 2 - 47（d）所示，则

$$I_\text{L} = \frac{3}{1.5 + 1.5} = 1(\text{A})$$

【例 2 - 22】 电路如图 2 - 48（a）所示，试用诺顿定理求电流 I。

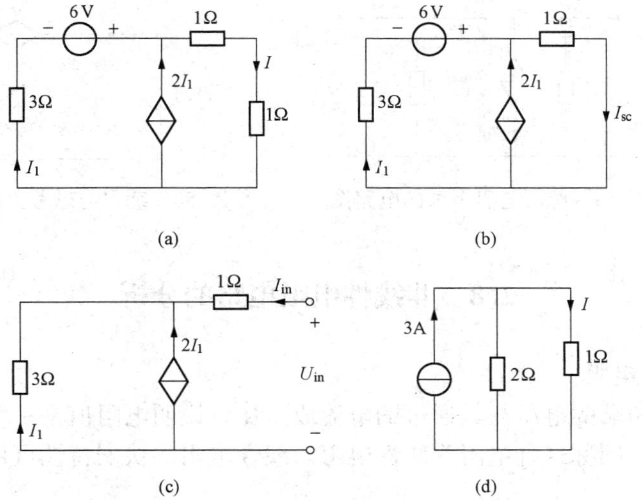

图 2 - 48　【例 2 - 22】的电路图

解　（1）求解二端网络短路口电流 I_{sc}，电路如图 2 - 48（b）所示，则有

$$\begin{cases} (I_1 + 2I_1) \times 1 + 3I_1 = 6 \\ I_{sc} = I_1 + 2I_1 \end{cases}$$

解得

$$I_{sc} = 3A$$

（2）求解等效电阻 R_{eq}，将如图 2 - 48（b）所示电路中的独立电源置零，端口处依关联方向设端口电压 U_{in} 和端口电流 I_{in}，如图 2 - 48（c）所示。利用基尔霍夫定律得

$$\begin{cases} I_{in} + I_1 + 2I_1 = 0 \\ U_{in} + 3I_1 = I_{in} \end{cases}$$

因此

$$R_{eq} = \frac{U_{in}}{I_{in}} = 2(\Omega)$$

（3）原电路的诺顿等效电路如图 2 - 48（d）所示，则

$$I = \frac{2}{1+2} \times 3 = 2(A)$$

练习与思考

1. 受控源与理想电源的本质区别是什么？它们在电路中起的作用相同吗？

2. 在受控源的电路模型中，为什么把电压控制量所在支路抽象为开路？而把电流控制量所在支路抽象为短路？

3. 如图 2 - 49 所示晶体管的电路模型，指出受控源的类型、控制量及控制系数。

4. 如图 2 - 50 所示电路，求电流 I 及各元件的功率。

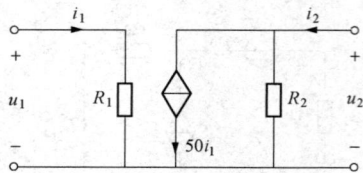

图 2-49　练习与思考 3 的电路图　　　图 2-50　练习与思考 4 的电路图

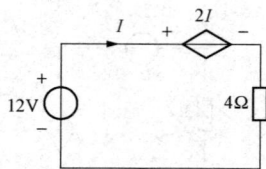

2.8　非线性电阻电路的分析

2.8.1　非线性电阻

如果电阻元件两端的电压与其通过的电流成正比，说明电阻值是一个常数，不随电压或电流的变化而变化，则称这种电阻为线性电阻。线性电阻的伏安特性可用欧姆定律表征，即

$$R = \frac{U}{I}$$

在 u-i 平面上，便是一条通过原点的直线。

如果电阻值不是常数，而是随着电压或者电流改变，则称这种电阻为非线性电阻。非线性电阻的端电压和通过的电流不遵循欧姆定律，一般不能直接用代数式表示，多数是用伏安特性曲线或者实验数据来表示。非线性电阻元件的电路符号如图 2-51 所示。

在实际生产中，非线性电阻元件的应用很广泛。其中，半导体二极管是最常见的一种非线性电阻。其电路符号和伏安特性曲线如图 2-52 和图 2-53 所示。二极管的伏安特性曲线可用下面的函数关系来表征

$$i = I_s(e^{u/U_T} - 1) \text{ 或 } u = U_T \ln\left(\frac{i}{I_s} + 1\right)$$

式中：I_s 为二极管的反向饱和电流；$U_T = \dfrac{kT}{q}$，为绝对温度下的电压，其中 q 为元电荷电荷量，其值为 1.6×10^{-19}C，k 为波尔兹曼常数，其值为 1.38×10^{-23}J/K，T 为绝对温度。室温（$T=300$K）下，$U_T \approx 0.026$V。

图 2-51　非线性电阻的符号　　图 2-52　二极管的符号　　图 2-53　二极管伏安特性曲线

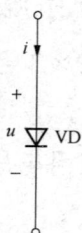

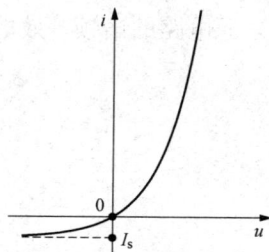

2.8.2　静态电阻和动态电阻

对于非线性电阻，常引入静态电阻 R_s 和动态电阻 R_d 来描述其特性。非线性电阻工作在某一状态（如图 2-54 所示的 P 点）下的静态电阻 R_s 等于该点的电压 U_P 与电流 I_P 之比，即

$$R_s = \frac{U_P}{I_P}\bigg|_P$$

动态电阻 R_d 是电压 u 对电流 i 在工作点的导数值，即

$$R_d = \frac{du}{di}\bigg|_P$$

显然，静态电阻和动态电阻一般都是电压和电流的函数，但不同工作状态下，阻值并不相同。如果伏安特性曲线位于 u-i 平面的第一、三象限时，静态电阻为正值，位于二、四象限时，静态电阻为负值；在伏安特性上升的区间，动态电阻为正值，下降区间，动态电阻为负值。

【例 2 - 23】 已知某电阻的伏安特性为 $u = i^2 - 4$。判断该电阻是否为非线性电阻。若是，请求出当通过电阻的电流为 4A 时的静态电阻和动态电阻的值。

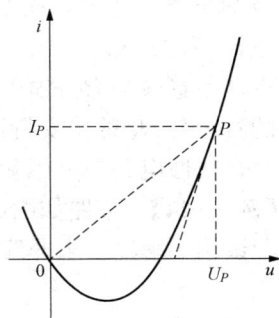

图 2 - 54　静态电阻与动态
电阻的图解

解　很容易看出，该电阻的电压和电流不成正比，因此该电阻为非线性电阻。当通过的电流为 4A 时，其电压 U 为

$$U = I^2 - 4 = 16 - 4 = 12 (\text{A})$$

下面求其静态电阻 R_s 和动态电阻 R_d。根据定义，得

$$R_s = \frac{U}{I} = \frac{12}{4} = 3 (\Omega)$$

$$R_d = \frac{du}{di}\bigg|_{i=4} = 2i\big|_{i=4} = 2 \times 4 = 8 (\Omega)$$

2.8.3　非线性电阻电路的图解法

直流电阻电路的解称为该电路的直流工作点或静态工作点，简称工作点。由于非线性电阻的阻值会随着电压和电流的变化而变化，因此在分析、计算非线性电阻电路时，通常采用图解法确定电路的工作点。

如图 2 - 55 所示为一非线性电阻电路，图中线性电阻 R_1 与非线性电阻 R_2 串联。R_2 的伏安特性曲线如图 2 - 56 所示。

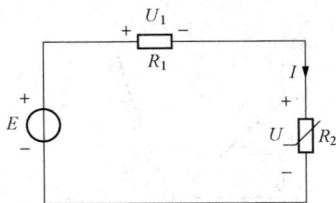

图 2 - 55　非线性电阻电路

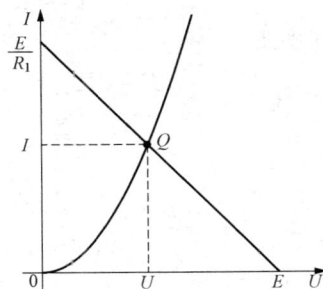

图 2 - 56　非线性电阻电路的图解法

根据 KVL 可得

$$U = E - U_1 = E - R_1 I$$

上式可化为

$$I = \frac{E - U}{R_1} = \frac{E}{R_1} - \frac{U}{R_1} \tag{2 - 31}$$

在 U-I 平面中，上式为直线方程，其斜率为 $-1/R_1$，直线在 I 轴的截距为 E/R_1，直

线在 U 轴的截距为 E，在图中很容易画出❶。显然，这条直线与电源电动势 E 以及线性电阻的阻值 R_1 有关。

将这条直线与 R_2 的伏安特性曲线放在同一个坐标系下，则如图 2-56 所示。式（2-31）确定的直线与 R_2 的伏安特性曲线的交点 Q，既能表示非线性电阻上电压和电流的关系，同时也符合线性电路中电压和电流的关系。因此，该点即为该电阻在电路中的工作点。

【**例 2-24**】　电路如图 2-57（a）所示，非线性电阻 R 的伏安特性曲线如图 2-57（b）所示。试用图解法，求非线性电阻的直流工作电压 U 和功率 P。

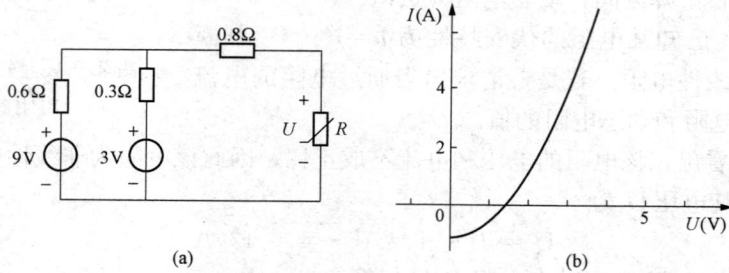

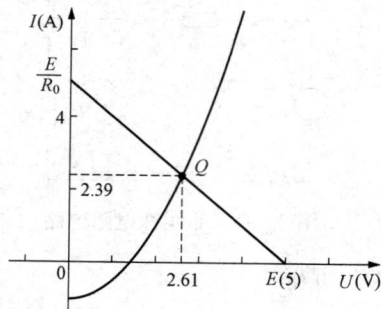

图 2-57　【例 2-24】的电路图

解　将非线性电阻 R 划出，电路剩余部分为一个有源二端网络，可以用电源的等效变换或者戴维南定理，将其等效处理，如图 2-58 所示。

本题利用电源的等效变换，得到的等效电源电动势 E 和内阻 R_0 如图 2-58 所示。于是，得负载线为

$$U = E - IR_0 = 5 - I$$

其在 U 轴的截距为 $E = 5\mathrm{V}$，在 I 轴的截距为 $\dfrac{E}{R_0} = 5\mathrm{A}$，斜率为 -1Ω。

将负载线与非线性电阻 R 的伏安特性曲线画在同一坐标系下，如图 2-59 所示，其交点 Q 即为电路的静态工作点。由此可得

$$I = 2.39\mathrm{A}, U = 2.61\mathrm{V}$$

然后计算功率 P

$$P = IU = 2.39 \times 2.61 = 6.24(\mathrm{W})$$

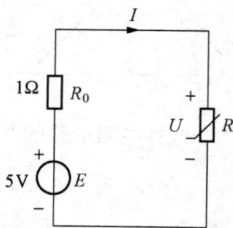

图 2-58　图 2-57（a）的等效电路图　　　　图 2-59　【例 2-24】的图解法

---

❶　如果电阻 R_1 为负载电阻，由于直线斜率与 R_1，通常称该直线为负载线，因此上述图解法又称为负载线法。

🧠 练习与思考

1. 直流工作点概念及求法是什么？直流工作点是否唯一？
2. 某非线性电阻的电流电压关系为 $i=2u^2-3$，求其在 $u=1\text{V}$ 时的动态电阻 R_d。

习　　　题 📖

电阻串、并联及其等效变换

2-1　求如图 2-60 所示电路中 a、b 两点间等效电阻 R_ab。

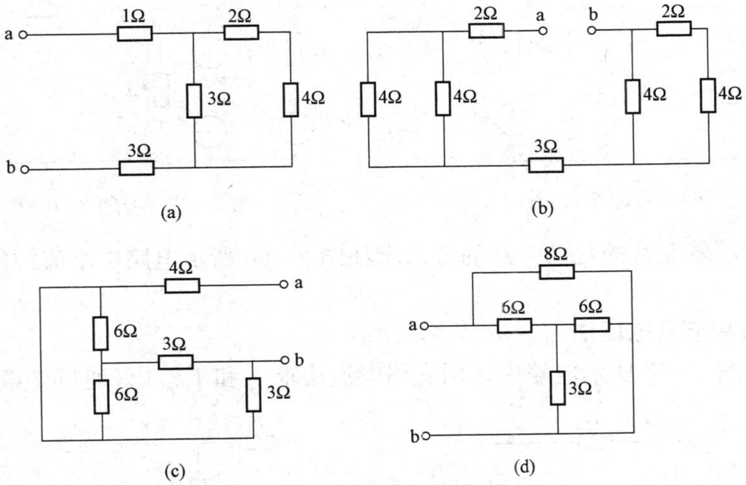

图 2-60　习题 2-1 图

2-2　求如图 2-61 所示电路中，电阻均为 3Ω，开关 S 打开和闭合状态下 a、b 间的等效电阻 R_ab。

2-3　求如图 2-62 所示电路中电流 I。

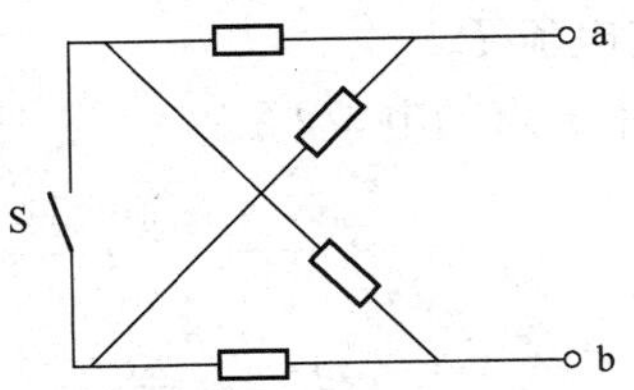

图 2-61　习题 2-2 图 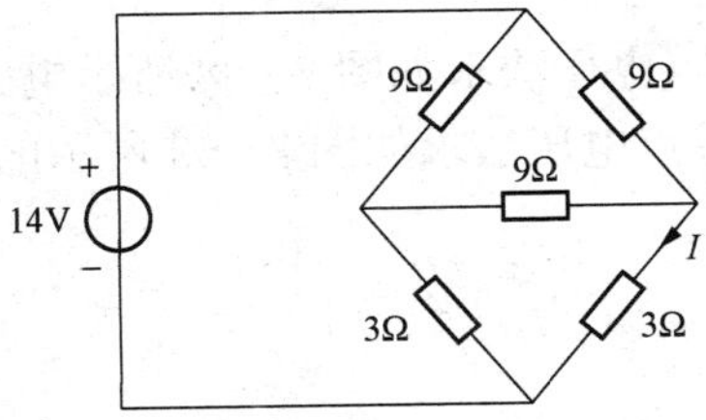　　　　图 2-62　习题 2-3 图

电源模型及其等效变换

2-4　用等效变换法求如图 2-63 所示电路中的电流 I。

2-5　在如图 2-64 所示电路中，已知电压 $U=3\text{V}$，求未知电阻 R。

2-6　在如图 2-65 所示的电路中，若 $R_\text{L}=4.5\Omega$，求负载电流 I_L。

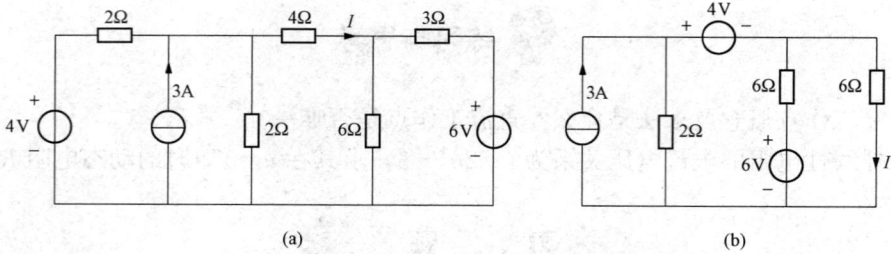

图 2-63　习题 2-4 图

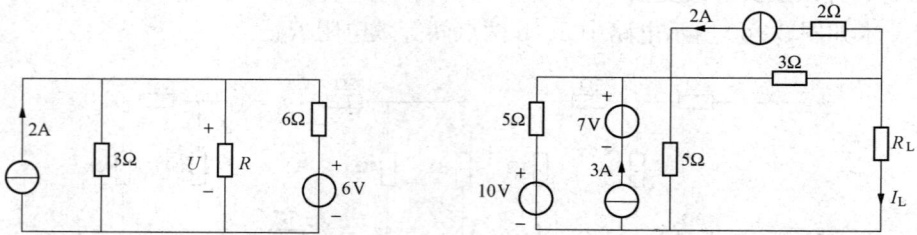

图 2-64　习题 2-5 图

图 2-65　习题 2-6 图

2-7　利用等效变换的化简电路的方法求如图 2-66 所示电路中电流源的端电压及其提供的功率。

支路电流法和节点电压法

2-8　在如图 2-67 所示电路中，用支路电流法求 I_3 和 I_4。（只列写支路电流方程）

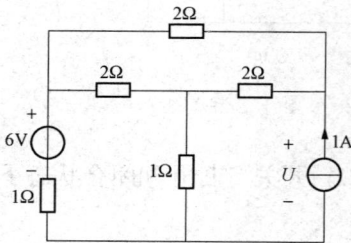

图 2-66　习题 2-7 图

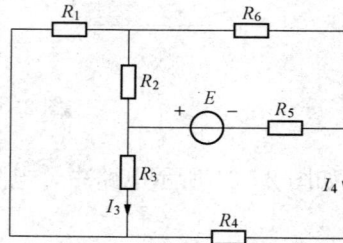

图 2-67　习题 2-8 图

2-9　用节点电压法求如图 2-68 所示电路的电流 I。

2-10　用节点电压法求如图 2-69 所示电路中 a 点的电位 U_a。

图 2-68　习题 2-9 图

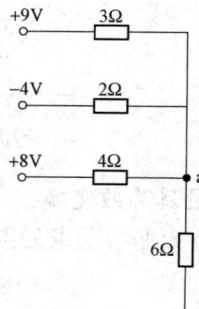

图 2-69　习题 2-10 图

2-11 分别求如图 2-70 所示电路中的电流 I 及各元件吸收的功率。

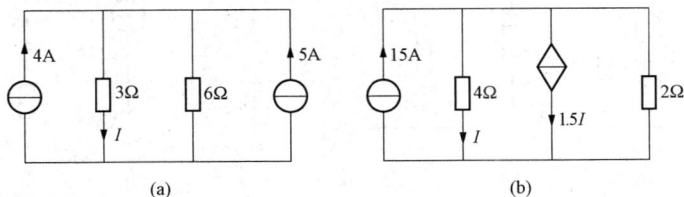

图 2-70 习题 2-11 图

叠加定理

2-12 用叠加定理求如图 2-71 所示电路中的电流 I。

2-13 用叠加定理求如图 2-72 所示电路中，3Ω 电阻的电压 U。

图 2-71 习题 2-12 图　　　　图 2-72 习题 2-13 图

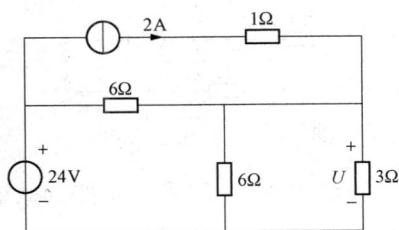

2-14 若题 2-13 中所有独立源都增大一倍，电压 U 如何变化？3Ω 电阻的功率如何变化？

2-15 用叠加定理求如图 2-73 所示电路中 A 点电位。

2-16 在如图 2-74 所示电路中，已知 $U_{s1}=4V$，$U_{s2}=5V$。当开关 S 在位置 1 时，毫安表示数为 $I'=40mA$；当开关 S 在位置 2 时，毫安表示数为 $I''=-80mA$；求当开关 S 在位置 3 时，毫安表的示数 I''' 的值。

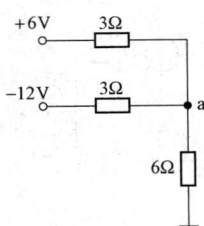

图 2-73 习题 2-15 图　　　　图 2-74 习题 2-16 图

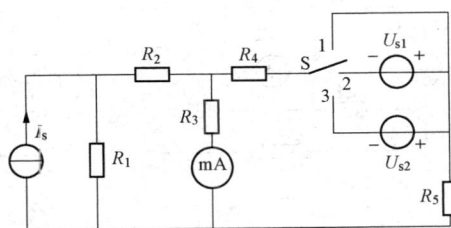

2-17 如图 2-75 所示电路中，已知 $I_{s1}=3A$，$I_{s2}=6A$，当理想电流源 I_{s1} 单独作用时，流过电阻 R 的电流是 1A，那么，当所有理想电流源共同作用时，流过电阻 R 的电流 I 是多少？

等效电源定理

2-18 用戴维南定理求如图 2-76 所示电路中的电流 I。

2-19 用戴维南定理求如图 2-77 所示电路中 3Ω 电阻消耗的功率。

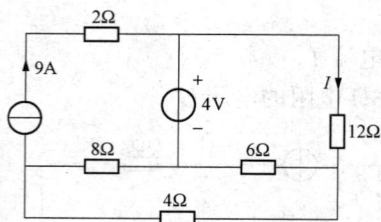
(a)

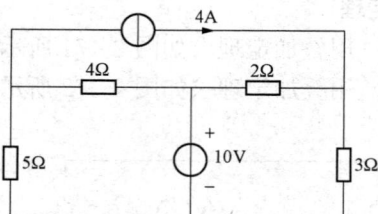
(b)

图 2-75　习题 2-17 图

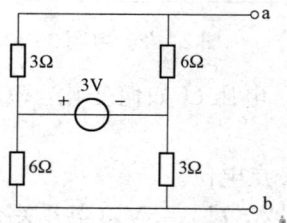

图 2-76　习题 2-18 图

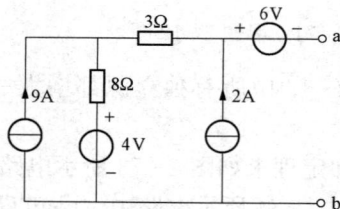

图 2-77　习题 2-19 图

2-20　画出如图 2-78 所示电路的戴维南等效电路。

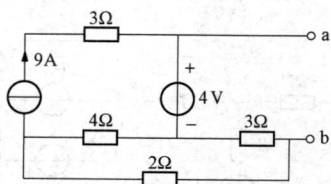
(a)　　　　　　　　　　　(b)

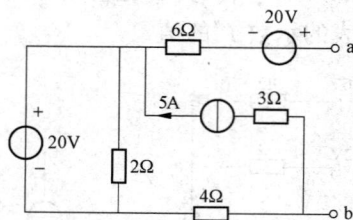
(c)　　　　　　　　　　　(d)

图 2-78　习题 2-20 图

2-21　画出题 2-20 中电路的诺顿等效电路。

2-22　在如图 2-79 所示的电路中，用戴维南定理求电压 U 或电流 I 的值。

2-23　如图 2-80 所示电路中，R_L 可调，当 $R_L = 4\Omega$ 时，求电路中的负载电流。

含受控源的电路

2-24　电路如图 2-81 所示，试用等效化简的方法求电压 U 和电流 I。

2-25　电路图如图 2-82 所示，求图中电压 U。

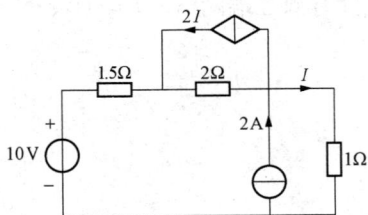

(a)　　　　　　　　　　　　(b)

图 2 - 79　习题 2 - 22 图

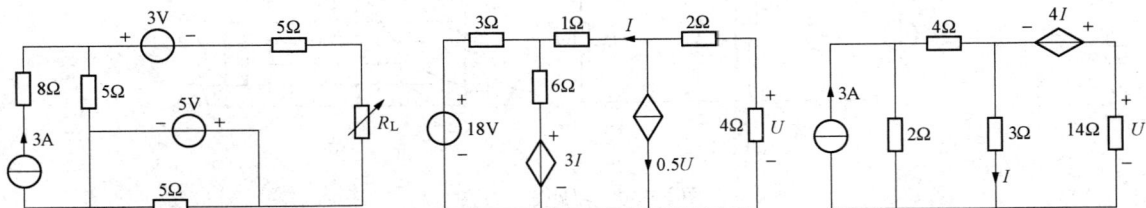

图 2 - 80　习题 2 - 23 图　　　　图 2 - 81　习题 2 - 24 图　　　　图 2 - 82　习题 2 - 25 图

2 - 26　试用戴维南定理求如图 2 - 83 所示电路中的电流 I。

2 - 27　画出如图 2 - 84 所示一端口网络的戴维南或诺顿等效电路。

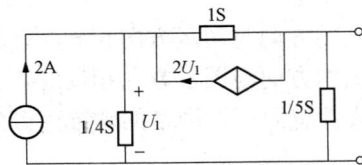

图 2 - 83　习题 2 - 26 图　　　　　图 2 - 84　习题 2 - 27 图

非线性电阻电路

2 - 28　电路如图 2 - 85（a）所示，非线性电阻的伏安特性曲线如图 2 - 85（b）所示。

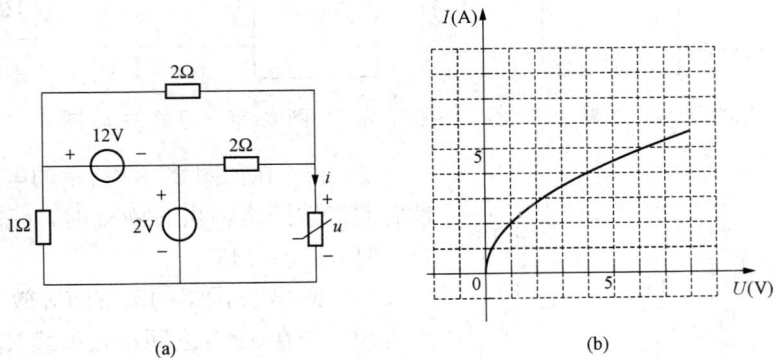

(a)　　　　　　　　　　　　(b)

图 2 - 85　习题 2 - 28 图

（1）画出从非线性电阻两端看入的戴维南等效电路；

（2）求非线性电阻两端的直流工作电压 U。

2-29　电路如图 2-86（a）所示，非线性电阻的伏安特性曲线如图 2-86（b）所示。

（1）画出从非线性电阻两端看入的戴维南等效电路；

（2）求非线性电阻中流过的直流工作电流 I。

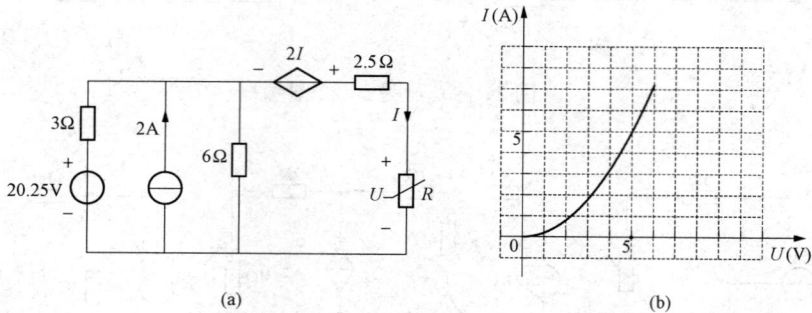

图 2-86　习题 2-29 图

综合题

2-30　在如图 2-87 所示电路中，N_0 为不含独立源的电路。已知当 $U_s=12V$，$I_s=4A$ 时，$I=0$；当 $U_s=-2V$，$I_s=-2A$ 时，$I=-1A$。求当 $U_s=24V$，$I_s=4A$ 时 I 的值。

2-31　电路图如图 2-88 所示，其中，N_s 为线性有源二端网络，$I_s=1A$，$U_s=3V$，$R_1=1\Omega$，$R_2=2\Omega$。若：

（1）当 I_s 的方向与图示方向相同时，$I=0$；

（2）当 I_s 的方向与图示方向相反时，$I=0.5A$。

画出该线性有源二端网络的戴维南等效电路。

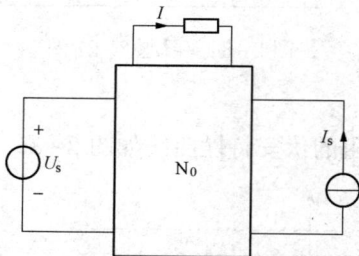

图 2-87　习题 2-30 图

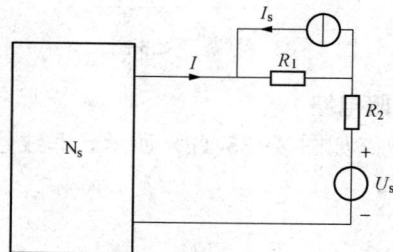

图 2-88　习题 2-31 图

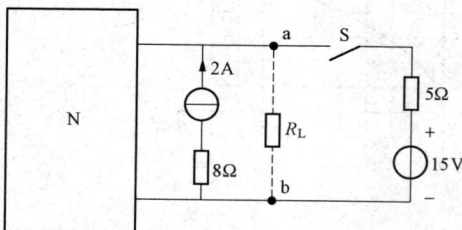

图 2-89　习题 2-32 图

2-32　在如图 2-89 所示的电路中，N 为线性有源二端网络，当 S 断开时，$U_{ab}=12V$；当 S 合上时，$U_{ab}=14V$。

（1）画出 N 网络的戴维南等效电路；

（2）若在 a、b 之间接入负载 R_L，如图 2-89 所示，闭合开关 S 后，当 R_L 为何值时，获得的功率最大？

第 3 章　电 路 的 暂 态 分 析

　　到目前为止，我们分析的主要是线性电阻电路，线性电阻电路的特点是电路方程为线性代数方程，电路中的响应与激励的变化规律相同，并且具有同时性。本章来学习两个新的且重要的无源线性电路元件：电容和电感。

　　电阻只能消耗能量，而电容和电感不消耗能量，它们可以储存或释放能量，因此，称电容和电感为储能元件。包含储能元件的电路称为动态电路，动态电路中响应与激励的关系方程为微分方程。

　　当电路中只含有一个储能元件或者可以等效为一个储能元件时，这样的电路方程为一阶微分方程，又称这种电路为一阶动态电路。在本章中，只学习在直流电源激励下的一阶线性动态电路的分析方法。通过学习达到以下要求：

　　(1) 了解电感元件的概念及与实际电感线圈的关系和电容元件的概念及与电容器的关系；

　　(2) 了解电路稳态和暂态的概念及其产生暂态的原因；

　　(3) 了解电容元件充电、放电过程中，电压、电流的变化规律；

　　(4) 理解时间常数对暂态过程的影响；

　　(5) 掌握一阶线性动态电路的三要素快速求解方法。

3.1　储　能　元　件

3.1.1　电容元件

　　平行板电容器是由两块金属板夹一层绝缘介质组成的一种简单电容器，其绝缘介质可以是空气、陶瓷、纸、云母等。电容器广泛应用于电子、通信、计算机及电力系统等。在电力系统中，电容器可用于隔直流、通交流、移相、储能、启动电机、抑制噪声等。

　　理想电容元件是对实际电容器科学抽象的结果，用来反映电场的储能特性，线性电容元件储存的电量 q 与极板两端电压 u 成正比，即

$$q = Cu \tag{3-1}$$

式中：C 为电容，是电容元件的参数，单位为法拉，简称法（F）。法拉是个很大的单位，常用的单位还有微法（μF）、皮法（pF）。$1\mu F = 10^{-6} F$，$1pF = 10^{-12} F$。q 的单位是库仑（C），u 的单位是伏特（V）。$1F = 1C/V$。

　　电容元件的电路符号如图 3-1 所示，当电压和电流取关联参考方向时，电容元件的伏安关系为

$$i = \frac{dq}{dt} = C\frac{du}{dt} \tag{3-2}$$

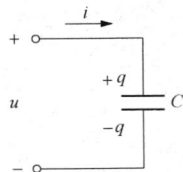

　　电容元件可简称为电容，由式（3-2）可见，当电容两端的电压不变时，流过电容的电流为零，即在直流稳态电路中，电容相当于

图 3-1　电容元件的
　　　　电路符号

开路；当流过电容的电流为有限值时，电容两端的电压不能突变，但流过电容的电流可以突变。

将式（3-2）两边积分得

$$u = \frac{1}{C}\int_{-\infty}^{t} i\,\mathrm{d}t = \frac{1}{C}\int_{-\infty}^{0} i\,\mathrm{d}t + \frac{1}{C}\int_{0}^{t} i\,\mathrm{d}t = u_0 + \frac{1}{C}\int_{0}^{t} i\,\mathrm{d}t \qquad (3-3)$$

式（3-3）中：u_0 为电压的初始值，即 $t=0$ 时电容元件两端的电压。若 $u_0 = 0$ 或 $q_0 = 0$，则有

$$u = \frac{1}{C}\int_{0}^{t} i\,\mathrm{d}t \qquad (3-4)$$

从时刻 t_1 到时刻 t_2，电容元件储存的电场能量为

$$W = \int_{t_1}^{t_2} p\,\mathrm{d}t = \int_{t_1}^{t_2} ui\,\mathrm{d}t = \int_{t_1}^{t_2} Cu\,\frac{\mathrm{d}u}{\mathrm{d}t}\mathrm{d}t = \int_{u_{t_1}}^{u_{t_2}} Cu\,\mathrm{d}u = \frac{1}{2}Cu_{t_2}^2 - \frac{1}{2}Cu_{t_1}^2 \qquad (3-5)$$

$t \geq 0$ 后，在某个时刻 t，电容元件储存的电场能量（设 $u_0 = 0$）为

$$W = \int_{0}^{t} p\,\mathrm{d}t = \int_{0}^{t} ui\,\mathrm{d}t = \int_{0}^{t} Cu\,\frac{\mathrm{d}u}{\mathrm{d}t}\mathrm{d}t = \int_{0}^{u} Cu\,\mathrm{d}u = \frac{1}{2}Cu^2 \qquad (3-6)$$

电容元件的并联电路图如图 3-2 所示。

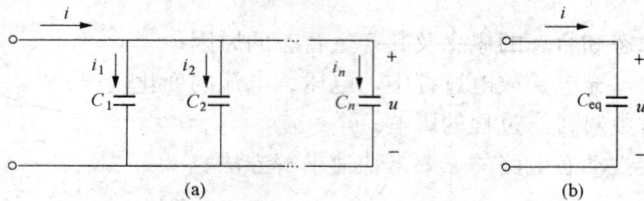

图 3-2　电容元件的并联
(a) 电容元件的并联电路；(b) 等效电路图

在图 3-2（a）中运用基尔霍夫电流定律可得

$$i = i_1 + i_2 + \cdots + i_n = C_1\frac{\mathrm{d}u}{\mathrm{d}t} + C_2\frac{\mathrm{d}u}{\mathrm{d}t} + \cdots + C_n\frac{\mathrm{d}u}{\mathrm{d}t}$$

$$= (C_1 + C_2 + \cdots + C_n)\frac{\mathrm{d}u}{\mathrm{d}t} = C_{eq}\frac{\mathrm{d}u}{\mathrm{d}t} \qquad (3-7)$$

式中：$C_{eq} = C_1 + C_2 + \cdots + C_n$，即 n 个电容并联时，等效电容 C_{eq} 为这 n 个电容的和。

电容元件的串联电路如图 3-3 所示。

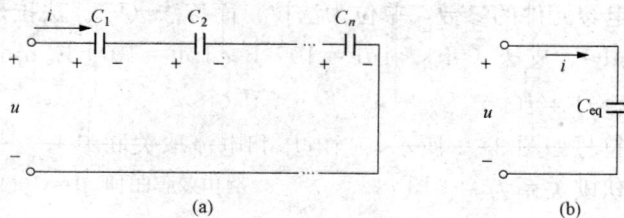

图 3-3　电容元件的串联
(a) 电容元件串联电路图；(b) 等效电路图

在图 3-3（a）中运用基尔霍夫电压定律（设 $u_0 = 0$）可得

$$u = u_1 + u_2 + \cdots + u_n = \frac{1}{C_1}\int_0^t i\,\mathrm{d}t + \frac{1}{C_2}\int_0^t i\,\mathrm{d}t + \cdots + \frac{1}{C_n}\int_0^t i\,\mathrm{d}t$$

$$= \left(\frac{1}{C_1} + \frac{1}{C_2} + \cdots + \frac{1}{C_n}\right)\int_0^t i\,\mathrm{d}t = \frac{1}{C_{eq}}\int_0^t i\,\mathrm{d}t \tag{3-8}$$

式中：$\frac{1}{C_{eq}} = \frac{1}{C_1} + \frac{1}{C_2} + \cdots + \frac{1}{C_n}$，即 n 个电容串联时，等效电容 C_{eq} 的倒数为这 n 个电容的倒数之和。

3.1.2　电感元件

当导体中有电流流过时，导体周围会产生磁场，这就是电感性，所以任何导体都可以被看作电感。但是，为了加强电感性，通常将导线绕成线圈作为电感器，如图 3-4 所示。电感器广泛应用于电子技术及电力系统中。电感器可用于制造电源、变压器、收音机、电视机、雷达、电动机等。

在图 3-4 中，当磁通 $\boldsymbol{\Phi}$ 发生变化时，线圈中将产生感应电动势 e_L，e_L 的大小由式（3-9）决定。

$$|e_L| = \left|\frac{\mathrm{d}\boldsymbol{\Phi}}{\mathrm{d}t}\right| \tag{3-9}$$

式中：磁通 $\boldsymbol{\Phi}$ 的单位是韦伯（Wb）；时间 t 的单位是秒（s）；感应电动势 e_L 的单位是伏特（V）。

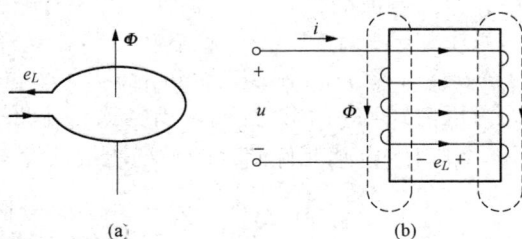

图 3-4　电感线圈
(a) 单匝线圈；(b) N 匝线圈

习惯上规定：感应电动势的参考方向与磁通的参考方向之间符合右螺旋定则。在该参考方向下，有

对于单匝线圈：
$$e_L = -\frac{\mathrm{d}\boldsymbol{\Phi}}{\mathrm{d}t} \tag{3-10}$$

对于 N 匝线圈：
$$e_L = -N\frac{\mathrm{d}\boldsymbol{\Phi}}{\mathrm{d}t} = -\frac{\mathrm{d}\boldsymbol{\Psi}}{\mathrm{d}t} \tag{3-11}$$

式中：$\boldsymbol{\Psi}$ 为磁链，单位是韦伯（Wb）。磁链（或磁通）是由通过线圈的电流 i 产生的。

理想电感元件是对实际电感线圈科学抽象的结果，当忽略线圈电阻，线圈中没有铁磁材料时，$\boldsymbol{\Psi}$（或 $\boldsymbol{\Phi}$）与 i 成正比，即

$$\boldsymbol{\Psi} = N\boldsymbol{\Phi} = Li \tag{3-12}$$

式中：L 称为电感（或称自感），单位是亨利（简称亨，符号 H）。较小的电感可用毫亨（mH），$L = \frac{\boldsymbol{\Psi}}{i} = \frac{N\boldsymbol{\Phi}}{i}$，当 L 为常数时，电感元件为线性元件。如图 3-5 所示为电感元件的电路符号。将式（3-12）代入式（3-11），可得

$$e_L = -L\frac{\mathrm{d}i}{\mathrm{d}t} \tag{3-13}$$

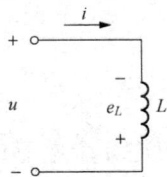

图 3-5　电感元件的电路符号

在图 3-4（b）中，磁通 $\boldsymbol{\Phi}$ 的参考方向与电流 i 的参考方向符合右螺旋定则，感应电动势 e_L 的参考方向与磁通 $\boldsymbol{\Phi}$ 的参考方向符合右螺旋定则，因此 e_L 的参考方向与 i 的参考方向一致。电感元件的电路符号如图 3-5 所示。基于图 3-5 所示的参考方向，电感元件的电压电流关系如式（3-14）所示

$$u = -e_L = L\frac{\mathrm{d}i}{\mathrm{d}t} \tag{3-14}$$

由式（3-14）可知，当电流 i 正值增大时，$\frac{\mathrm{d}i}{\mathrm{d}t}>0$，$e_L$ 为负值，e_L 与 i 的实际方向相反，阻碍 i 增大；当电流 i 正值减小时，$\frac{\mathrm{d}i}{\mathrm{d}t}<0$，$e_L$ 为正值，e_L 与 i 的实际方向相同，阻碍 i 减小。所以，自感电动势 e_L 具有阻碍电流变化的性质。

由式（3-14）可以发现，当流过电感的电流不变时，电感两端的电压为零，即在直流稳态电路中，电感相当于短路。

将式（3-14）两边积分得

$$i = \frac{1}{L}\int_{-\infty}^{t}u\mathrm{d}t = \frac{1}{L}\int_{-\infty}^{0}u\mathrm{d}t + \frac{1}{L}\int_{0}^{t}u\mathrm{d}t = i_0 + \frac{1}{L}\int_{0}^{t}u\mathrm{d}t \tag{3-15}$$

式中：i_0 为电流的初始值，即 $t=0$ 时流过电感元件的电流。若 $i_0=0$，则

$$i = \frac{1}{L}\int_{0}^{t}u\mathrm{d}t \tag{3-16}$$

可以由式（3-15）证明，当电感元件两端电压为有限值时，流过电感的电流不能突变。

$t\geqslant 0$ 时，电感元件储存的磁场能量（设 $i_0=0$）为

$$W = \int_{0}^{t}p\mathrm{d}t = \int_{0}^{t}ui\mathrm{d}t = \int_{0}^{t}Li\frac{\mathrm{d}i}{\mathrm{d}t}\mathrm{d}t = \int_{0}^{i}Li\mathrm{d}i = \frac{1}{2}Li^2 \tag{3-17}$$

在图 3-6（a）中运用基尔霍夫电压定律可得

$$u = u_1 + u_2 + \cdots + u_n = L_1\frac{\mathrm{d}i}{\mathrm{d}t} + L_2\frac{\mathrm{d}i}{\mathrm{d}t} + \cdots + L_n\frac{\mathrm{d}i}{\mathrm{d}t}$$

$$= (L_1 + L_2 + \cdots + L_n)\frac{\mathrm{d}i}{\mathrm{d}t} = L_{eq}\frac{\mathrm{d}i}{\mathrm{d}t} \tag{3-18}$$

式中：$L_{eq}=L_1+L_2+\cdots+L_n$，即 n 个电感串联时，等效电感 L_{eq} 为这 n 个电感的和。

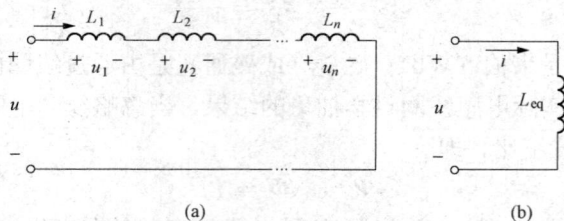

图 3-6 电感元件的串联

在图 3-7（a）中运用基尔霍夫电流定律（设 $i_0=0$）可得

$$i = i_1 + i_2 + \cdots + i_n = \frac{1}{L_1}\int_{0}^{t}u\mathrm{d}t + \frac{1}{L_2}\int_{0}^{t}u\mathrm{d}t + \cdots + \frac{1}{L_n}\int_{0}^{t}u\mathrm{d}t$$

$$= \left(\frac{1}{L_1} + \frac{1}{L_2} + \cdots + \frac{1}{L_n}\right)\int_{0}^{t}u\mathrm{d}t = \frac{1}{L_{eq}}\int_{0}^{t}u\mathrm{d}t \tag{3-19}$$

式中：$\frac{1}{L_{eq}} = \frac{1}{L_1} + \frac{1}{L_2} + \cdots + \frac{1}{L_n}$，即 n 个电感并联时，等效电感 L_{eq} 的倒数为这 n 个电感的倒数之和。

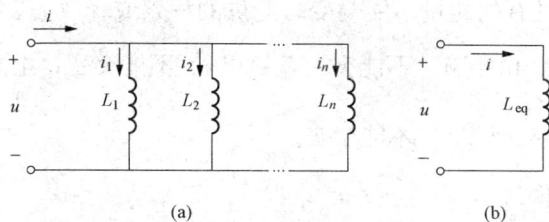

图 3-7　电感元件的并联

练习与思考

1. 有一个 $3\mu F$ 的电容器，其中一个极板上储存了 $0.12mC$ 的电量，那么电容器两端的电压是多少？该电容器储存了多少电能？

2. 有一个 $2H$ 的电感，两端的电压 $u=10(1-t)V$，那么 $t=4s$ 时，电感中的电流是多少？（假设 $t=0$ 时，$i_0=2A$）

3.2　换路定则及初始值的确定

3.2.1　暂态过程

前面两章分析的都是直流电阻电路，其特点是电路中的电压、电流等物理量数值稳定不变，所以这种电路又被称作为直流稳态电路。本章主要分析电路的暂态过程。电路从一个稳定状态过渡到另一个稳定状态所经历的过程叫作电路的过渡过程［也称瞬变过程、暂态过程）。如电阻、电容（零储能）］与电压源串联电路，当接通电源时，电路中会出现电容充电现象，电路从充电前的稳定状态到充电结束后进入新稳定状态之间所经历的过程就是过渡过程或暂态过程。

电阻元件为耗能元件，其电压、电流成比例，纯电阻电路不存在暂态过程。电容元件和电感元件为储能元件，由于能量的存储和释放需要一个过程，所以含有电容元件或电感元件的电路存在暂态过程。暂态过程产生的原因可以归结为内因和外因，内因是电路中含有储能元件（如电容元件或电感元件），外因是电路发生换路。一般将电源的接通、断开及元件参数的突然改变统称为换路。

3.2.2　换路定则

电路暂态过程分析的基本方法是对电路列方程并求解，由于含储能元件的电路方程是微分方程，而求解微分方程需结合初始条件，所以一般设 $t=0$ 时发生换路，$t=0_-$ 表示换路前的终了瞬间，指 t 从负值趋近于零；$t=0_+$ 表示换路后的初始瞬间，指 t 从正值趋近于零。

换路定则：在换路瞬间，若电容的电流和电感的电压为有限值，则电容两端的电压、电感中的电流不能突变。即

$$u_C(0_+) = u_C(0_-) \tag{3-20}$$

$$i_L(0_+) = i_L(0_-) \tag{3-21}$$

为什么在换路瞬间，电容电压和电感电流不能突变呢？

由于自然界物体所具有的能量不能突变，能量的积累或释放需要一定的时间。电容存储的电场能量 $W_C=\frac{1}{2}Cu_C^2$，由于 W_C 不能突变，所以 u_C 不能突变；电感储存的磁场能量 $W_L=\frac{1}{2}Li_L^2$，由于 W_L 不能突变，所以 i_L 不能突变。

3.2.3 初始值的确定

初始值是指电路中的电压、电流在 $t=0_+$ 时刻的值。求初始值的步骤如下：

(1) 根据换路前（$t=0_-$）的电路求出 $u_C(0_-)$ 和 $i_L(0_-)$。

(2) 运用换路定则，由 $u_C(0_-)$ 和 $i_L(0_-)$ 推出 $u_C(0_+)$ 和 $i_L(0_+)$。

(3) 画出换路后瞬间（$t=0_+$）的等效电路，将电容元件用电压为 $u_C(0_+)$ 的电压源替代，将电感元件用电流为 $i_L(0_+)$ 的电流源替代。然后依据电阻的电路分析方法求出其他电压、电流的初始值。

需要注意的是：若 $u_C(0_-)=U_0\neq0$，则在换路后瞬间（$t=0_+$）的等效电路中，电容相当于理想电压源，其电压为 U_0，方向与 $u_C(0_+)$ 参考方向相同；若 $u_C(0_-)=0$，则在换路后瞬间（$t=0_+$）的等效电路中，电容相当于短路。

同理，若 $i_L(0_-)=I_0\neq0$，则在换路后瞬间（$t=0_+$）的等效电路中，电感相当于理想电流源，其电流为 I_0；方向与 $i_L(0_+)$ 参考方向相同；若 $i_L(0_-)=0$，则在换路后瞬间（$t=0_+$）的等效电路中，电感相当于开路。

求电压、电流的初始值是电路暂态分析的重要部分，下面给出几个例题。

【例 3-1】 如图 3-8 所示电路，处于稳定状态，开关 S 在 $t=0$ 时断开，求开关断开后 i_C 的初始值。

解 (1) 根据换路前（$t=0_-$）的电路求出 $u_C(0_-)$。

由图 3-9 可得

$$u_C(0_-)=10\times\frac{40}{10+40}=8(\text{V})$$

(2) 由换路定则得

$$u_C(0_+)=u_C(0_-)=8\text{V}$$

(3) 画出换路后瞬间（$t=0_+$）的等效电路，求出 $i_C(0_+)$。

由图 3-10 可得，$i_C(0_+)=\frac{10-8}{10}=0.2(\text{mA})$。

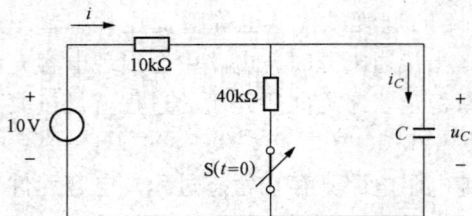
图 3-8 【例 3-1】图

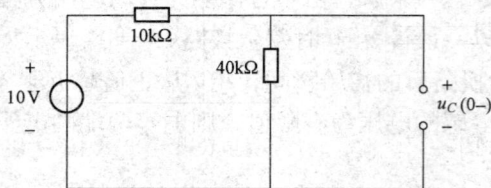
图 3-9 $t=0_-$ 时的等效电路

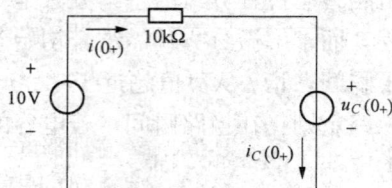
图 3-10 $t=0_+$ 时的等效电路

【例 3-2】 如图 3-11 所示，电路处于稳定状态，开关 S 在 $t=0$ 时闭合，求开关闭合

后 u_L 的初始值。

解　（1）根据换路前（$t=0_-$）的电路求出 $i_L(0_-)$。

由图 3 - 12 可得

$$i_L(0_-) = \frac{10}{1+4} = 2(\text{A})$$

（2）由换路定则得

$$i_L(0_+) = i_L(0_-) = 2(\text{A})$$

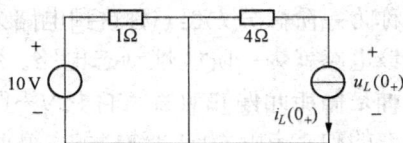

图 3 - 11　【例 3 - 2】图

（3）画出换路后瞬间（$t=0_+$）的等效电路图 3 - 13，求出 $u_L(0_+)$。

由图 3 - 13 可得

$$u_L(0_+) = -2 \times 4 = -8(\text{V})$$

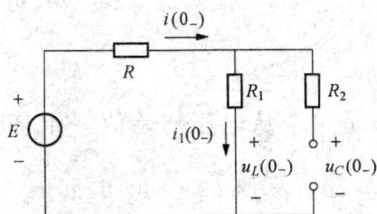

图 3 - 12　$t=0_-$ 时的等效电路　　　　　图 3 - 13　$t=0_+$ 时的等效电路

【例 3 - 3】　如图 3 - 14 所示电路，已知 $E=6\text{V}$，$R=2\text{k}\Omega$，$R_1=2\text{k}\Omega$，$R_2=1\text{k}\Omega$，开关 S 在位置 1 处停留已久，在 $t=0$ 时开关 S 合向位置 2，求 i、i_1、i_2、u_C、u_L 的初始值。

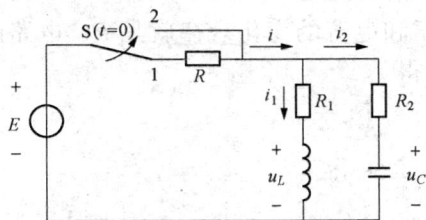

图 3 - 14　【例 3 - 3】图

解　（1）根据换路前（$t=0_-$）的电路求出 $i_L(0_-)$、$u_C(0_-)$。

由图 3 - 15 可得

$$i_L(0_-) = i_1(0_-) = \frac{E}{R+R_1} = 1.5\text{mA}$$

$$u_C(0_-) = i_1(0_-) \times R_1 = 3\text{V}$$

（2）由换路定则得

$$i_1(0_+) = i_L(0_+) = i_L(0_-) = 1.5\text{mA}$$

$$u_C(0_+) = u_C(0_-) = 3\text{V}$$

（3）画出换路后瞬间（$t=0_+$）的等效电路，求出 $i(0_+)$、$i_2(0_+)$、$u_L(0_+)$。

由图 3 - 16 可得

$$i_2(0_+) = \frac{E - u_C(0_+)}{R_2} = 3\text{mA}$$

$$i(0_+) = i_1(0_+) + i_2(0_+) = 4.5\text{mA}$$

$$u_L(0_+) = E - i_1(0_+)R_1 = 3\text{V}$$

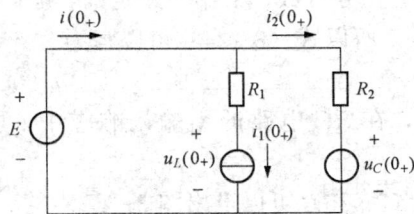

图 3 - 15　$t=0_-$ 时的等效电路　　　　　图 3 - 16　$t=0_+$ 时的等效电路

🧠 **练习与思考**

1. 电阻元件与直流电源接通时，会不会产生暂态过程？
2. 若 $u_C(0_-)=0$，那么在 $t=0_+$ 时，电容相当于什么？
3. 若 $i_L(0_-)=0$，那么在 $t=0_+$ 时，电感相当于什么？

3.3　一阶线性动态电路的零输入响应

当电路中只含有一个储能元件或者可以等效为一个储能元件时，描述电路暂态过程的微分方程被称为一阶微分方程，称这种电路为一阶动态电路。当该电路中所有的元件均为线性元件时，该电路就为一阶线性动态电路。引起一阶动态电路中电压和电流变化的原因有两种：第一种是储能元件的初始储能不为零时电路发生换路；第二种是外加电源引起的响应。本章所考虑的独立电源都是直流电源。

本节来学习电路中没有独立电源作用时，仅由储能元件的初始储能引起的一阶线性动态电路的响应，这种响应称为零输入响应。

3.3.1　RC 电路的零输入响应

如图 3-17 所示 RC 电路，假设换路前（$t<0$ 时）电容已充电，$u_C(0_-)=U_0$，$t=0$ 时开关 S 闭合，这时电路中电压和电流的变化规律就是 RC 电路的零输入响应。由图 3-17 可得

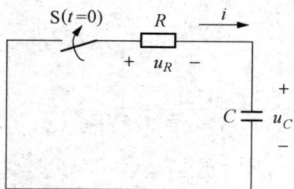

$$u_R + u_C = Ri + u_C = 0 \qquad (3-22)$$

将 $i=C\dfrac{\mathrm{d}u_C}{\mathrm{d}t}$ 代入式（3-22）得

$$RC\frac{\mathrm{d}u_C}{\mathrm{d}t} + u_C = 0 \qquad (3-23)$$

图 3-17　RC 电路的零输入响应

根据微分方程理论可得特征方程

$$RC\lambda + 1 = 0$$

特征根

$$\lambda = -\frac{1}{RC}$$

所以

$$u_C(t) = Ae^{\lambda t} = Ae^{-t/RC} \qquad (3-24)$$

式中：A 为积分常数，根据换路定则，$u_C(0_+)=u_C(0_-)=U_0$，代入式（3-24）可得 $A=u_C(0_+)=U_0$，所以式（3-24）可以写为

$$u_C(t) = U_0 e^{-t/RC} \qquad (3-25)$$

可见，在 RC 电路的零输入响应中，电容电压是一个从电压初始值开始衰减的指数函数。

由式（3-25）可以推出图 3-17 中的 i 和 u_R

$$i(t) = C\frac{\mathrm{d}u_C}{\mathrm{d}t} = -\frac{U_0}{R}e^{-t/RC} \qquad (3-26)$$

$$u_R(t) = Ri = -U_0 e^{-t/RC} \qquad (3-27)$$

u_C、u_R 和 i 的暂态过程曲线如图 3-18 所示。令 $\tau = RC$，单位为秒（s），称 τ 为 RC 电路的时间常数。电路暂态过程变化得快慢取决于 τ，τ 越大，暂态过程变化得越慢；τ 越小，暂态过程变化得越快。在图 3-19 中，$\tau_1 < \tau_2$。

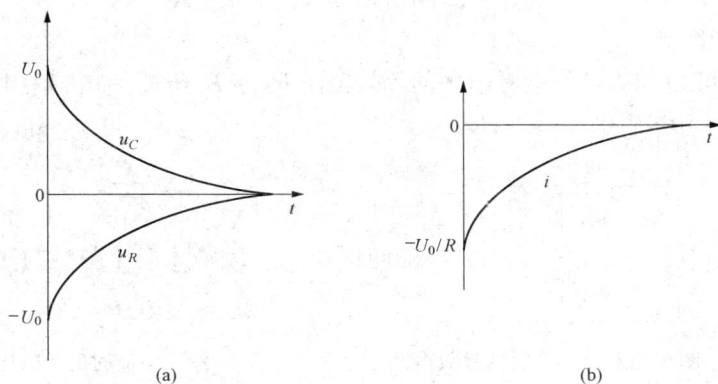

图 3-18 u_C、u_R 和 i 的暂态过程曲线

（a）u_C 和 u_R 的暂态过程曲线；（b）i 的暂态过程曲线

时间常数 τ 的几何意义如图 3-20 所示。在暂态过程曲线上 $t=0$ 的点做曲线的切线，切线与时间轴的交点到原点的距离即为 τ。由表 3-1 可知，当 $t=5\tau$ 时，$u_C(t)$ 已经不足初始值（U_0）的 1%，通常可以认为，$t=5\tau$ 时，$u_C(t)$ 的暂态过程结束，或者说 $u_C(t)$ 已经达到稳态值。

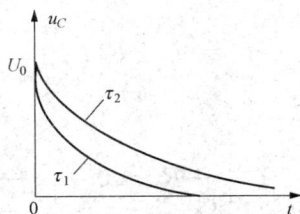

图 3-19 不同时间常数的比较　　图 3-20 时间常数的几何意义

表 3-1　　　　　　　　　　　　不同时刻的 $u_C(t)/U_0$

t	τ	2τ	3τ	4τ	5τ
$u_C(t)/U_0$	0.368	0.135	0.05	0.018	0.007

【例 3-4】 电路如图 3-21 所示，已知 $U=20\text{V}$，$R_1=3\Omega$，$R_2=9\Omega$，$R_3=1\Omega$，$C=0.02\text{F}$，开关 S 闭合已久，$t=0$ 时开关 S 断开，求 $t \geqslant 0$ 时的 $u_C(t)$，计算电容 C 的初始储能。

解　（1）根据换路前（$t=0_-$）的电路求出 $u_C(0_-)$。

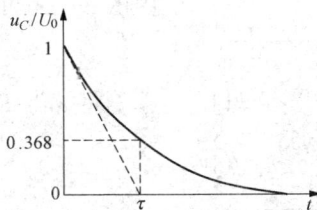

图 3-21 【例 3-4】图

由图 3-22 可得

$$u_C(0_-) = \frac{R_2}{R_1+R_2}U = \frac{9}{3+9} \times 20 = 15(\text{V})$$

（2）由换路定则得

$$U_0 = u_C(0_+) = u_C(0_-) = 15\text{V}$$

（3）求时间常数 τ。

由图 3-23 可知，从 C 两端看过去的等效电阻 $R_{eq} = R_2 + R_3 = 9 + 1 = 10(\Omega)$，所以，时间常数 $\tau = R_{eq}C = 10 \times 0.02 = 0.2(\text{s})$。

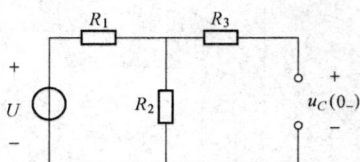

图 3-22　$t=0_-$ 时的等效电路　　　　图 3-23　$t \geqslant 0$ 时的等效电路

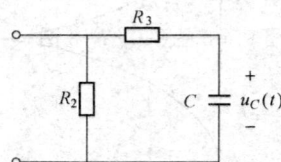

（4）u_C 的暂态过程表达式为：$u_C(t) = U_0 \mathrm{e}^{-t/\tau} = 15\mathrm{e}^{-t/0.2}\text{V} = 15\mathrm{e}^{-5t}\text{V}$

（5）计算电容 C 的初始储能。

$$W_C(0) = \frac{1}{2}Cu_C^2(0) = \frac{1}{2} \times 0.02 \times 15^2 = 2.25(\text{J})$$

3.3.2　RL 电路的零输入响应

如图 3-24 所示，换路前开关 S 合在位置 2，并且已达到稳态，$t=0$ 时开关 S 从位置 2 合到位置 1，这就是 RL 电路的零输入响应。假设换路前（$t<0$ 时）的电感电流 $i(0_-) = I_0$，

图 3-24　RL 电路的零输入响应

由图 3-24 可得

$$u_L + u_R = u_L + Ri = 0 \tag{3-28}$$

将 $u_L = L\dfrac{\mathrm{d}i}{\mathrm{d}t}$ 代入式（3-28）得

$$L\frac{\mathrm{d}i}{\mathrm{d}t} + Ri = 0 \tag{3-29a}$$

移项并整理得

$$\frac{\mathrm{d}i}{\mathrm{d}t} = -\frac{R}{L}i \tag{3-29b}$$

整理得

$$\frac{\mathrm{d}i}{i} = -\frac{R}{L}\mathrm{d}t \tag{3-29c}$$

将式（3-29c）两边积分得

$$\ln i = -\frac{R}{L}t + \ln A \tag{3-30}$$

式中：$\ln A$ 为积分常数。

将式（3-30）整理得

$$\ln\frac{i}{A} = -\frac{R}{L}t \tag{3-31}$$

$$i(t) = A\mathrm{e}^{-\frac{R}{L}t} \tag{3-32}$$

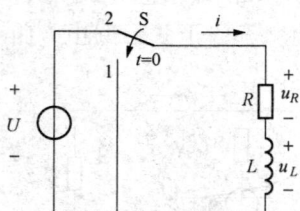

根据换路定则，$i(0_+) = i(0_-) = I_0$，代入式（3-32）可得，$A = i(0_+) = I_0$，所以式（3-32）可以写为

$$i(t) = I_0 e^{-\frac{R}{L}t} \tag{3-33}$$

可见，在 RL 电路的零输入响应中，电感电流是一个从电流初始值开始衰减的指数函数。

由式（3-33）可以推出图 3-24 中的 u_L 和 u_R

$$u_L(t) = L\frac{\mathrm{d}i}{\mathrm{d}t} = -RI_0 e^{-\frac{R}{L}t} \tag{3-34}$$

$$u_R(t) = Ri = RI_0 e^{-\frac{R}{L}t} \tag{3-35}$$

u_L、u_R 和 i 的暂态过程曲线如图 3-25 所示。令 $\tau = \dfrac{L}{R}$，单位为秒（s），称 τ 为一阶 RL 电路的时间常数，其物理意义和几何意义与 RC 电路的时间常数相同。R 是从 L 两端看进去的戴维南等效电阻。分析一阶 RL 电路的零输入响应需要求出两个要素：一个要素是电感电流的初始值 $i(0_+)$，另一个要素是时间常数 τ。

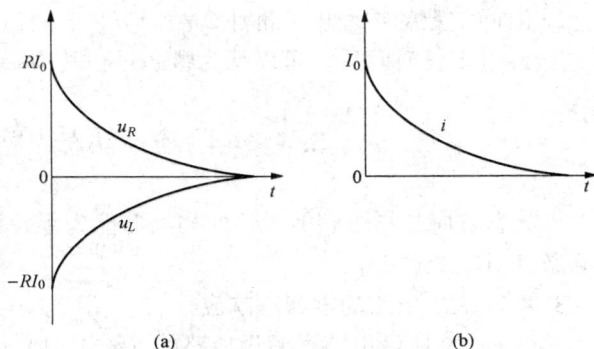

图 3-25　u_L、u_R 和 i 的暂态过程曲线

(a) u_L 和 u_R 的暂态过程曲线；(b) i 的暂态过程曲线

【例 3-5】 电路如图 3-26 所示，已知 $U = 40\mathrm{V}$，$R_1 = 2\Omega$，$R_2 = 12\Omega$，$R_3 = 4\Omega$，$R_4 = 16\Omega$，$L = 2\mathrm{H}$，开关 S 闭合已久，$t = 0$ 时开关 S 断开，求 $t \geqslant 0$ 时的 $i(t)$。

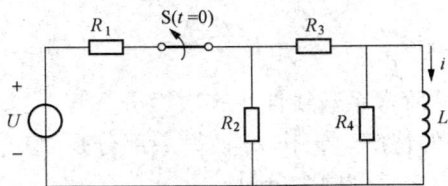

图 3-26　【例 3-5】图

解　（1）根据换路前（$t = 0_-$）的电路求出 $i(0_-)$。

由图 3-27 可得

$$i_1(0_-) = \frac{U}{R_1 + \dfrac{R_2 R_3}{R_2 + R_3}} = \frac{40}{2 + \dfrac{12 \times 4}{12 + 4}} = 8(\mathrm{A})$$

$$i(0_-) = \frac{R_2}{R_2 + R_3} i_1(0_-) = \frac{12}{12 + 4} \times 8 = 6(\mathrm{A})$$

（2）由换路定则得

$$I_0 = i(0_+) = i(0_-) = 6\mathrm{A}$$

（3）求时间常数 τ。

由图 3-28 可知，从 L 两端看过去的等效电阻为

$$R_{\mathrm{eq}} = (R_2 + R_3)//R_4 = \frac{(R_2 + R_3)R_4}{R_2 + R_3 + R_4} = \frac{(12 + 4) \times 16}{12 + 4 + 16} = 8(\Omega)$$

所以，时间常数 $\tau = \dfrac{L}{R_{\mathrm{eq}}} = \dfrac{2}{8} = \dfrac{1}{4}$（s）。

（4）i 的暂态过程表达式为

$$i(t) = I_0 e^{-\frac{R}{L}t} = I_0 e^{-t/\tau} = 6e^{-4t}\mathrm{A}$$

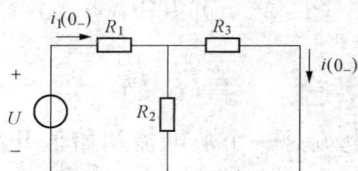

图 3-27　$t=0_-$ 时的等效电路　　　　图 3-28　$t \geqslant 0$ 时的等效电路

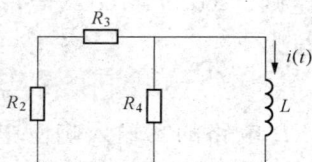

练习与思考

1. 时间常数的物理意义是什么?
2. 经过多长时间后,可以认为暂态过程基本结束了?

3.4　一阶线性动态电路的零状态响应

零状态响应是指当储能元件的初始储能为零,即 $u_C(0_+)=0$, $i_L(0_+)=0$ 时,仅由外加电源激励引起的响应。

3.4.1　RC 电路的零状态响应

如图 3-29 所示电路,假设换路前($t<0$ 时)电容未充电,$u_C(0_-)=0$,$t=0$ 时开关 S 闭合,这就是 RC 电路的零状态响应。由 KVL 可得

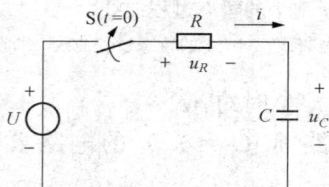

图 3-29　RC 电路的零状态响应

$$u_R + u_C = Ri + u_C = U \tag{3-36}$$

将 $i = C\dfrac{\mathrm{d}u_C}{\mathrm{d}t}$ 代入式(3-36)得

$$RC\frac{\mathrm{d}u_C}{\mathrm{d}t} + u_C = U \tag{3-37}$$

式(3-37)属于一阶常系数线性非齐次微分方程,这种微分方程的解由两部分组成:一部分是该非齐次方程的特解,记作 u_C';另一部分是对应齐次方程的通解,记作 u_C'',即 $u_C(t)=u_C'+u_C''$。下面分别来求这两个分量。

由微分方程理论可知,特解的变化规律与方程右端项相同,设 $u_C'=K$,代入方程(3-37)解得 $K=U$;

式(3-37)对应的齐次微分方程 $RC\dfrac{\mathrm{d}u_C}{\mathrm{d}t}+u_C=0$,该方程的通解 $u_C''(t)=A\mathrm{e}^{-t/\tau}$,其中,时间常数 $\tau=RC$,其物理意义和几何意义与前文相同,所以

$$u_C(t) = u_C' + u_C'' = U + A\mathrm{e}^{-t/\tau} \tag{3-38}$$

由换路定则可知,$u_C(0_+)=u_C(0_-)=0$,将其代入式(3-38)可得,$0=U+A$,所以 $A=-U$,即

$$u_C(t) = u_C' + u_C'' = U - U\mathrm{e}^{-t/\tau} = U(1-\mathrm{e}^{-t/\tau}) \tag{3-39}$$

由式(3-39)可以推出图 3-30 中的 u_R 和 i 为

$$u_R(t) = U - u_C(t) = U\mathrm{e}^{-t/\tau} \tag{3-40}$$

$$i(t) = \frac{u_R(t)}{R} = \frac{U}{R}\mathrm{e}^{-t/\tau} \tag{3-41}$$

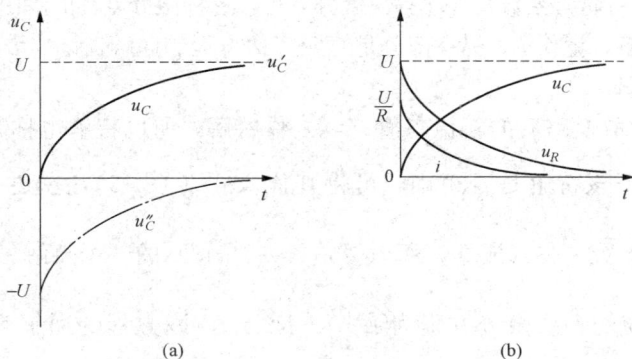

图 3 - 30　u_C、u_R 和 i 的暂态过程曲线

(a) u_C 的暂态过程曲线；(b) u_C、u_R 和 i 的暂态过程曲线

【例 3 - 6】　电路如图 3 - 31 所示，已知 $U=9\text{V}$，$R_1=6\text{k}\Omega$，$R_2=3\text{k}\Omega$，$C=1000\text{pF}$，开关 S 断开已久，$t=0$ 时开关 S 闭合，试求 $t \geqslant 0$ 时的电容电压 u_C。

解　(1) 用戴维南定理将换路后的电路化简，如图 3 - 32 所示。

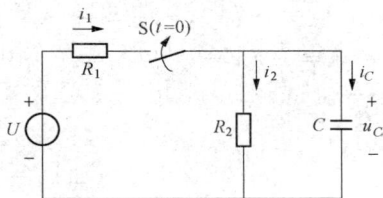

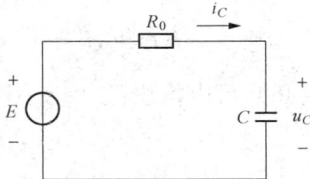

图 3 - 31　【例 3 - 6】图　　　图 3 - 32　换路后电路的戴维南等效电路

图 3 - 32 中，等效电源的电压 $E=\dfrac{R_2}{R_1+R_2}\times U=\dfrac{3\times10^3}{(6+3)\ \times10^3}\times9=3(\text{V})$，

等效电源的内阻 $R_0=\dfrac{R_1R_2}{R_1+R_2}=\dfrac{(6\times3)\ \times10^6}{(6+3)\ \times10^3}=2\times10^3(\Omega)=2\text{k}\Omega$。

(2) 求时间常数 τ

$$\tau = R_0C = 2\times10^3\times1000\times10^{-12}=2\times10^{-6}(\text{s})$$

因为开关 S 断开已久，所以电容 C 中储存的能量已完全释放，这是 RC 电路的零状态响应。由式（3 - 39）可得

$$u_C(t)=E(1-\mathrm{e}^{-\frac{t}{\tau}})=3\times(1-\mathrm{e}^{-\frac{t}{2\times10^{-6}}})=3\times(1-\mathrm{e}^{-5\times10^5 t})\text{V}$$

3.4.2　RL 电路的零状态响应

$t=0$ 时开关 S 闭合，由图 3 - 33 可知，$t<0$ 时，$i(0_-)=0$，这就是 RL 电路的零状态响应。由图 3 - 33 可得

$$u_R+u_L=Ri+u_L=U \qquad (3 - 42)$$

将 $u_L=L\dfrac{\mathrm{d}i}{\mathrm{d}t}$ 代入式（3 - 42）得

$$L\frac{\mathrm{d}i}{\mathrm{d}t}+Ri=U \qquad (3 - 43)$$

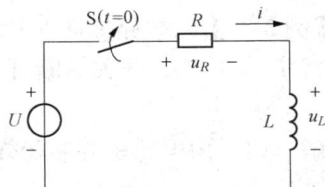

图 3 - 33　RL 电路的零状态响应

式（3-43）属于一阶常系数线性非齐次微分方程，这种微分方程的解由两部分组成：一部分是该非齐次方程的特解，记作 i'；另一部分是对应齐次方程的通解，记作 i''，即 $i(t)=i'+i''$。下面分别来求这两个分量。

在电路中，通常取换路后的新稳态值 $i(\infty)$ 作特解，所以特解也称为稳态分量，即 $i'=i(\infty)=\dfrac{U}{R}$。为了验证该特解是否正确，可将其代入式（3-43），左边 $=U$，右边 $=U$，可见，左边 $=$ 右边，式（3-43）成立，所以 $\dfrac{U}{R}$ 是式（3-43）的一个特解。

式（3-43）对应的齐次微分方程为 $L\dfrac{\mathrm{d}i}{\mathrm{d}t}+Ri=0$，该方程的通解为 $i''(t)=Ae^{-t/\tau}$，其中，时间常数 $\tau=\dfrac{L}{R}$，其物理意义和几何意义与前文相同，所以

$$i(t)=i'+i''=\frac{U}{R}+Ae^{-t/\tau} \tag{3-44}$$

由换路定则可知，$i(0_+)=i(0_-)=0$，将其代入式（3-44）可得，$0=\dfrac{U}{R}+A$，所以 $A=-\dfrac{U}{R}$，即

$$i(t)=i'+i''=\frac{U}{R}-\frac{U}{R}e^{-t/\tau}=\frac{U}{R}(1-e^{-t/\tau}) \tag{3-45}$$

由式（3-45）可以推出图 3-34 中的 u_R 和 u_L

$$u_R(t)=Ri=U(1-e^{-t/\tau}) \tag{3-46}$$

$$u_L(t)=L\frac{\mathrm{d}i}{\mathrm{d}t}=Ue^{-t/\tau} \tag{3-47}$$

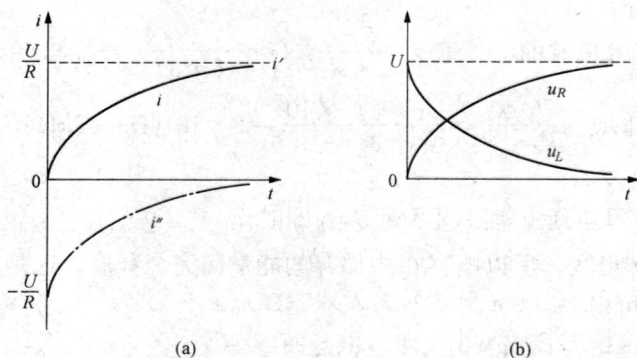

图 3-34　i、u_L 和 u_R 的暂态过程曲线

（a）i 的暂态过程曲线；（b）u_L 和 u_R 的暂态过程曲线

【例 3-7】　电路如图 3-35 所示，已知 $R_1=R_2=1\mathrm{k}\Omega$，$L_1=15\mathrm{mH}$，$L_2=L_3=10\mathrm{mH}$，恒流源 $I=10\mathrm{mA}$。开关 S 断开已久，$t=0$ 时开关 S 闭合，求 $t\geq0$ 时的电流 i（设线圈间无互感）。

解　（1）由电感串并联等效规则可知，图 3-35 中的三个电感可等效为

$$L = L_1 + \frac{L_2 L_3}{L_2 + L_3} = 15 \times 10^{-3} + \frac{(10 \times 10) \times 10^{-3}}{(10 + 10) \times 10^{-3}} = 20 \times 10^{-3}(\text{H}) = 20\text{mH}$$

运用戴维南定理,将图 3-35 换路后的电路化简,如图 3-36 所示。

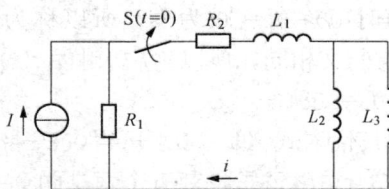

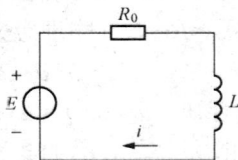

图 3-35　【例 3-7】图　　　　　　图 3-36　换路后电路的戴维南等效电路

图 3-36 中,等效电源的电动势 $E = R_1 I = 1 \times 10^3 \times 10 \times 10^{-3} = 10(\text{V})$,等效电源的内阻 $R_0 = R_1 + R_2 = 2\text{k}\Omega$。

(2)求时间常数 τ

$$\tau = \frac{L}{R_0} = \frac{20 \times 10^{-3}}{2 \times 10^3} = 10 \times 10^{-6}(\text{s})$$

因为开关 S 断开已久,所以电感电流的初始值为 0,这是 RL 电路的零状态响应。由式(3-45)可得

$$i = \frac{E}{R_0}(1 - e^{-\frac{t}{\tau}}) = \frac{10}{2 \times 10^3} \times (1 - e^{-\frac{t}{10 \times 10^{-6}}}) = 5 \times (1 - e^{-1 \times 10^5 t})\text{mA}$$

练习与思考

1. 零状态响应是由什么激励引起的响应?
2. 零状态响应可以分解为哪几种分量?

3.5　一阶线性动态电路的全响应与三要素法

非零初始状态(储能元件的初始储能不为零)的电路受到外加电源激励时,电路中产生的响应称为全响应。

全响应有两种分解方式:①全响应=稳态分量+暂态分量;②全响应=零状态响应+零输入响应。第①种方式是根据响应的持久性来分解,第②种方式是根据外加电源的存在性来分解的。

3.5.1　RC 电路的全响应

假设换路前($t<0$ 时)电容已充电,$u_C(0_-) = U_0$,$t = 0$ 时开关 S 闭合,这就是 RC 电路的全响应。由图 3-37 可得

$$u_R + u_C = Ri + u_C = U \qquad (3-48)$$

将 $i = C\dfrac{\mathrm{d}u_C}{\mathrm{d}t}$ 代入式(3-48)得

$$RC\frac{\mathrm{d}u_C}{\mathrm{d}t} + u_C = U \qquad (3-49)$$

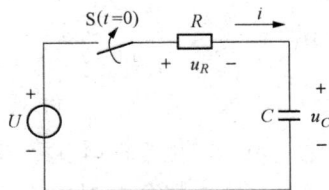

图 3-37　RC 电路的全响应

式（3-49）也是一阶常系数线性非齐次微分方程，它的解由特解和对应齐次方程的通解组成，即 $u_C(t)=u_C'+u_C''$。

特解 $u_C'(t)=U=u_C(\infty)$，所以特解也称为稳态分量。

该方程的通解 $u_C''(t)=Ae^{-t/\tau}$，由于这部分随时间逐渐衰减为零，所以称为暂态分量。其中，时间常数 $\tau=RC$，其物理意义和几何意义与前文相同，所以

$$u_C(t)=u_C'+u_C''=U+Ae^{-t/\tau} \tag{3-50}$$

由换路定则可知：$u_C(0_+)=u_C(0_-)=U_0$，将其代入式（3-50）可得，$U_0=U+A$，所以 $A=U_0-U$，即

$$u_C(t)=u_C'+u_C''=U+(U_0-U)e^{-t/\tau} \tag{3-51}$$

式（3-51）就是全响应的第①种分解方式，即全响应＝稳态分量＋暂态分量，如图3-38所示。式（3-51）也可以写成式（3-52）的形式。

$$u_C(t)=u_C(\infty)+[u_C(0_+)-u_C(\infty)]e^{-t/\tau} \tag{3-52}$$

将式（3-51）整理得

$$u_C(t)=U(1-e^{-t/\tau})+U_0e^{-t/\tau} \tag{3-53}$$

式（3-53）中：第一项即 RC 电路的零状态响应，第二项即 RC 电路的零输入响应，这就是全响应的第②种分解方式，即全响应＝零状态响应＋零输入分量，如图3-39所示。

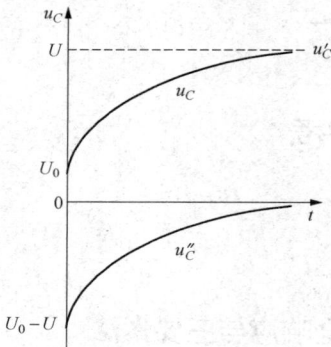

图3-38 u_C 的第①种全响应分解曲线   图3-39 u_C 的第②种全响应分解曲线

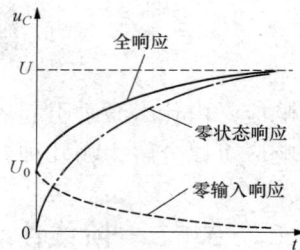

3.5.2 RL 电路的全响应

如图3-40所示，$t=0$ 时开关S闭合，设 $t<0$ 时，$i(0_-)=I_0$，这就是 RL 电路的全响应。由图3-40可得

$$u_R+u_L=Ri+u_L=U \tag{3-54}$$

将 $u_L=L\dfrac{di}{dt}$ 代入式（3-54）得

$$L\frac{di}{dt}+Ri=U \tag{3-55}$$

式（3-55）属于一阶常系数线性非齐次微分方程，这种微分方程的解由两部分组成：一部分是该非齐次方程的特解，记作 i'；另一部分是对应齐次方程的通解，记作 i''，即 $i(t)=i'+i''$。下面分别来求这两个分量。

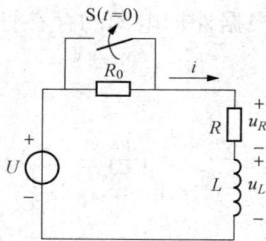

图3-40 RL 电路的全响应

在电路中，通常取换路后的新稳态值 $i(\infty)$ 作特解，所以特解也称为稳态分量，即 $i' = i(\infty) = \dfrac{U}{R}$。为了验证该特解是否正确，可将其代入式（3-55），左边 $=U$，右边 $=U$，可见，左边 $=$ 右边，式（3-55）成立，所以 $\dfrac{U}{R}$ 是式（3-55）的一个特解。

式（3-55）对应的齐次微分方程为 $L\dfrac{di}{dt}+Ri=0$，该方程的通解 $i''(t)=Ae^{-t/\tau}$，由于这部分随时间逐渐衰减为零，所以也称为暂态分量。其中，时间常数 $\tau=\dfrac{L}{R}$，其物理意义和几何意义与前文相同，所以

$$i(t) = i' + i'' = \frac{U}{R} + Ae^{-t/\tau} \tag{3-56}$$

由换路定则可知，$i(0_+)=i(0_-)=I_0$，将其代入式（3-56）可得，$I_0=\dfrac{U}{R}+A$，所以 $A=I_0-\dfrac{U}{R}$，即

$$i(t) = \frac{U}{R} + \left(I_0 - \frac{U}{R}\right)e^{-t/\tau} \tag{3-57}$$

式（3-57）就是全响应的第①种分解方式，即全响应 $=$ 稳态分量 $+$ 暂态分量。

将式（3-57）整理得

$$i(t) = \frac{U}{R}(1 - e^{-t/\tau}) + I_0 e^{-t/\tau} \tag{3-58}$$

式（3-58）中，第一项即为 RL 电路的零状态响应，第二项即为 RL 电路的零输入响应，这就是全响应的第②种分解方式，即全响应 $=$ 零状态响应 $+$ 零输入分量。

3.5.3　三要素法

若激励一阶线性动态电路的独立电源都是直流电源，则电路中任意一个电压、电流在暂态过程中的变化规律均可用式（3-59）来表示，即

$$f(t) = f(\infty) + [f(0_+) - f(\infty)]e^{-t/\tau} \tag{3-59}$$

式中：$f(t)$ 为电路中待求的电压或电流；$f(0_+)$ 为待求量的初始值；$f(\infty)$ 为待求量的稳态值；τ 为时间常数。求出 $f(0_+)$、$f(\infty)$、τ 这三个要素即可得出待求量的暂态过程表达式，所以这种求解一阶线性动态电路暂态过程的方法叫三要素法。无论零输入响应、零状态响应，还是全响应，均可用三要素法求解，计算步骤如下：

（1）计算初始值。先根据换路前（$t=0_-$）的电路求出 $u_C(0_-)$ 或 $i_L(0_-)$，然后运用换路定则，由 $u_C(0_-)$ 或 $i_L(0_-)$ 推出 $u_C(0_+)$ 或 $i_L(0_+)$，最后画出换路后（$t=0_+$）的等效电路，依据电路定律求出其他电量的初始值。

若换路时刻不是 $t=0$，而是 $t=t_0$，那么响应会有一个延时，式（3-59）变为

$$f(t) = f(\infty) + [f(t_{0_+}) - f(\infty)]e^{-(t-t_0)/\tau} \tag{3-60}$$

（2）计算稳态值。根据换路后达到稳态时的电路计算待求量的稳态值，此时，电容相当于开路，电感相当于短路。

（3）计算时间常数。对于 RC 电路，时间常数 $\tau=R_{eq}C$；对于 RL 电路，时间常数 $\tau=\dfrac{L}{R_{eq}}$，R_{eq} 是从 C 或 L 两端看进去除源后的二端网络的等效电阻。

【例 3 - 8】　　电路如图 3 - 41 所示，已知 $I = 2\text{mA}$，$R_1 = R_2 = 5\text{k}\Omega$，$C = 1\mu\text{F}$，开关 S 断开已久，$t = 0$ 时开关 S 闭合，试求 $t \geqslant 0$ 时的电容电压 u_C，并画出 u_C 的暂态过程曲线。

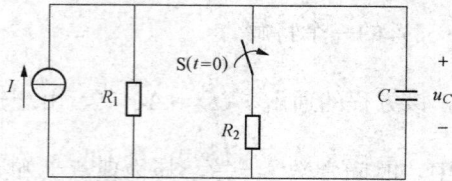

图 3 - 41　【例 3 - 8】图

解　（1）计算初始值

$$u_C(0_+) = u_C(0_-) = IR_1 = 2 \times 5 = 10(\text{V})$$

（2）计算稳态值

$$u_C(\infty) = I \times (R_1 /\!/ R_2) = 2 \times \left(\frac{5 \times 5}{5 + 5}\right) = 5(\text{V})$$

（3）计算时间常数

$$\tau = RC = (R_1 /\!/ R_2) \times C = 2.5 \times 10^{-3}(\text{s})$$

将以上三要素代入式（3 - 59）可得

$$u_C(t) = u_C(\infty) + [u_C(0_+) - u_C(\infty)] \times \text{e}^{-t/\tau} = 5 + (10 - 5) \times \text{e}^{-\frac{t}{2.5 \times 10^{-3}}}$$
$$= 5 + 5\text{e}^{-400t}(\text{V})$$

电容电压 u_C 的暂态过程曲线如图 3 - 42 所示。

【例 3 - 9】　　电路如图 3 - 43 所示，已知 $I_S = 3\text{A}$，$R_1 = R_2 = 2\Omega$，$R_3 = 1\Omega$，$L = 1\text{H}$，开关 S 断开已久，$t = 0$ 时开关 S 闭合，试求 $t \geqslant 0$ 时的电感电压 u_L。

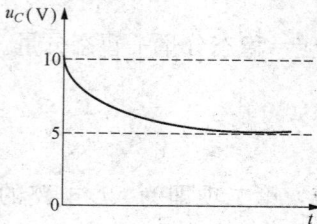

图 3 - 42　u_C 的暂态过程曲线

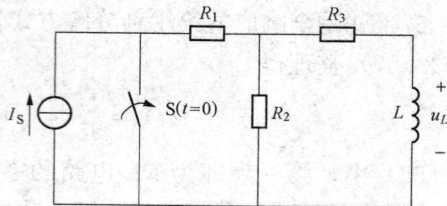

图 3 - 43　【例 3 - 9】图

解　（1）计算初始值。换路前（$t = 0_-$）的电路如图 3 - 44 所示，可得

$$i_L(0_+) = i_L(0_-) = \frac{R_2}{R_2 + R_3} \times I_S = \frac{2}{2 + 1} \times 3 = 2(\text{A})$$

换路后瞬间（$t = 0_+$）的等效电路如图 3 - 45 所示，此时，电感相当于一个 2A 的理想电流源。

$$u_L(0_+) = -i_L(0_+) \times [R_1 /\!/ R_2 + R_3] = -2 \times \left(\frac{2 \times 2}{2 + 2} + 1\right) = -4(\text{V})$$

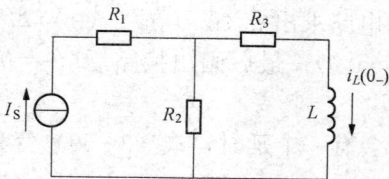

图 3 - 44　$t = 0_-$ 时的等效电路

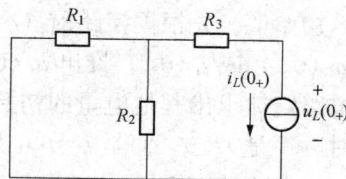

图 3 - 45　$t = 0_+$ 时的等效电路

（2）计算稳态值。$t = \infty$ 时的等效电路如图 3 - 46 所示，可见 $u_L(\infty) = 0$。

（3）计算时间常数。由图 3 - 47 可求出从电感两端看过去的等效电阻 R

$$R = R_1 /\!/ R_2 + R_3 = \frac{2 \times 2}{2 + 2} + 1 = 2(\Omega)$$

$$\tau = \frac{L}{R} = \frac{1}{2} = 0.5 (\text{s})$$

将以上三要素代入式（3-59）可得

$$u_L(t) = u_L(\infty) + [u_L(0_+) - u_L(\infty)] \times \mathrm{e}^{-t/\tau}$$
$$= 0 + (-4 - 0)\mathrm{e}^{-2t} = -4\mathrm{e}^{-2t} (\text{V})$$

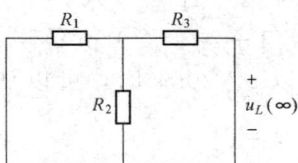

图 3-46　$t=\infty$ 时的等效电路　　　图 3-47　求等效电阻 R 的等效电路

【例 3-10】　电路如图 3-48 所示，已知 $U_1=3\text{V}$，$U_2=5\text{V}$，$R_1=1\text{k}\Omega$，$R_2=2\text{k}\Omega$，$R_3=1\text{k}\Omega$，$C=3\mu\text{F}$，开关 S 合在位置 3 已久，$t=0$ 时开关 S 合向位置 1，$t=20\text{ms}$ 时开关 S 从位置 1 合向位置 2。试求 $t \geqslant 0$ 时的 u_C、i，并画出 u_C、i 的暂态过程曲线。

　　解　（1）计算 $t=0_+$ 时的值。

由于开关 S 合在位置 3 已久，所以电容 C 中储存的能量已完全释放，即

$$u_C(0_+) = u_C(0_-) = 0$$

换路后瞬间（$t=0_+$）的等效电路如图 3-49 所示，此时，电容相当于短路，则

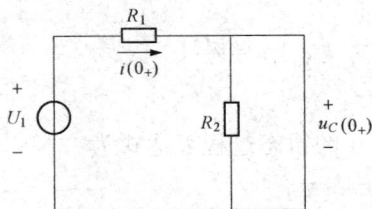

图 3-48　【例 3-10】图

$$i(0_+) = \frac{U_1}{R_1} = 3\text{mA}$$

（2）计算第一次换路后（以下称第一阶段）的稳态值。

第一阶段的稳态等效电路如图 3-50 所示，可得

$$u_C(\infty) = \frac{R_2}{R_1 + R_2} \times U_1 = 2(\text{V})$$

$$i(\infty) = \frac{U_1}{R_1 + R_2} = 1(\text{mA})$$

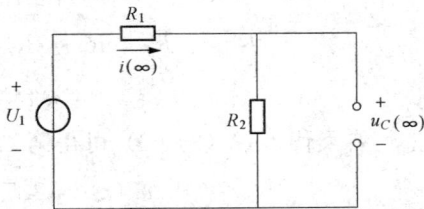

图 3-49　$t=0_+$ 时的等效电路　　　图 3-50　第一阶段 $t=\infty$ 时的等效电路

（3）计算第一阶段的时间常数。

由图 3-51 可求出从电感两端看过去的等效电阻 R 为

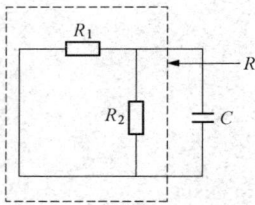

图 3-51　求等效电阻 R 的
等效电路

$$R = R_1 // R_2 = \frac{1 \times 2}{1 + 2} = \frac{2}{3}(\text{k}\Omega)$$

$$\tau_1 = RC = \frac{2}{3} \times 10^3 \times 3 \times 10^{-6} = 2 \times 10^{-3}(\text{s})$$

将以上三要素代入式（3-59）可得第一阶段 u_C、i 的暂态过程表达式为

$$u_C(t) = (2 - 2\mathrm{e}^{-t/0.002})(\text{V})$$

$$i(t) = (1 + 2\mathrm{e}^{-t/0.002})(\text{mA})$$

因为 $\tau = 2\text{ms}$，$5\tau = 10\text{ms}$，$20\text{ms} > 10\text{ms}$，所以 $t = 20\text{ms}$ 时，可以认为电路已达到稳态。

（4）计算 $t = 20\text{ms}_+$ 时的值。

第二次换路后瞬间（$t = 20\text{ms}_+$）的等效电路如图 3-52 所示，由换路定则得

$$u_C(20\text{ms}_+) = u_C(20\text{ms}_-) = 2(\text{V})$$

$$i(20\text{ms}_+) = \frac{U_2 - u_C(20\text{ms}_+)}{R_1 + R_3} = 1.5(\text{mA})$$

（5）计算第二次换路后（以下称第二阶段）的稳态值。

第二阶段的稳态等效电路如图 3-53 所示，可得

$$u_C(\infty) = \frac{R_2}{R_1 + R_2 + R_3}U_2 = 2.5(\text{V})$$

$$i(\infty) = \frac{U_2}{R_1 + R_2 + R_3} = 1.25(\text{mA})$$

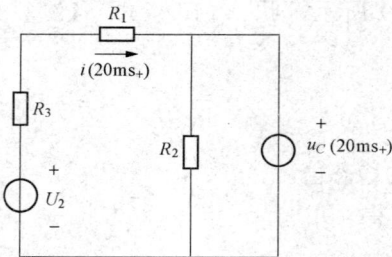

图 3-52　$t = 20\text{ms}_+$ 时的等效电路

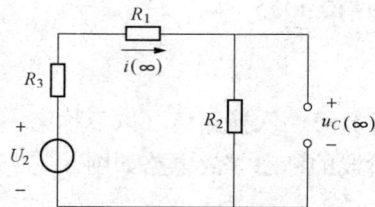

图 3-53　第二阶段 $t = \infty$ 时的等效电路

（6）计算第二阶段的时间常数。

由图 3-54 可求出从电感两端看过去的等效电阻 R' 为

$$R' = (R_1 + R_3) // R_2 = \frac{(1+1) \times 2}{(1+1) + 2} = 1(\text{k}\Omega)$$

$$\tau_2 = R'C = 3 \times 10^{-3}(\text{s})$$

将以上三要素代入式（3-60）可得第二阶段 u_C、i 的暂态过程表达式为

$$u_C(t) = 2.5 - 0.5\mathrm{e}^{-\frac{t-0.02}{0.003}}(\text{V})$$

$$i(t) = 1.25 + 0.25\mathrm{e}^{-\frac{t-0.02}{0.003}}(\text{mA})$$

u_C、i 的暂态过程曲线如图 3-55 所示。

图 3-54　求等效电阻 R' 的
等效电路

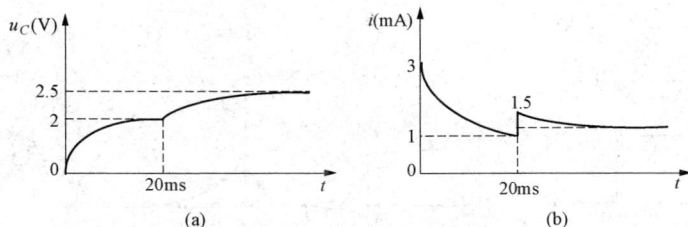

图 3-55　u_C、i 的暂态过程曲线
(a) u_C 的暂态过程曲线；(b) i 的暂态过程曲线

练习与思考

1. 全响应可以分解为哪几种分量？
2. $f(t) = f(\infty) + [f(0_+) - f(\infty)]e^{-t/\tau}$ 可以用来求电路中的哪些物理量？

3.6　微分电路与积分电路

本节主要介绍一阶电路暂态过程的一些应用。考虑到电感元件由于体积大、价格高，不如电容元件应用范围广，所以本节重点介绍 RC 电路的应用。利用电阻元件和电容元件可以构成微分电路和积分电路。

3.6.1　微分电路

在图 3-56 中，以 u_1 为输入信号，以 u_2 为输出信号，在 u_1 端加上如图 3-57（a）所示的矩形脉冲电压信号，脉冲作用时间为 t_P，t_1 时刻矩形脉冲结束。下面来分析输出信号 u_2。

当图 3-56 所示电路的时间常数较大时，如 $\tau=10t_P$，电路充放电都非常缓慢，输出信号 u_2 的暂态过程曲线如图 3-57（b）所示。设 $U=6$V，当 $t=t_1=t_P=\dfrac{\tau}{10}$ 时，

图 3-56　微分电路

$$u_2(t_P) = Ue^{-t/\tau} = 6e^{-0.1} = 6 \times 0.905 = 5.43(\text{V})$$

此时，电容两端的电压仅为 $u_C(t_P) = u_1(t_P) - u_2(t_2) = 6 - 5.43 = 0.57(\text{V})$。

随着 τ 和 t_P 比值的减小，在输出端逐步形成正、负尖脉冲，如图 3-57（c）～（e）所示。在图 3-57（e）中，输出信号 u_2 近似为输入信号 u_1 的微分，即输入上跳，输出产生正脉冲；输入下跳，输出产生负脉冲。

如果 RC 电路满足：①$\tau \ll t_P$（一般 $\tau < 0.2t_P$）；②从电阻端输出，则此电路称为微分电路。下面从电路关系的角度分析图 3-56 所示的微分电路。

当 $\tau \ll t_P$ 时，因为 $u_C \gg u_2$，如图 3-58 所示，所以

$$u_1 = u_C + u_2 \approx u_C$$

$$u_2 = iR = RC\frac{du_C}{dt} \approx RC\frac{du_1}{dt} \tag{3-61}$$

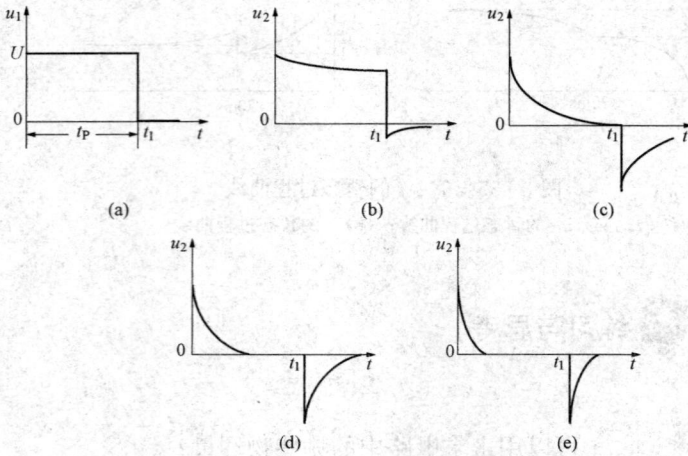

图 3-57　微分电路的输入输出信号

（a）输入信号；（b）$\tau=10t_P$时的输出信号；
（c）$\tau=0.2t_P$时的输出信号；（d）$\tau=0.1t_P$时的输出信号；
（e）$\tau=0.05t_P$时的输出信号

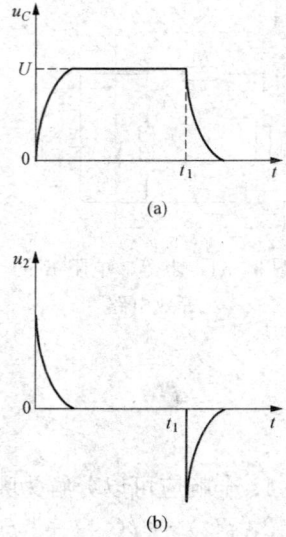

图 3-58　$\tau\ll t_P$ 时，u_C 和 u_2 的暂态
过程曲线

（a）u_C 的暂态过程曲线；
（b）u_2 的暂态过程曲线

由式（3-61）可知，输出信号 u_2 与输入信号 u_1 的微分近似成比例。

3.6.2　积分电路

如果 RC 电路满足：①$\tau\gg t_P$；②从电容端输出，则此电路称为积分电路。

下面从电路关系的角度分析图 3-59 所示的积分电路。

由于 $\tau\gg t_P$，所以电容的充放电很缓慢，u_C 的增长和衰减都很缓慢，充电时，$u_2=u_C\ll u_R$，所以 $u_1=u_R+u_2\approx u_R=Ri$，可得 $i\approx\dfrac{u_1}{R}$，因此输出电压为

$$u_2 = u_C = \frac{1}{C}\int i\mathrm{d}t \approx \frac{1}{RC}\int u_1 \mathrm{d}t \tag{3-62}$$

由式（3-62）可知，输出信号 u_2 与输入信号 u_1 的积分近似成比例，如图 3-60 所示。

图 3-59　积分电路

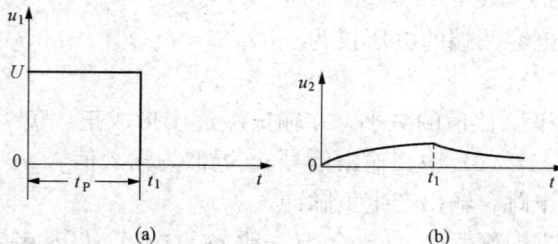

图 3-60　积分电路的输入输出信号

（a）输入信号；（b）输出信号

练习与思考

1. 微分电路的特点是什么?
2. 积分电路的特点是什么?

习　　题

电感元件和电容元件的伏安关系及储能计算

3-1　电容元件如图 3-61 所示, 已知 $C=2\mu F$, 流过电容的电流 $i(t)=6e^{-3000t}$ mA, 假设 $t=0$ 时电容两端的电压为 0, 试求 (1) 电容两端的电压 $u(t)$; (2) $t=1$ms 时, 电容元件储存的电场能量。

3-2　电感元件如图 3-62 (a) 所示, 已知 $L=0.2$H, 流过电感的电流 i 的波形如图 3-2 (b) 所示。画出电感元件中产生的自感电动势 e_L 和两端电压 u 的波形, 并计算在电流增大的过程中电感从电源吸取的能量和电流减小过程中放出的能量。

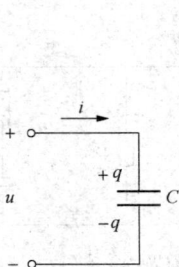

图 3-61　习题 3-1 图　　　　　图 3-62　习题 3-2 图

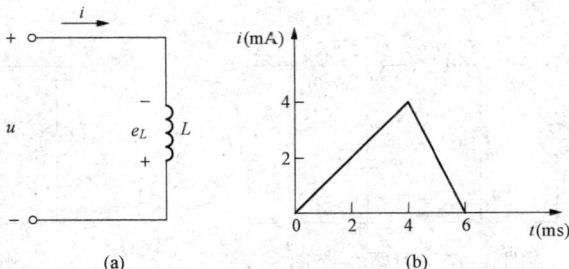

求初始值

3-3　电路如图 3-63 所示, 换路前电路处于稳态, 试求换路后 i 和 u_C 的初始值。

3-4　电路如图 3-64 所示, 已知: $R=1$kΩ, $L=1$H, $U=20$V, 开关闭合前 $i=0$, 设 $t=0$ 时开关闭合, 试求 i 和 u_L 的初始值。

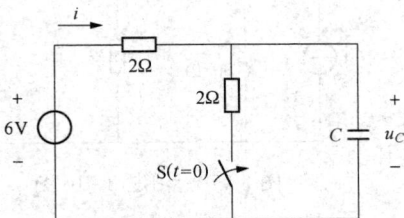

图 3-63　习题 3-3 图　　　　　图 3-64　习题 3-4 图

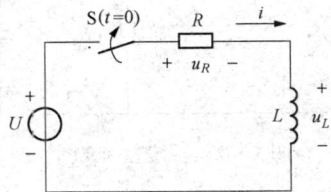

3-5　电路如图 3-65 所示, 已知: $R=1$kΩ, $L=1$H, $U=20$V, 电压表内阻 $R_V=500$kΩ, 设开关 S 在 $t=0$ 时打开, 试求开关 S 打开的瞬间, 电压表两端的电压 u_V。

3-6　电路如图 3-66 所示, 已知 $R_1=2$kΩ, $R_2=1$kΩ, $R_3=2$kΩ, $I_S=10$mA, 开关 S

在 $t=0$ 时闭合，试求：i_S、i_R、i_C、i_L、u_C、u_L 的初始值。

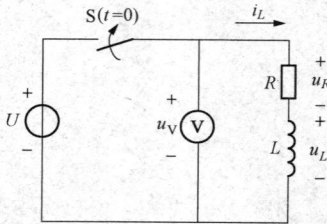

图 3-65　习题 3-5 图

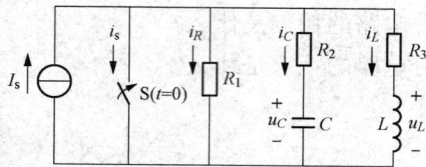

图 3-66　习题 3-6 图

零输入响应

3-7　电路如图 3-67 所示，已知 $R_1=1\text{k}\Omega$，$R_2=2\text{k}\Omega$，$R_3=3\text{k}\Omega$，$C=1\mu\text{F}$，恒流源 $I=3\text{mA}$。开关 S 长期合在位置 1 上，如在 $t=0$ 时把它合到位置 2，试求 $t\geqslant 0$ 时，电容器上的电压 u_C 及放电电流 i。

3-8　电路如图 3-68 所示，已知 $R_1=3\text{k}\Omega$，$R_2=3\text{k}\Omega$，$R_3=6\text{k}\Omega$，$C=2\mu\text{F}$，恒流源 $I=10\text{mA}$。在开关 S 闭合前，电路已处于稳态。试求 $t\geqslant 0$ 时的电压 u_C 和电流 i_1，并画出它们随时间变化的曲线。

图 3-67　习题 3-7 图

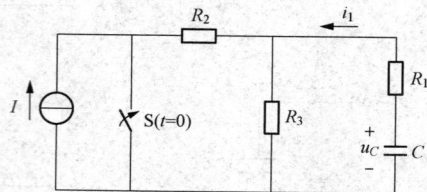

图 3-68　习题 3-8 图

3-9　电路如图 3-69 所示，已知 $R_1=4\Omega$，$R_2=8\Omega$，$R_3=12\Omega$，$C=1\mu\text{F}$，$U=12\text{V}$。开关 S 断开前电路已处于稳态。试求 $t\geqslant 0$ 时的电流 i。

3-10　电路如图 3-70 所示，已知 $R_1=2\Omega$，$R_2=2\Omega$，$R_3=1\Omega$，$L=1\text{H}$，恒流源 $I=3\text{A}$。在开关 S 闭合前，电路已处于稳态。试求 $t\geqslant 0$ 时的电感电压 u_L。

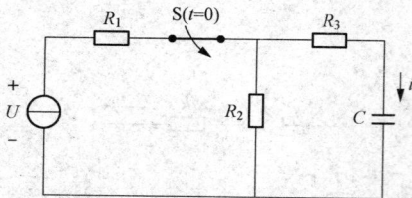

图 3-69　习题 3-9 图

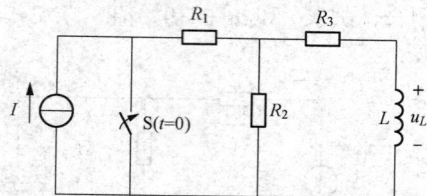

图 3-70　习题 3-10 图

3-11　电路如图 3-71 所示，已知 $R_1=2\Omega$，$R_2=3\Omega$，$R_3=6\Omega$，$L=2\text{H}$。在开关 S 闭合前，电路已处于稳态。试求 $t\geqslant 0$ 时的 u_O、i_O 和 i。

零状态响应

3-12　电路如图 3-72 所示，已知 $R_1=10\Omega$，$C=1\mu\text{F}$，$u_C(0_-)=0$。试求：（1）$t\geqslant 0$ 时的 u_C 和 i；（2）u_C 达到 5V 所需的时间。

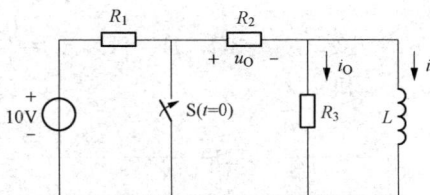

图 3-71　习题 3-11 图

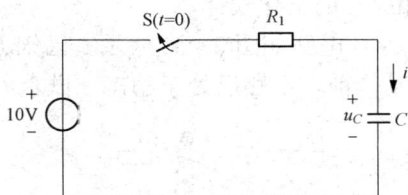

图 3-72　习题 3-12 图

3-13　电路如图 3-73 所示，已知 $R_1=12\text{k}\Omega$，$R_2=6\text{k}\Omega$，$C_1=10\mu\text{F}$，$C_2=20\mu\text{F}$，$U=20\text{V}$。电容元件原先均未储能。试求 $t\geq0$ 时，两串联电容元件两端的电压 u_C。

3-14　电路如图 3-74 所示，已知 $R_1=100\Omega$，$L=2\text{H}$，理想电流源的电流 $I=1\text{A}$。在开关 S 闭合前，电路已处于稳态。试求 $t\geq0$ 时的 u_L 和 i_L。

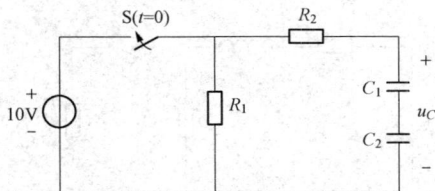

图 3-73　习题 3-13 图

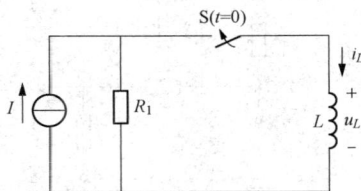

图 3-74　习题 3-14 图

3-15　电路如图 3-75 所示，已知 $R_1=3\Omega$，$R_2=3\Omega$，$R_3=6\Omega$，$L=1\text{H}$，理想电压源的电压 $U=15\text{V}$。在开关 S 闭合前，电感未储能。试求 $t\geq0$ 时的 i_L。

全响应与三要素法

3-16　电路如图 3-76 所示，已知 $R_1=3\text{k}\Omega$，$R_2=5\text{k}\Omega$，$R_3=4\text{k}\Omega$，$C=0.5\text{mF}$，$U_1=24\text{V}$，$U_2=30\text{V}$。在开关 S 动作前，电路已处于稳态，$t=0$ 时开关 S 从位置 A 转到位置 B，试求 $t\geq0$ 时的 u_C。

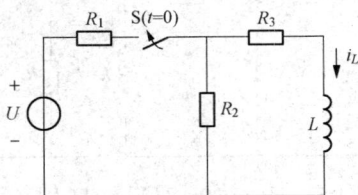

图 3-75　习题 3-15 图

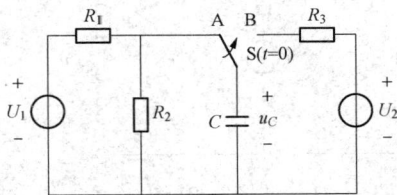

图 3-76　习题 3-16 图

3-17　电路如图 3-77 所示，已知 $R_1=2\Omega$，$R_2=6\Omega$，$C=\frac{1}{3}\text{F}$。在开关 S 动作前，电路已处于稳态。试求 $t\geq0$ 时，电容元件两端的电压 u_C。

3-18　电路如图 3-78 所示，已知 $R_1=10\text{k}\Omega$，$R_2=10\text{k}\Omega$，$R_3=20\text{k}\Omega$，$C=10\mu\text{F}$。在开关 S 动作前，电路已处于稳态。试求 $t\geq0$ 时，电容元件两端的电压 u_C，并画出其暂态过程曲线。

3-19　电路如图 3-79 所示，已知 $R_1=10\text{k}\Omega$，$R_2=5\text{k}\Omega$，$R_3=25\text{k}\Omega$，$C=100\text{pF}$。在开关 S 断开前，电路已处于稳态。试求 $t\geq0$ 时，电容元件两端的电压 u_C，以及 A 点电位 V_A、

B 点电位 V_B 的变化规律。

3-20　电路如图 3-80 所示，已知 $R_1=4\Omega$，$R_2=6\Omega$，$R_3=3\Omega$，$L=1H$，$U=12V$。在开关 S 动作前，电路已处于稳态。试求 $t\geqslant0$ 时的 i_L、i 和 u。

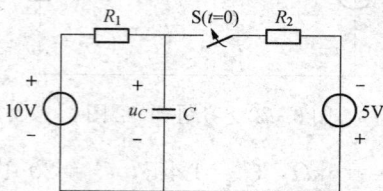

图 3-77　习题 3-17 图

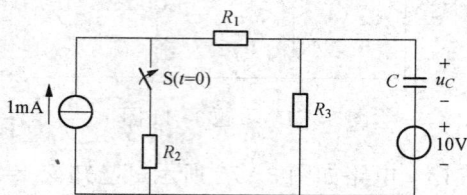

图 3-78　习题 3-18 图

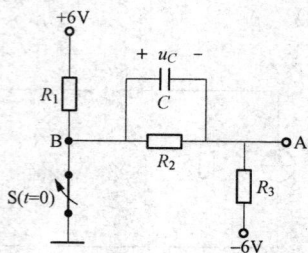

图 3-79　习题 3-19 图

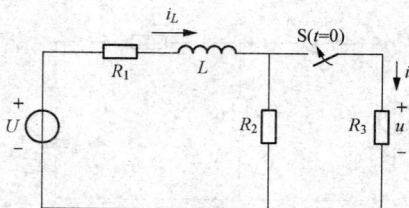

图 3-80　习题 3-20 图

3-21　电路如图 3-81 所示，已知 $R_1=3\Omega$，$R_2=6\Omega$，$R_3=3\Omega$，$L=1H$。在开关 S 动作前，电路已处于稳态。试求 $t\geqslant0$ 时的 i_L 和 i。

3-22　电路如图 3-82 所示，已知 $R_1=1\Omega$，$R_2=2\Omega$，$R_3=6\Omega$，$L=6H$。在开关 S 动作前，电路已处于稳态。试求 $t\geqslant0$ 时的 i_L。

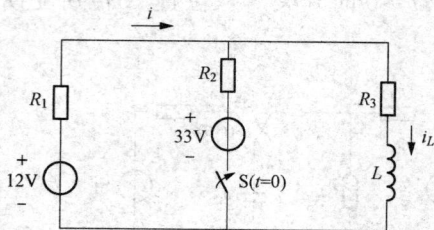

图 3-81　习题 3-21 图

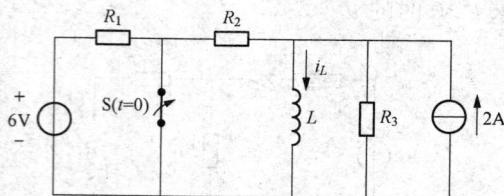

图 3-82　习题 3-22 图

3-23　电路如图 3-83 所示，电磁继电器线圈的等效电阻 $R=1\Omega$，等效电感 $L=0.2H$。当继电器线圈中的电流 $i=30A$ 时，继电器立即动作将电源切断。设负载电阻和线路电阻分别为 $R_L=20\Omega$ 和 $R_1=1\Omega$，直流电源电压 $U=220V$。试求：当负载 R_L 被短路后，需要经过多少时间继电器才能将电源切断？

假二阶电路

3-24　电路如图 3-84 所示，已知 $R_0=3k\Omega$，$R_1=1.5k\Omega$，$R_2=1.5k\Omega$，$C=10\mu F$，$L=3H$。开关 S 闭合前，电路已达到稳态，试求 $t\geqslant0$ 时的 i_0、i_1、i_2、u_C。

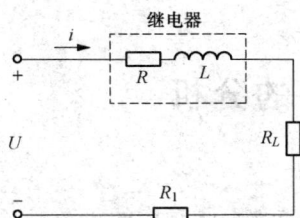

图 3 - 83　习题 3 - 23 图

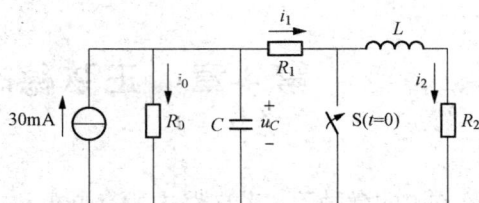

图 3 - 84　习题 3 - 24 图

两次换路

3 - 25　电路如图 3 - 85 所示，开关 S1 和 S2 原来均为闭合，且电路已达到稳态，$t=0$ 时开关 S1 断开，$t=2\text{s}$ 时开关 S2 断开，以后两个开关一直保持断开状态。试求：$0 \leqslant t \leqslant 2\text{s}$ 和 $t \geqslant 2\text{s}$ 时的 $i(t)$。

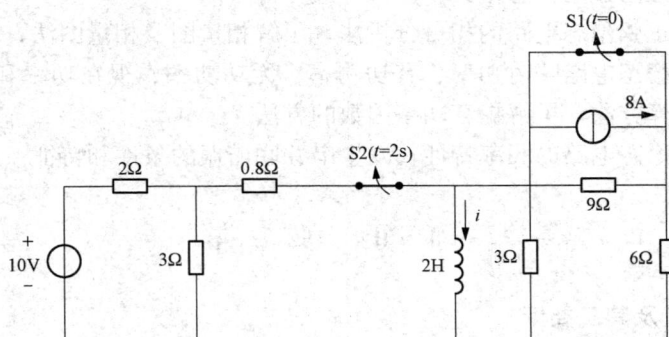

图 3 - 85　习题 3 - 25 图

第4章　正弦稳态电路的分析

在正弦电源的激励下，若电路中所有电压和电流均为与激励同频率的正弦量，且各自振幅保持不变，则称该电路处于正弦稳态，处于正弦稳态的电路称为正弦稳态电路，在工程上也称正弦交流电路。本章学习正弦稳态电路的基本概念和分析方法。通过学习达到以下要求：

（1）理解正弦量的特征及各种表示方法；

（2）理解并掌握电路基本定律的相量形式及元件伏安关系的相量形式；

（3）理解并掌握阻抗的概念及其串并联等效化简；

（4）掌握简单正弦稳态电路的相量分析法，了解相量图及相量图法；

（5）了解正弦稳态电路瞬时功率、有功功率、无功功率、视在功率和功率因数的概念，掌握有功功率的计算方法，了解提高功率因数的方法。

（6）了解正弦稳态电路的频率特性，发生串并联谐振的条件和特征。

4.1　正　弦　量

4.1.1　正弦量及其三要素

电路中大小和方向随时间按正弦规律变化的电压、电流等物理量统称为正弦量。以正弦电流为例，其随时间变化的波形如图 4-1 所示，图中 I_m 为正弦电流的最大值，也称振幅；φ_i 为初相位，简称初相，它表示正弦电流在 $t=0$ 时刻的相位，单位用弧度（rad）或度（°）表示。正弦量变化一周经历 2π 弧度，当其周期用 T、频率用 f、角频率用 ω 表示时，ω 与 T 和 f 之间的关系为

$$\omega = \frac{2\pi}{T} = 2\pi f \left(f = \frac{1}{T} \right) \tag{4-1}$$

式中：T、f、ω 的国际单位分别为 s（秒）、Hz（赫兹）、rad/s（弧度/秒）。它们反映了正弦量变化的快慢。我国和大多数国家的工业用电和民用电频率为 50Hz，简称工频。美洲国家如美国、加拿大、巴西、日本、韩国及我国台湾地区的电力标准频率都是 60Hz。在其他各种不同的技术领域内还使用着不同的频率。

正弦量也可用正弦函数或余弦函数表示，为避免混淆，在分析正弦交流电路时，同一电路中采用同一种表示形式，本书采用正弦函数。如图 4-1 所示，正弦电流 $i(t)$ 随时间变化规律可用正弦函数表达为

$$i(t) = I_m \sin(\omega t + \varphi_i) \tag{4-2}$$

式（4-2）也称为正弦电流的瞬时值表达式。在确定的参考方向下，如图 4-2 所示，当 $i(t)>0$ 时（正半周），电流实际方向与参考方向相同；$i(t)<0$（负半周）时，实际方向与参考方向相反。

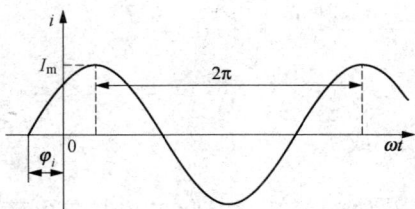

图 4 - 1　正弦电流的波形　　　　图 4 - 2　正弦电流的参考方向

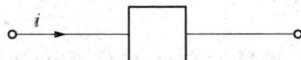

同理，正弦电压瞬时值表达式为

$$u(t) = U_{\mathrm{m}}\sin(\omega t + \varphi_{\mathrm{u}}) \tag{4-3}$$

式中：U_{m}、ω、φ_{u} 分别为正弦电压的最大值、角频率、初相位。

最大值、角频率和初相位统称为正弦量的三要素，三要素一定，正弦量也就确定了，所以三要素是正弦量之间进行比较和区别的依据。

需要注意：

（1）由于正弦量是以 360°（2π 弧度）为周期的函数，通常取 $|\varphi_i| \leqslant 180°$ 或 $|\varphi_i| \leqslant \pi$。初相的大小与计时起点（坐标原点）的设定有关。

（2）正弦量的瞬时值统一用小写字母表示，如 $i(t)$，$u(t)$，$e(t)$ 或 i，u，e。最大值（振幅）统一用下标为 "m" 的大写字母表示，如 I_{m}，U_{m}，E_{m}。

【例 4 - 1】 已知一个正弦电压的 $U_{\mathrm{m}} = 311$V，$\omega = 314$rad/s，$\varphi_{\mathrm{u}} = 30°$。试写出该电压的瞬时值表达式；计算 $t = 0.02$s 时该电压的瞬时值。

解　$u(t) = 311\sin(314t + 30°)$V

$t = 0.02$s 时

$$u(0.02) = 311\sin(314 \times 0.02 \times 180°/\pi + 30°)$$
$$= 311\sin(360° + 30°)\mathrm{V} = 311\sin(30°) = 155.5(\mathrm{V})$$

4.1.2　正弦量的有效值

正弦量的有效值是根据其与直流量的热效应相等来定义的。以正弦电流为例，如果正弦电流 i 通过一个电阻 R 在一个周期内消耗的电能与一个直流电流 I 通过相同电阻 R 并在同等时间内消耗的电能相等，则将这个直流电流 I 的大小定义为正弦电流 i 的有效值。即

$$RI^2 T = \int_0^T Ri^2 \,\mathrm{d}t$$

$$I = \sqrt{\frac{1}{T}\int_0^T i^2 \,\mathrm{d}t} \tag{4-4}$$

可见，正弦量的有效值等于瞬时值的平方在一个周期内的平均值再取平方根，因此又称方均根值。

设正弦电流为

$$i(t) = I_{\mathrm{m}}\sin(\omega t + \varphi_i)$$

则其有效值

$$I = \sqrt{\frac{1}{T}\int_0^T I_{\mathrm{m}}^2 \sin^2(\omega t + \varphi_i)\,\mathrm{d}t} \tag{4-5}$$

由于

$$\int_0^T \sin^2(\omega t + \varphi_i)\mathrm{d}t = \int_0^T \frac{1-\cos 2(\omega t + \varphi_i)}{2}\mathrm{d}t = \frac{T}{2} \tag{4-6}$$

将式（4-6）代入式（4-5）后得

$$I = \frac{I_m}{\sqrt{2}} = 0.707 I_m \ \text{或}\ I_m = \sqrt{2} I \tag{4-7}$$

可见，正弦量的有效值与最大值之间存在 $\sqrt{2}$ 倍的关系，因此正弦电流也可以写成如下形式

$$i(t) = \sqrt{2} I \sin(\omega t + \varphi_i) \tag{4-8}$$

式中：I、ω、φ 也可称为正弦电流的三要素。

以上结论同样适用于正弦电压，即

$$u(t) = U_m \sin(\omega t + \varphi_u) = \sqrt{2} U \sin(\omega t + \varphi_u) \tag{4-9}$$

式中：$U_m = \sqrt{2} U$。

为了避免与瞬时值、最大值混淆，有效值用大写字母表示，如 U、I 等。

工程中使用的交流发电机、变压器和电动机等电器设备铭牌上标出的额定电压、额定电流都是有效值，交流电压表、电流表表面上显示的数字也表示有效值，工程计算也常用有效值。

4.1.3　正弦量的相位差

在同一正弦交流电路中，各电压和电流的频率相同，但初相位不一定相同，为便于描述两个同频率正弦量之间的相位关系，将两个同频率正弦量的相位之差定义为正弦量的相位差，用符号 φ 或 θ 表示。如设同频率正弦电压和电流分别为

$$u(t) = \sqrt{2} U \sin(\omega t + \varphi_u)$$
$$i(t) = \sqrt{2} I \sin(\omega t + \varphi_i)$$

则 $u(t)$ 与 $i(t)$ 之间的相位差

$$\varphi = (\omega t + \varphi_u) - (\omega t + \varphi_i) = \varphi_u - \varphi_i \tag{4-10}$$

可见，两个同频率正弦量之间的相位差就等于它们的初相之差。为分析方便，通常取 $|\varphi| \leqslant 180°$。

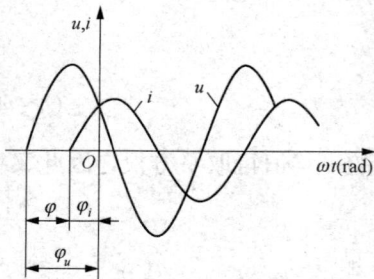

图 4-3　u 超前于 i 的波形

如图 4-3 所示同频率正弦电压和电流的初相不同，u 总是超前 i 一个 φ 角先到达零值或最大值，且与计时起点的选取无关，电压 u 和电流 i 的这种相位关系称 u 比 i 超前 φ 角，或 i 比 u 滞后 φ 角。

一般地，当 $0 < \varphi < 180°$ 时，称 u 超前于 i 一个 φ 角，或者说 i 滞后 u 一个 φ 角；当 $-180° < \varphi < 0$ 时，称 u 滞后 i $|\varphi|$ 角，或者说 i 超前 u $|\varphi|$ 角；当 $\varphi = 0$ 时，称 u 与 i 同相；当 $\varphi = \pm 180°$ 时，称 u 与 i 反相；当 $\varphi = \pm 90°$ 时，称 u 与 i 正交。

【例 4-2】　已知电流 $i_1(t) = 4\sin(1000t - 30°)$ A，$i_2(t) = 5\cos(1000t + 75°)$ A，$i_3(t) = -3\sin(1000t + 120°)$ A。求 $i_1(t)$，$i_2(t)$ 与 $i_3(t)$ 的相位差并说明超前与滞后关系。

解　先将电流 $i_2(t)$、$i_3(t)$ 写成正幅值的正弦函数形式。

$$i_2(t) = 5\sin(1000t + 75° + 90°) = 5\sin(1000t + 165°)(A)$$
$$i_3(t) = 3\sin(1000t + 120° - 180°) = 3\sin(1000t - 60°)(A)$$

$i_1(t)$ 与 $i_3(t)$ 的相位差

$$\varphi_{13} = -30° - (-60°) = 30° \qquad i_1(t) \text{ 超前于 } i_3(t)30°$$

$i_2(t)$ 与 $i_3(t)$ 的相位差

$$\varphi_{23} = 165° - (-60°) = 225° > 180°$$

取 $\varphi_{23} = 225° - 360° = -135°$，即 i_2 滞后于 i_3 135°。

需要注意的是两个正弦量进行相位比较时应满足以下条件：

（1）都写成正弦形式，或都写成余弦形式。

（2）都写成正幅度的形式。

（3）具有相同的频率。

由于同频率正弦量的加、减、微分、积分运算结果仍为同频率正弦量；非正弦周期信号的傅里叶级数展开式为不同频率的正弦函数之和；另正弦量变化平滑，工程应用中电气设备在正常运行时不会引起过电压而破坏绝缘；变压器可经济灵活地实现电压、电流的升高和降低。正弦量在近代电工技术中得到了广泛应用，大部分国家的电能几乎都是以正弦量的形式生产出来的，在无线电通信、自动控制系统及实验室中也常将正弦量作为信号源。

练习与思考

1. 已知我国工业用电频率 $f = 50\text{Hz}$，求该频率对应的周期 T 和角频率 ω。

2. 已知正弦电压 $u(t) = 220\sqrt{2}\sin(100\pi t - 45°)\text{V}$，求最大值、有效值、角频率及初相位。

3. 已知正弦电流在 $t = 0$ 时为 5A，初相位为 45°，求该电流的有效值。

4.2　正弦量的相量表示

当电路中含有电感、电容元件并且处于正弦稳态时，由于电感和电容元件的伏安关系为微分关系，以电路中电压或电流为解变量的方程将是微分或微积分方程，用时域方法求解正弦稳态电路难度较大。复数代数法是分析正弦稳态电路的常用方法，可将对正弦稳态电路求微积分方程问题转化为简单的复数代数问题。复数代数法的数学基础是复数，下面对复数做简单复习。

*4.2.1　复数的复习

这里仅对复数的概念、表示方法及运算法则做简单的复习，统一认识。

复数与复平面上的点具有一一对应关系。一个复数 A 在复平面上可以用有向线段 OA 表示，如图 4-4 所示，$|A|$ 是有向线段的长度，称为复数的模，有向线段与正实轴的夹角 θ 称为复数的幅角。

复数 A 还可以用以下多种数学表达式表示：

（1）复数的直角坐标式（代数式）为

$$A = a + jb \qquad\qquad (4-11)$$

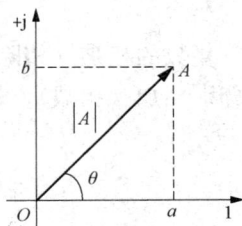

图 4-4　复数

式中：a 为复数的实部，是 A 在实轴的投影；b 为复数的虚部，是 A 在虚轴的投影；$j=\sqrt{-1}$为虚数的单位（在数学中常用 i 表示，在电路中已用 i 表示电流，故改用 j）。

（2）复数的三角函数式

$$A = |A|(\cos\theta + j\sin\theta) \tag{4-12}$$

（3）复数的指数形式为

根据欧拉公式

$$e^{j\theta} = \cos\theta + j\sin\theta$$

三角函数式可以转化为指数形式，即

$$A = |A|e^{j\theta} \tag{4-13}$$

（4）复数的极坐标形式为

$$A = |A|\underline{/\theta} \tag{4-14}$$

式中："∠"是角的表示符号。复数的代数形式和极坐标形式可利用计算器的复数转换功能键（a，$b \leftrightarrow |A|$，θ）直接进行转换（查看计算器说明书）。也可以由如图 4-4 所示的直角三角形利用平面几何知识进行转换。即

$$|A| = \sqrt{a^2 + b^2}, \theta = \arctan\frac{b}{a} \tag{4-15}$$

或

$$a = |A|\cos\theta, b = |A|\sin\theta \tag{4-16}$$

复数的加、减运算采用代数式比较方便，即实部和虚部分别相加、减。如下所示。

设 $A_1 = a_1 + jb_1$，$A_2 = a_2 + jb_2$，则

$$A_1 + A_2 = (a_1 + a_2) + j(b_1 + b_2)$$
$$A_1 - A_2 = (a_1 - a_2) + j(b_1 - b_2)$$

复数的加、减运算还可以采用平行四边形法则、三角形法则或多边形法则，如图 4-5 所示。

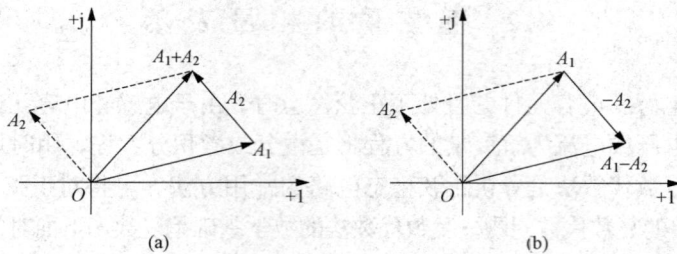

图 4-5 复数的相加、相减运算
(a) 复数相加；(b) 复数相减

复数的相乘（相除）运算采用极坐标形式比较方便，即模和模分别相乘（相除），角和角分别相加（相减）。如设

$$A_1 = |A_1|\underline{/\varphi_1}, A_2 = |A_2|\underline{/\varphi_2}$$

则

$$A_1 \cdot A_2 = |A_1||A_2|\underline{/(\varphi_1 + \varphi_2)}$$

$$\frac{A_1}{A_2} = \left|\frac{A_1}{A_2}\right| \underline{/(\varphi_1 - \varphi_2)}$$

复数的相乘、相除运算也可以通过复平面内的有向线段进行。例如将复数 $e^{j\alpha} = 1\underline{/\alpha}$ 乘以复数 $A = |A|\underline{/\varphi}$ 时，得到一个新复数

$$B = |A|\underline{/(\varphi + \alpha)}$$

复数 B 的模仍然是 $|A|$，但辐角为 $(\varphi + \alpha)$。在复平面内，就是将与复数 A 对应的有向线段逆时针旋转 α 角（$\alpha > 0$）或顺时针旋转 α 角（$\alpha < 0$）。故将 $e^{j\alpha}$ 称为单位旋转因子。

特别地，当 $\alpha = 90°$ 时，$1\underline{/\alpha} = 1\underline{/90°} = j$，$jA = |A|\angle\varphi + 90°$，也就是说，一个复数乘以 j，就是将对应的有向线段逆时针旋转 $90°$，同理，一个复数乘以 $-j$，就是将对应的有向线段顺时针旋转 $90°$，如图 4-6 所示。

4.2.2　正弦量的相量表示法

由于在正弦稳态电路中各电压和电流都是与电源同频率的正弦量，因此正弦稳态电路的计算和正弦量之间的比较集中在最大值（有效值）和初相位两个要素上。可以证明复数与正弦量之间有着内在的关系，复数的模和幅角与正弦量的最大值（有效值）和初相位具有一一对应关系，可以用复数表示特定频率下的正弦量，通常把表示正弦量的复数称之为相量，其定义如下。

图 4-6　复数 $\pm jA$ 的图

设同频率的正弦电压和正弦电流分别为

$$u(t) = U_m \sin(\omega t + \varphi_u) = \sqrt{2}U\sin(\omega t + \varphi_u)$$
$$i(t) = I_m \sin(\omega t + \varphi_i) = \sqrt{2}I\sin(\omega t + \varphi_i)$$

令

$$\dot{U}_m = U_m \underline{/\varphi_u}, \ \dot{I}_m = I_m \underline{/\varphi_i} \tag{4-17}$$

或

$$\dot{U} = U\underline{/\varphi_u}, \ \dot{I} = I\underline{/\varphi_i} \tag{4-18}$$

式中：$\dot{U}_m$ 和 $\dot{I}_m$ 分别称为正弦电压和正弦电流的最大值相量（振幅相量）。式（4-18）中 $\dot{U}$ 和 $\dot{I}$ 称为有效值相量。

因为

$$U_m = \sqrt{2}U, \ I_m = \sqrt{2}I \tag{4-19}$$

所以

$$\dot{U}_m = \sqrt{2}\dot{U}, \ \dot{I}_m = \sqrt{2}\dot{I} \tag{4-20}$$

可见，最大值相量是有效值相量的 $\sqrt{2}$ 倍。

在一定频率下，正弦量与相量具有一一对应关系。给定一个正弦量，可以唯一确定一个相量；同理，已知一个相量，在给定频率下，可唯一确定一个正弦量。数学上把正弦量与相量之间的转换称为相量变换。

需要注意：①相量只是用来表示正弦量，而不是等于正弦量。②相量实质上就是一个复数，为了与一般意义上的复数相区别，将表示正弦量的复数称作相量，并用大写字母上加点

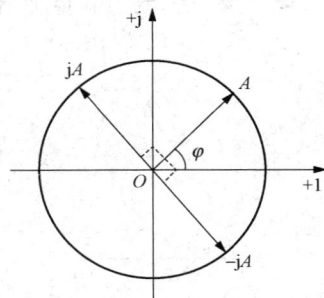

的符号表示。③复数的所有数学表达式及运算法则同样适用于相量。

相量在复平面上可用有向线段表示，有向线段的长度等于正弦量的振幅或有效值，有向线段与正实轴的夹角等于正弦量的初相位，把这样的表示正弦量的有向线段在复平面内组成的图称为相量图。有向线段在复平面内可平移并可利用平行四边形法则进行求和运算。一般地为避免混淆，只把相同频率正弦量所对应的有效值相量（最大值相量）画在同一复平面内。

【例 4 - 3】 已知正弦量 $u(t)=10\sin(\omega t+60°)\text{V}$，$i(t)=5\cos(\omega t-135°)\text{A}$，（1）写出它们的振幅相量，求电压与电流之间的相位差；（2）画出相量图并标明相位差，说明超前与滞后关系。

解 将正弦电压和电流统一用正弦函数表示

$$i(t)=5\sin(\omega t-135°+90°)=5\sin(\omega t-45°)\text{A}$$

振幅相量

$$\dot{U}_\text{m}=10\underline{/60°}\text{V},\ \dot{I}_\text{m}=5\underline{/-45°}\text{A}$$

相位差

$$\varphi=60°-(-45°)=105°$$

相量图如图 4 - 7 所示，电压超前电流 105°。

【例 4 - 4】 已知相量 $\dot{I}_1=2\underline{/30°}\text{A}$，$\dot{I}_2=(2+\text{j}2)\text{A}$，写出对应的正弦量，设电源角频率为 ω。

解 $I_1=2\text{A}$，$I_{\text{m}1}=2\sqrt{2}\text{A}$，对应正弦量为

$$i_1(t)=2\sqrt{2}\sin(\omega t+30°)\text{A}$$

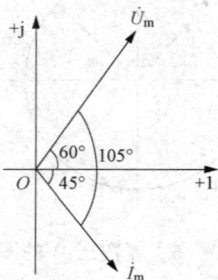

图 4 - 7　【例 4 - 3】的相量图

$\dot{I}_2=(2+\text{j}2)\text{A}=2\sqrt{2}\underline{/45°}\text{A}$，$I_1=2\sqrt{2}\text{A}$，$I_{\text{m}2}=4\text{A}$，对应正弦量为

$$i_2(t)=4\sin(\omega t+45°)\text{A}$$

练习与思考

1. 将下列复数转化为极坐标形式：

$F_1=3-\text{j}4$；$F_2=-3+\text{j}4$；$F_3=-3-\text{j}4$；$F_4=-5$；$F_5=\text{j}6$；$F_6=-\text{j}6$。

2. 将下列复数转化为直角坐标形式：

$$F_1=20\underline{/45°}；F_2=110\underline{/-65°}；F_3=12\underline{/125°}；$$

$$F_4=50\underline{/-145°}；F_5=20\underline{/-90°}；F_6=2\underline{/180°}。$$

3. 已知复数 $F_1=20\underline{/45°}$，$F_2=-6+\text{j}8$。求（1）F_1+F_2；（2）F_1-F_2；（3）$F_1\cdot F_2$；（4）F_1/F_2。

4. 已知正弦电压 $u=-20\sqrt{2}\sin(\omega t+30°)\text{V}$，写出它的有效值相量。

5. 已知 $\dot{I}=-3\underline{/-30°}\text{A}$，$\dot{I}_2=\text{j}3\text{A}$，$\omega=10\text{rad/s}$，写出 i_1 和 i_2 的瞬时值表达式。

4.3　基尔霍夫定律的相量形式

正弦量乘以常数、同频率正弦量求和、求导、积分运算，其结果仍为同频率的正弦量，

因此这些对正弦量的运算都可以转换为对相量的运算。

在第一章学习了基尔霍夫定律的时域形式，KCL 中指出：在任一瞬间，对汇集于任一节点的所有支路电流满足

$$\sum i = 0$$

KVL 指出：在任一瞬间，对任一回路中的各段电压满足

$$\sum u = 0$$

基尔霍夫定律在正弦稳态电路中仍然适用，并可用相量形式表示。

KCL 的相量形式可表述为：在正弦稳态电路中，汇集于任一节点的所有支路电流相量的代数和等于零。即

$$\sum \dot{I} = 0 \ 或 \sum \dot{I}_{\mathrm{m}} = 0 \tag{4-21}$$

式中：$\dot{I}$ 为汇集于该节点的支路电流有效值相量，$\dot{I}_{\mathrm{m}}$ 为支路电流的最大值相量。

KVL 的相量形式可表述为：在正弦稳态电路中，沿任一回路循行一周所经过的各段电压相量的代数和等于零。即

$$\sum \dot{U} = 0 \ 或 \sum \dot{U}_{\mathrm{m}} = 0 \tag{4-22}$$

式中：$\dot{U}$ 为回路中各电压有效值相量；$\dot{U}_{\mathrm{m}}$ 为各电压的最大值相量。

需要注意的是有效值一般不满足基尔霍夫定律的约束。

【例 4-5】 图 4-8（a）所示正弦稳态电路，已知 $i_1(t) = 3\sin\omega t \, \mathrm{A}$，$i_2(t) = 4\cos\omega t \, \mathrm{A}$，求电流 $i(t)$。

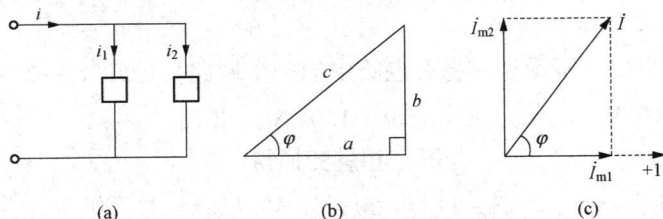

图 4-8　【例 4-5】的图
（a）正弦稳态电路；（b）直角三角形；（c）相量图

解　根据 KCL 可知 $i = i_1 + i_2$，可分别用下列四种方法求解。

方法 1　用三角函数式求解。

$$i = i_1 + i_2 = 3\sin\omega t + 4\cos\omega t$$

以 a、b 为相邻直角边，构造一直角三角形如图 4-8（b）所示，令 $a=3$，$b=4$，则

$$c = \sqrt{a^2 + b^2} = 5, \ \varphi = \arctan\frac{b}{a} = 53°$$

$$a = c\cos\varphi = 5\cos53°, \ b = c\sin\varphi = 5\sin53°$$

所以

$$i = i_1 + i_2 = 5\cos53°\sin\omega t + 5\sin53°\cos\omega t = 5\sin(\omega t + 53°)\mathrm{A}$$

方法 2　利用 KCL 的相量形式求解。

先将 i_1 和 i_2 统一用正弦函数形式表示，即

$$i_1(t) = 3\sin\omega t \,(\text{A}), \quad i_2(t) = 3\cos\omega t = 3\sin(\omega t + 90°)\,(\text{A})$$

相量变换得

$$\dot{I}_{m1} = 3\,\underline{/0°}\,\text{A}, \quad \dot{I}_{m2} = 4\,\underline{/90°}\,\text{A}$$

根据 KCL 的相量形式得

$$\dot{I}_m = \dot{I}_{m1} + \dot{I}_{m2} = 3\,\underline{/0°} + 4\,\underline{/90°} = 3 + \text{j}4 = 5\,\underline{/53°}\,(\text{A})$$

相量反变换得

$$i(t) = 5\sin(\omega t + 53°)\,(\text{A})$$

方法 3　借助相量图求解。

与方法 2 相同，先将 i_1 和 i_2 用相量表示，即

$$\dot{I}_{m1} = 3\,\underline{/0°}\,\text{A}, \quad \dot{I}_{m2} = 4\,\underline{/90°}\,\text{A}$$

再将 $\dot{I}_{m1}$，$\dot{I}_{m2}$ 用相量图表示，如图 4-8（c）所示。根据 $\dot{I}_m = \dot{I}_{1m} + \dot{I}_{2m}$，由平行四边形法则及勾股定理可得

$$I_m = \sqrt{I_{m1}^2 + I_{m2}^2} = \sqrt{3^2 + 4^2} = 5\,(\text{A}), \quad \varphi = \arctan\frac{4}{3} = 53°$$

所以

$$i(t) = 5\sin(\omega t + 53°)\,(\text{A})$$

方法 4　用正弦波形叠加（略）。

综上可见，用三角函数式对正弦量进行运算（方法 1），过程比较烦琐。利用相量形式（方法 2）则可以把复杂的三角函数运算转换为复数的代数运算，并能同时求出正弦量的振幅和相位，这种方法是分析正弦稳态电路的主要方法。借助相量图（方法 3）分析也是正弦稳态电路常用方法。

【例 4-6】　如图 4-9 所示正弦稳态电路中的一个回路，已知 $u_1 = 20\sqrt{2}\sin(\omega t + 30°)\,\text{V}$，$u_2 = 20\sqrt{2}\sin(\omega t + 90°)\,\text{V}$，$u_3 = 20\sqrt{2}\sin(\omega t + 150°)\,\text{V}$。求 u_4。

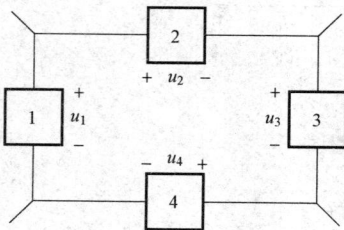

图 4-9　【例 4-6】的图

解　相量变换得

$$\dot{U}_1 = 20\,\underline{/30°}\,\text{V}, \quad \dot{U}_2 = 20\,\underline{/90°}\,\text{V}, \quad \dot{U}_3 = 20\,\underline{/150°}\,\text{V}$$

根据 KVL 得

$$\begin{aligned}
\dot{U}_4 &= \dot{U}_1 - \dot{U}_2 - \dot{U}_3 = 20\,\underline{/30°} - 20\,\underline{/90°} - 20\,\underline{/150°} \\
&= 20 \times (0.866 + \text{j}0.5 - \text{j} + 0.866 - \text{j}0.5) \\
&= 40\,\underline{/-30°}\,(\text{V})
\end{aligned}$$

相量反变换得

$$u_4 = 40\sqrt{2}\sin(\omega t - 30°)\,(\text{V})$$

练习与思考

1. 汇于某一节点的各支路电流有效值代数和什么情况下满足 KCL 的约束？

2. 如图 4-8（a）所示电路，若 $i_1 = 2\sqrt{2}\sin(\omega t + 30°)\,\text{A}$，$i_2 = 2\sqrt{2}\sin(\omega t - 60°)\,\text{A}$，用相量法求 i。

3. 如图 4 - 9 所示电路，若已知 $u_2 = -10\sqrt{2}\sin\omega t\,\text{V}$，$u_3 = 20\sin(\omega t + 45°)\,\text{V}$，$u_4 = 10\cos(\omega t - 135°)\,\text{V}$。用相量法求 u_1。

4.4　单一元件伏安关系的相量形式

元件是组成电路的基本元素，其伏安关系是求解电路的基本依据。本节主要学习电阻元件、电感元件和电容等元件在正弦稳态电路中伏安关系的相量形式以及元件阻抗的概念。

4.4.1　电阻元件

如图 4 - 10（a）所示线性电阻元件，取电压和电流为关联参考方向，其伏安关系的时域形式为

$$u = Ri \tag{4 - 23}$$

在正弦稳态电路中，设电流

$$i(t) = I_\text{m}\sin(\omega t + \varphi_i)$$

则电压

$$u(t) = Ri = RI_\text{m}\sin(\omega t + \varphi_i) = U_\text{m}\sin(\omega t + \varphi_u) \tag{4 - 24}$$

式（4 - 24）表明

$$U_\text{m} = RI_\text{m}\ \text{或}\ U = RI \tag{4 - 25}$$

$$\varphi_u = \varphi_i\ \text{或}\ \varphi_u - \varphi_i = 0 \tag{4 - 26}$$

可见，在正弦稳态电路中，电阻元件电压与电流的最大值或有效值之间的关系仍然服从欧姆定律的约束，相位相等或者说相位差为零，它们随时间变化的波形如图 4 - 10（b）所示（设 $\varphi_i = 0$）。

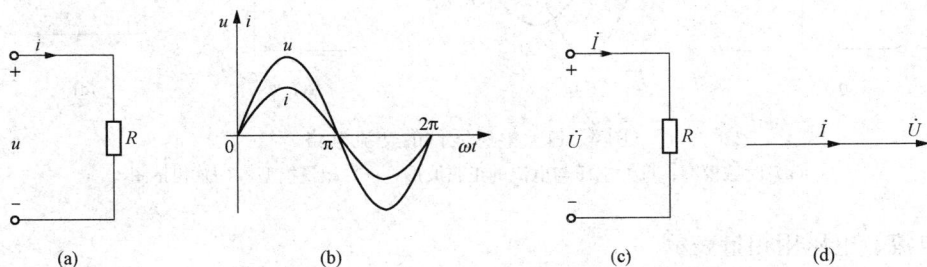

图 4 - 10　电阻元件的伏安关系

（a）时域模型；（b）电压与电流的正弦波；（c）相量模型；（d）相量图

将电流和电压用相量表示

$$\dot{I}_\text{m} = I_\text{m}\ \underline{/\varphi_i}\,,\ \dot{U}_\text{m} = U_\text{m}\ \underline{/\varphi_u} = RI_\text{m}\ \underline{/\varphi_i}$$

则伏安关系的相量形式为

$$\dot{U}_\text{m} = R\dot{I}_\text{m}\ \text{或}\ \dot{U} = R\dot{I} \tag{4 - 27}$$

保持图 4 - 10（a）中的元件符号及电压、电流参考方向不变，u 和 i 分别用 $\dot{U}$ 和 $\dot{I}$ 替换，如图 4 - 10（c）所示，称为电阻元件的相量模型，图中 $\dot{U}$ 和 $\dot{I}$ 满足式（4 - 27）的

约束。

电阻元件伏安关系还可以用相量图表示，如图 4 - 10（d）所示。

4.4.2 电感元件

如图 4 - 11（a）所示线性电感元件，取电压与电流为关联参考方向，其伏安关系的时域形式为

$$u = L \frac{\mathrm{d}i}{\mathrm{d}t}$$

在正弦稳态电路中，设电流

$$i(t) = I_{\mathrm{m}}\sin(\omega t + \varphi_i)$$

则

$$u(t) = L \frac{\mathrm{d}i}{\mathrm{d}t} = \omega L I_{\mathrm{m}}\cos(\omega t + \varphi_i) = \omega L I_{\mathrm{m}}\sin(\omega t + \varphi_i + 90°) = U_{\mathrm{m}}\sin(\omega t + \varphi_u)$$

$$(4 - 28)$$

式（4 - 28）表明

$$U_{\mathrm{m}} = \omega L I_{\mathrm{m}} \text{ 或 } U = \omega L I \qquad (4 - 29)$$
$$\varphi_u = \varphi_i + 90° \text{ 或 } \varphi_u - \varphi_i = 90° \qquad (4 - 30)$$

可见，在正弦稳态电路中，电感元件的电压与电流最大值或有效值之间的关系不仅与电感 L 大小有关，同时也与电源频率 ω 有关；相位上电压超前电流 90°。反映电压与电流关系的波形图如图 4 - 11（b）所示（设 $\varphi_i = 0$）。

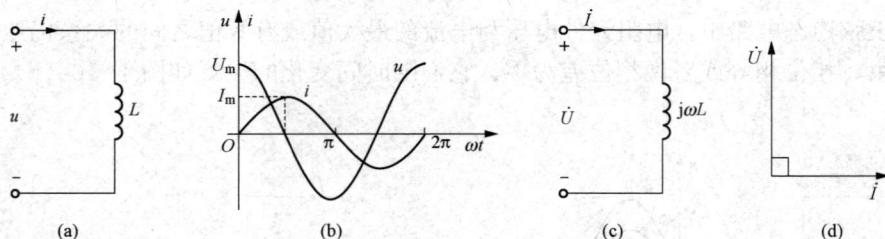

图 4 - 11　电感元件的交流电路

（a）时域模型；（b）电压与电流的正弦波形；（c）相量模型；（d）相量图

将电流、电压用相量表示

$$\dot{I}_{\mathrm{m}} = I_{\mathrm{m}}\underline{/\varphi_i}$$

$$\dot{U}_{\mathrm{m}} = U_{\mathrm{m}}\underline{/\varphi_u} = \omega L I_{\mathrm{m}}\underline{/(\varphi_i + 90°)} = \mathrm{j}\omega L I_{\mathrm{m}}\underline{/\varphi_i}$$

得电感元件伏安关系的相量形式

$$\dot{U}_{\mathrm{m}} = \mathrm{j}\omega L \dot{I}_{\mathrm{m}} \text{ 或者 } \dot{U} = \mathrm{j}\omega L \dot{I} \qquad (4 - 31)$$

电感元件的相量模型如图 4 - 11（c）所示。反映电压相量与电流相量关系的相量图如图 4 - 11（d）所示（设 $\varphi_i = 0$）。

4.4.3 电容元件

如图 4 - 12 所示线性电容元件，取电压与电流为关联参考方向，其伏安关系的时域形式为

$$i = C \frac{\mathrm{d}u}{\mathrm{d}t}$$

在正弦稳态电路中，设电压

$$u(t) = U_{\mathrm{m}} \sin(\omega t + \varphi_u)$$

则

$$i(t) = C \frac{\mathrm{d}u}{\mathrm{d}t} = \omega C U_{\mathrm{m}} \cos(\omega t + \varphi_u) = \omega C U_{\mathrm{m}} \sin(\omega t - \varphi_u + 90°) = I_{\mathrm{m}} \sin(\omega t + \varphi_i)$$

可见

$$I_{\mathrm{m}} = \omega C U_{\mathrm{m}} \text{ 或者 } I = \omega C U \tag{4-32}$$

$$\varphi_i = \varphi_u + 90° \text{ 或者 } \varphi_u - \varphi_i = -90° \tag{4-33}$$

式（4-32）、式（4-33）表明在正弦稳态电路中，电容元件的电压与电流最大值或有效值之间的大小关系不仅与电容 C 的大小有关，也与电源频率 ω 有关，相位上电压滞后电流 $90°$。表示电容元件电压与电流关系的正弦波形如图 4-12（b）所示（设 $\varphi_i = 0$）。

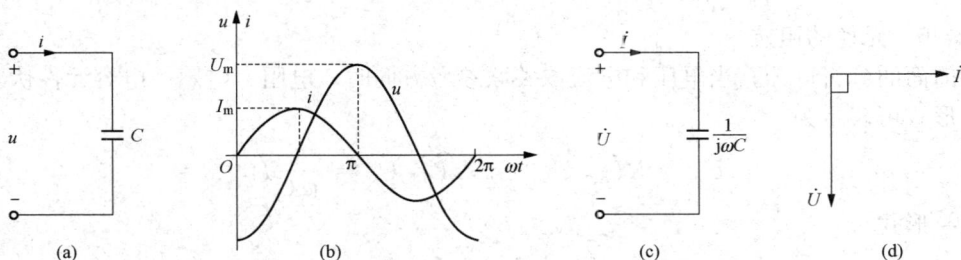

图 4-12　电容元件的交流电路
（a）时域模型；（b）电压与电流的正弦波形；（c）相量模型；（d）相量图

将电压、电流用相量表示

$$\dot{U}_{\mathrm{m}} = U_{\mathrm{m}} \underline{/\varphi_u}, \ \dot{I}_{\mathrm{m}} = I_{\mathrm{m}} \underline{/\varphi_i} = \omega C U_{\mathrm{m}} \underline{/(\varphi_u + 90°)} = \mathrm{j}\omega C U_{\mathrm{m}} \underline{/\varphi_u}$$

则电容元件伏安关系的相量形式为

$$\dot{I}_{\mathrm{m}} = \mathrm{j}\omega C \dot{U}_{\mathrm{m}} \tag{4-34}$$

以电流为自变量时

$$\dot{U}_{\mathrm{m}} = \frac{1}{\mathrm{j}\omega C} \dot{I}_{\mathrm{m}} \text{ 或 } \dot{U} = \frac{1}{\mathrm{j}\omega C} \dot{I} \tag{4-35}$$

电容元件的相量模型如图 4-12（c）所示。反映电容元件电压与电流相量关系的相量图如图 4-12（d）所示（设 $\varphi_i = 0$）。

需要注意，上述各元件伏安关系的相量形式与外接电路无关，当电流的初相改变时，电压的初相同时改变，但电压与电流之间的相位差不变，反映在相量图中就是整个相量图顺时针或逆时针旋转初相改变的角度。反之亦然。

4.4.4　电压源、电流源

电压源、电流源伏安关系的相量形式，在形式上与时域形式完全相同，只要将时域中的电压和电流分别用相量表示即可，如表 4-1 所示。

表 4-1　　　　　　　　电压源、电流源伏安关系的时域形式和相量形式

元件	时域模型	VAR 时域形式	相量模型	VAR 相量形式
电压源		$u=u_s$		$\dot{U}=\dot{U}_s$
电流源		$i=i_s$		$\dot{I}=\dot{I}_s$

4.4.5　元件的阻抗

由前面的分析可知，当电压和电流取关联参考方向时，电阻、电感、电容元件伏安关系的相量形式可表示为

$$\dot{U}_R = R\dot{I}_R, \ \dot{U}_L = j\omega L\dot{I}_L, \ \dot{U}_C = \frac{1}{j\omega C}\dot{I}_C$$

写成统一形式

$$\dot{U} = Z\dot{I} \qquad\qquad (4-36)$$

式（4-36）称为欧姆定律的相量形式，式中 Z 称为元件的阻抗，单位是欧姆（Ω）。显然，电阻、电感、电容元件的阻抗分别为

$$Z_R = R, \ Z_L = j\omega L, \ Z_C = \frac{1}{j\omega C} = -j\frac{1}{\omega C}$$

电感的阻抗通常也写成

$$Z_L = jX_L \qquad\qquad (4-37)$$

式中：$X_L = \omega L$ 称为感抗，当 L 一定时，感抗与电源频率成正比，随频率增加而增大，感抗单位也是欧姆（Ω）。

电容的阻抗通常写成

$$Z_C = -jX_C \qquad\qquad (4-38)$$

式中：$X_C = \dfrac{1}{\omega C}$ 称为容抗，容抗与电源频率成反比，随频率增加而减小，单位为欧姆（Ω）。

综上，电感和电容元件伏安关系的相量形式也可表示为

$$\dot{U}_L = jX_L\dot{I}_L, \ \dot{U}_C = -jX_C\dot{I}_C \qquad\qquad (4-39)$$

【例 4-7】　如图 4-13 所示，已知流过各元件的电流 $i = 2\sqrt{2}\sin(100t+30°)\text{A}$，用相量法求各元件的电压 u。

解　（1）将元件的时域模型转换为相量模型，如图 4-14 所示，其中 $\dot{I} = 2\underline{/30°}\ \text{A}$，$X_L = \omega L = 100 \times 0.1 = 10(\Omega)$，$X_C = \dfrac{1}{\omega C} = \dfrac{1}{100 \times 500 \times 10^{-6}} = 20(\Omega)$

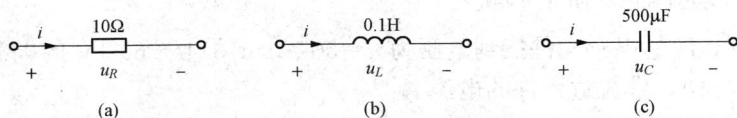

图 4 - 13　【例 4 - 7】的图

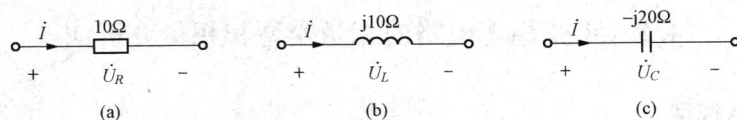

图 4 - 14　元件的相量模型

（2）由元件 VAR 的相量形式可得

$$\dot{U}_R = 10\dot{I} = 10 \times 2\ \underline{/30^\circ} = 20\ \underline{/30^\circ}(\text{V})$$

$$\dot{U}_L = \text{j}10\dot{I} = \text{j}10 \times 2\ \underline{/30^\circ} = 20\ \underline{/120^\circ}(\text{V})$$

$$\dot{U}_C = -\text{j}20\dot{I} = -\text{j}20 \times 2\ \underline{/30^\circ} = 40\ \underline{/-60^\circ}(\text{V})$$

（3）将各电压变换为时域表达式

$$u_R = 20\sqrt{2}\sin(100t + 30^\circ)(\text{V})$$

$$u_L = 20\sqrt{2}\sin(100t + 120^\circ)(\text{V})$$

$$u_C = 40\sqrt{2}\sin(100t - 60^\circ)(\text{V})$$

【例 4 - 8】　分别把 0.2H 的电感和 0.2μF 的电容接到频率 $f_1 = 50$Hz，电压 $U = 220$V 的交流电源上，求流过电感和电容的电流有效值。若电源频率增加到 $f_2 = 500$Hz，流过两个元件的电流有何变化？

解　$f_1 = 50$Hz 时

$$X_L = 2\pi f_1 L = 2 \times 3.14 \times 50 \times 0.2 = 62.8(\Omega),$$

$$X_C = \frac{1}{2\pi f_1 C} = \frac{1}{2 \times 3.14 \times 50 \times 0.2 \times 10^{-6}} = 15.9(\text{k}\Omega)$$

$$I_L = \frac{U}{X_L} = \frac{220}{62.8} = 3.5(\text{A})$$

$$I_C = \frac{U}{X_C} = \frac{220}{15.9 \times 10^3} = 13.84(\text{mA})$$

若电源频率增加到 $f_2 = 500$Hz，则

$$X'_L = 2\pi f_2 L = 10X_L = 628(\Omega)$$

$$X'_C = \frac{1}{2\pi f_2 C} = \frac{1}{10}X_C = 1.59(\text{k}\Omega)$$

$$I'_L = \frac{U}{X'_L} = \frac{220}{628} = 0.35(\text{A}),\ I'_C = \frac{U}{X'_C} = 138.4(\text{mA})$$

🧠 **练习与思考**

1. 关联参考方向下，已知元件两端电压 $u = 100\cos(10t + 45^\circ)$V，电流 $i = 2\sin(10t +$

135°)A，试确定该元件的性质及参数。

2. 如果把 10mH 的电感元件接到电压为 $u=50\sqrt{2}\sin(314t-60°)$V 的电源上，取电压与电流为关联参考方向，求流过元件的电流 i。

3. 已知加在电容元件两端的正弦交流电压有效值 $U=50$V，$C=100\mu$F。分别求电源频率为：（1）$\omega=10$rad/s；（2）$\omega=20$rad/s 时，电容元件的容抗 X_C 及流过元件的电流 I。

4.5　正弦稳态电路的相量模型和相量分析法

4.5.1　相量模型

正弦稳态电路的相量模型由时域模型变换而来，是运用相量法分析计算正弦稳态电路的载体，可按下列方法获得：

（1）保持电路结构、电压和电流参考方向不变；

（2）将电压源的电压、电流源的电流及电路中待求解的电压和电流用相量表示；

（3）RLC 元件的参数用阻抗表示。

4.5.2　相量分析法

在相量模型中，各电流、电压相量服从基尔霍夫定律和元件伏安关系相量形式的约束，对于简单正弦稳态电路可依据以上约束关系进行分析计算，这种方法也称为相量分析法或复数代数法，是求解正弦稳态电路最基本和最常用的方法。

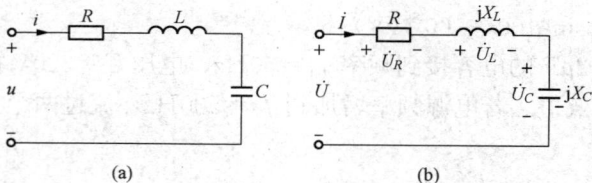

图 4-15　RLC 串联电路
（a）时域模型；（b）相量模型

如图 4-15（a）所示 RLC 串联电路中，设元件参数和电源频率已知，其端口伏安关系的相量形式及端口电压和端口电流的大小关系、相位关系可用相量法分析如下：

画电路的相量模型如图 4-15（b）所示，由 KVL 及 VCR 的相量形式得

$$\dot{U}=\dot{U}_R+\dot{U}_L+\dot{U}_C=R\dot{I}+jX_L\dot{I}-jX_C\dot{I}=[R+j(X_L-X_C)]\dot{I}$$

即端口伏安关系的相量形式为

$$\dot{U}=[R+j(X_L-X_C)]\dot{I} \tag{4-40}$$

将式（4-40）右侧电流 $\dot{I}$ 移到左侧得到

$$\frac{\dot{U}}{\dot{I}}=R+j(X_L-X_C)=\sqrt{R^2+(X_L-X_C)^2}\underline{/\arctan\frac{X_L-X_C}{R}} \tag{4-41}$$

由式（4-41）可知

$$\frac{U}{I}=\sqrt{R^2+(X_L-X_C)^2},\ \varphi_u-\varphi_i=\arctan\frac{X_L-X_C}{R} \tag{4-42}$$

即端口电压和端口电流的大小关系、相位关系与元件参数、电源频率有关。当元件参数、电源频率变化时，端口电压和端口电流的相位关系变化如下：

（1）$R>0$，$X_L>0$，$X_C=0$ ，$0<\varphi_u-\varphi_i<90°$，$\dot{U}$ 比 $\dot{I}$ 超前 0 至 90°，把这种情况称作电路对外呈现电感性；

（2）$R>0$，$X_L=0$，$X_C>0$，$-90°<\varphi_u-\varphi_i<0$，$\dot{U}$ 比 $\dot{I}$ 滞后 0 至 90°，称电路对外呈现电容性；

（3）$R>0$，$X_L-X_C>0$ 时，$0<\varphi_u-\varphi_i<90°$，$\dot{U}$ 比 $\dot{I}$ 超前 0 至 90°，电压和电流相位关系与 1）相似，电路对外呈现电感性；

（4）$R>0$，$X_L-X_C<0$ 时，$-90°<\varphi_u-\varphi_i<0$，$\dot{U}$ 比 $\dot{I}$ 滞后 0 至 90°，电压和电流相位关系与 2）相似，电路对外呈现电容性；

（5）$R>0$，$X_L-X_C=0$ 时，$\varphi_u-\varphi_i=0$，$\dot{U}$ 比 $\dot{I}$ 同相，称电路对外呈现电阻性。

【例 4 - 9】　如图 4 - 15 （a）所示 RLC 串联电路，若 $i(t)=2\sqrt{2}\sin100t\text{A}$，$R=30\Omega$，$L=0.9\text{H}$，$C=200\mu\text{F}$，求电源电压 $u(t)$。

解　若 $i(t)=2\sqrt{2}\sin100t\text{A}$，则 $\dot{I}=2\underline{/0}$ A，相量模型如图 4 - 15 （b）所示，其中

$$X_L=\omega L=100\times0.9=90\Omega,\ X_C=\frac{1}{\omega C}=\frac{1}{100\times200\times10^{-6}}=50\Omega$$

$$\dot{U}=[R+\text{j}(X_L-X_C)]\dot{I}=[30+\text{j}(90-50)]\times2\underline{/0}=50\underline{/53.1°}\times2=100\underline{/53.1°}\text{(V)}$$

相量反变换得

$$u(t)=100\sqrt{2}\sin(100t+53.1°)\text{V}$$

【例 4 - 10】　如图 4 - 16 （a）所示正弦交流电路，已知电压 $U_C=2\text{V}$，$R=X_L=X_C=1\text{k}\Omega$，求电流 I 和电压 U。

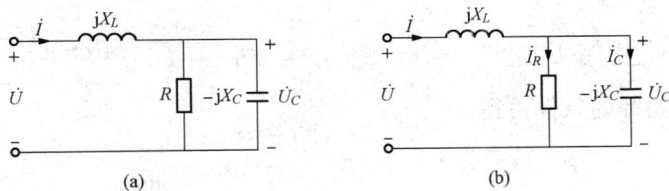

图 4 - 16　【例 4 - 10】图
(a) 电路图一；(b) 电路图二

分析　本题虽然不是简单的 RLC 串联电路，但仍然可根据元件伏安关系及 KCL、KVL 的相量形式求解。

解　设 $\dot{U}_C=2\underline{/0}\text{V}$ 为参考相量，选支路电流参考方向如图 4 - 16 （b）所示，可得

$$\dot{I}_C=\frac{\dot{U}_C}{-\text{j}X_C}=\frac{2\underline{/0}}{-\text{j}10^3}=\text{j}2\text{(mA)},\ \dot{I}_R=\frac{\dot{U}_C}{R}=\frac{2\underline{/0}}{10^3}=2\text{(mA)}$$

$$\dot{I}=\dot{I}_R+\dot{I}_C=2+\text{j}2=2\sqrt{2}\underline{/45°}\text{(mA)}$$

$$\dot{U}=\text{j}X_L\dot{I}+\dot{U}_C=\text{j}10^3\times2\sqrt{2}\times10^3\underline{/45°}+2\underline{/0}=2\sqrt{2}\underline{/135°}+2\underline{/0}$$
$$=-2+\text{j}2+2=\text{j}2\text{(V)}$$

所以

$$I=2\sqrt{2}\approx2.83\text{(mA)},\ U=2\text{V}$$

【例 4 - 11】　如图 4 - 17 （a）所示正弦交流电路，已知电压有效值 $U=100\text{V}$，$U_R=60\text{V}$。求 U_L。

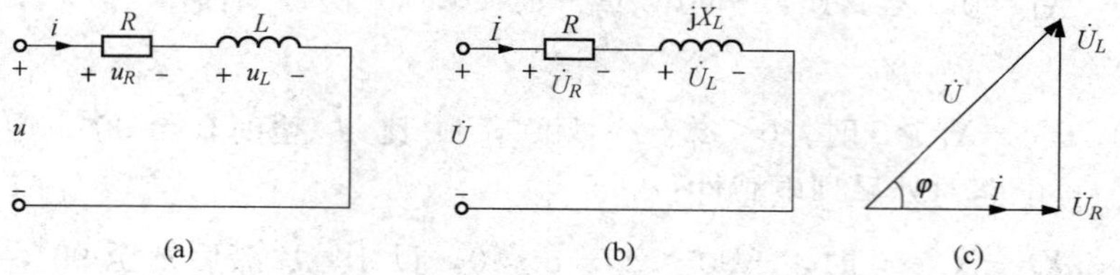

图 4 - 17　【例 4 - 11】图

(a) 时域模型；(b) 相量模型；(c) 相量图

分析　本题的特点只给出了电压有效值的大小，元件参数未知，若应用 KVL 相量形式求解，需先确定各电压的初相位。由于串联电路流过每一个元件的电流相等，因此可将电流作为参考相量，根据元件 VAR 易得各元件上电压初相位，问题得解。

解　画出电路的相量模型如图 4 - 17 (b) 所示。设 $\dot{I} = I \underline{/0^\circ}$ A 为参考相量，则

$$\dot{U}_R = 60 \underline{/0^\circ} \text{V}, \dot{U}_L = U_L \underline{/90^\circ} = jU_L \text{V}, \dot{U} = 100 \underline{/\varphi} \text{V}$$

由 KVL 得

$$\dot{U} = \dot{U}_R + \dot{U}_L$$

即

$$100 \underline{/\varphi} = 60 \underline{/0^\circ} + U_L \underline{/90^\circ}$$

又等式右边

$$60 \underline{/0^\circ} + U_L \underline{/90^\circ} = 60 + jU_L = \sqrt{60^2 + U_L^2} \underline{/\arctan \frac{U_L}{60}}$$

根据两个复数相等的条件可得

$$\sqrt{60^2 + U_L^2} = 100, \varphi = \arctan \frac{U_L}{60}$$

解得 $U_L = 80$V

本题也可以借助相量图求解，设 $\dot{I} = I \underline{/0^\circ}$ A 为参考相量，定性画出反映各电压相量及其关系的相量图如图 4 - 17 (c) 所示。由 KVL 及勾股定理可得

$$U_L = \sqrt{U^2 - U_R^2} = \sqrt{100^2 - 60^2} = 80(\text{V})$$

可见，借助相量图可简化对电路的求解过程，这种方法一般适用于单电源且结构比较简单的仅由 R、L、C 组成的电路，电压或电流之间具有特殊的相位关系。画相量图时，一般串联电路选电流为参考相量，并联电路选电压为参考相量，混联电路选离端口最远的支路电压或电流为参考相量，然后根据元件伏安关系、KCL、KVL 逐步画出电路中所有电流和电压相量，再结合已知条件及平面几何知识求解电路。

练习与思考

1. 如图 4 - 15 (b) 所示 RLC 串联交流电路，若 $I = 2$A，$R = 20\Omega$，$X_L = 60\Omega$，$X_C = 80\Omega$，求端口电压有效值、端口电压与电流的相位差，说明电路对外呈现什么性质？

2. 如图 4 - 15 (b) 所示 RLC 串联的交流电路，若 $U_R = 30$V，$U_L = 70$V，$U_C = 40$V，求

电源电压有效值 U。

3. 如图 4-18 所示 RLC 并联的正弦交流电路，已知各元件上电流有效值分别为 $I_R=0.3\text{A}$，$I_L=0.8\text{A}$，$I_C=0.4\text{A}$，求电源电流有效值 I。

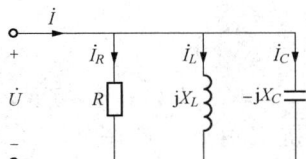

4. 如图 4-19 所示正弦稳态电路中，$i_s(t)=2\sqrt{2}\sin2t\text{A}$，$u_s(t)=20\sqrt{2}\sin5t\text{V}$。用相量分析法求未知电压和电流。

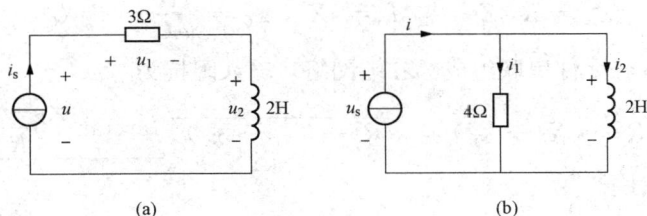

图 4-18　练习与思考 3 的图

图 4-19　练习与思考 4 的图

4.6　阻抗的串并联等效化简

4.6.1　阻抗的定义

如图 4-20（a）所示 N_0 为仅由 R、L、C 连接组成的二端网络，取端口电压、电流为关联参考方向，将端口电压相量与端口电流相量之比定义为该二端网络的输入阻抗，简称为阻抗。用符号 Z 表示，即

$$Z = \frac{\dot{U}_m}{\dot{I}_m} = \frac{\dot{U}}{\dot{I}} \tag{4-43}$$

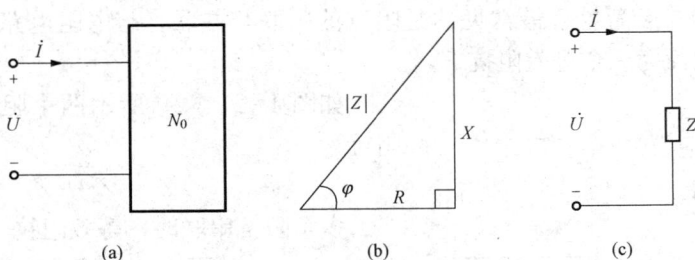

图 4-20　二端网络的阻抗

（a）二端网络；（b）阻抗三角形；（c）阻抗的符号

由于 $\dot{U}$，$\dot{I}$ 均为复数，所以 Z 也是一个复数，也称为复阻抗，其一般形式可写为

$$Z = |Z| \underline{/\varphi_z} = R + jX \tag{4-44}$$

式中：$|Z|$ 称为阻抗的模；φ_z 称为阻抗角；R 称为电阻部分；X 称为电抗部分。它们之间的关系为

$$|Z| = \sqrt{R^2 + X^2}, \quad \varphi_z = \arctan\frac{X}{R} \tag{4-45}$$

或

$$R = |Z|\cos\varphi_z, \quad X = |Z|\sin\varphi_z \tag{4-46}$$

可见，$|Z|$，φ_z 与 R，X 之间的关系可用一个直角三角形表示，该直角三角形称为阻抗三角形，如图 4-21（b）所示。在国际单位制中，Z、$|Z|$、R、X 的单位均为 Ω（欧姆）。

显然，电阻、电感、电容元件是最简单的二端网络，它们的阻抗分别为

$$Z_R = R, \quad Z_L = j\omega L = jX_L, \quad Z_C = \frac{1}{j\omega C} = -jX_C$$

电阻、电感、电容元件串联组成的二端网络，输入阻抗为

$$Z = R + j(X_L - X_C) = \sqrt{R^2 + (X_L - X_C)^2}\ \underline{/\arctan\dfrac{X_L - X_C}{R}}$$

4.6.2 阻抗的性质

由阻抗的定义可知

$$|Z| = \frac{U}{I} = \frac{U_m}{I_m}, \quad \varphi_z = \varphi_u - \varphi_i \tag{4-47}$$

式（4-47）表明：阻抗 $|Z|$ 大小反映了二端网络端口电压与端口电流有效值（最大值）之间的大小关系；阻抗角 φ_z 反映了端口电压与端口电流的相位关系。

对于一般的二端网络，若已知输入阻抗 $Z = R + jX = |Z|\underline{/\varphi_z}$，则当 $R > 0$，$X > 0$ 时，$0 < \varphi_z < 90°$，即端口电流比端口电压滞后一个 φ_z 角，网络对外呈现电感性，称该网路为电感性网络；当 $R > 0$，$X < 0$ 时，$90° < \varphi_z < 0$，即端口电压比端口电流滞后一个 φ_z 角，网络对外呈现电容性；称该网路为电容性网络；当 $R > 0$，$X = 0$ 时，$\varphi_z = 0$，端口电压与端口电流同相，网络对外呈现电阻性，称该网路为电阻性网络。

4.6.3 阻抗的串联

元件和元件相连或二端网络相互连接都可组成新的网络，当转化为相量模型后，就相当于阻抗的相互连接，最简单且最常见的是阻抗的串联与并联。与电阻电路类似，阻抗的串联、并联可等效化简为一个等效阻抗 Z。

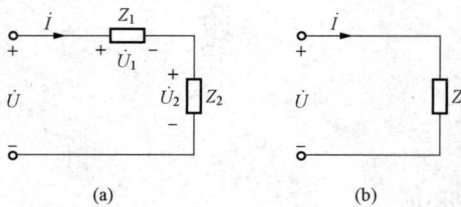

图 4-21 阻抗的串联及其等效化简
(a) 阻抗的串联；(b) 等效电路

如图 4-21（a）所示两个阻抗串联，其等效阻抗

$$Z = Z_1 + Z_2 \tag{4-48}$$

多个阻抗串联时，等效阻抗

$$Z = \sum Z_k = \sum R_k + j\sum X_k \tag{4-49}$$

阻抗串联时，也有分压作用。以图 4-21（a）所示两个阻抗串联的电路为例，设端口电压 $\dot{U}$ 已知，则阻抗 Z_1、Z_2 上的电压为

$$\begin{cases} \dot{U}_1 = \dfrac{Z_1}{Z_1 + Z_2}\dot{U} \\[2mm] \dot{U}_2 = \dfrac{Z_2}{Z_1 + Z_2}\dot{U} \end{cases} \tag{4-50}$$

式（4-50）与直流电阻电路的分压公式在形式上是相似的，不同的是电压变成了相量，

电阻变成了阻抗，实数运算变成了复数运算。

4.6.4 阻抗的并联

图 4 - 22（a）所示电路为两个阻抗并联，可用一个等效阻抗 Z 等效代替，如图 4 - 22（b）所示，且

$$\frac{1}{Z} = \frac{1}{Z_1} + \frac{1}{Z_2}$$

或

$$Z = \frac{Z_1 Z_2}{Z_1 + Z_2} \qquad (4 - 51)$$

并联阻抗具有分流作用。以如图 4 - 22（a）所示电路为例，设电流 $\dot{I}$ 已知，阻抗 Z_1、Z_2 上的分流公式为

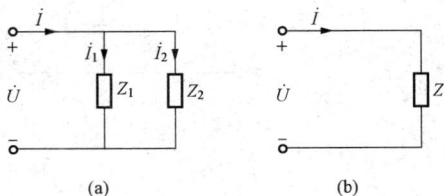

图 4 - 22 阻抗的并联及其等效化简
(a) 阻抗的并联；(b) 等效电路

$$\begin{cases} \dot{I}_1 = \dfrac{Z_2}{Z_1 + Z_2}\dot{I} \\[3mm] \dot{I}_2 = \dfrac{Z_1}{Z_1 + Z_2}\dot{I} \end{cases} \qquad (4 - 52)$$

式（4 - 52）与直流电阻电路的分流公式在形式上也是相似的，不同的是式（4 - 52）为复数运算。

需要说明的是等效阻抗与输入阻抗虽然概念不同，但数值是相等的。

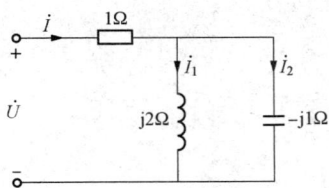

图 4 - 23 【例 4 - 12】图

【**例 4 - 12**】 如图 4 - 23 所示电路，已知电源电压 $\dot{U} = 20\ \underline{/30^\circ}$ V。求（1）输入阻抗 Z，并说明该电路性质；（2）求各支路电流 $\dot{I}$，$\dot{I}_1$，$\dot{I}_2$。

解 （1）该电路为三个元件的混联，将每一个元件看成是一个阻抗，根据阻抗串并联等效化简公式可得

$$Z = 1 + \frac{j2 \times (-j1)}{j2 - j1} = 1 - j2 = 2.236\ \underline{/-63.4^\circ}\ (\Omega)$$

$\varphi_z = -63.4^\circ$，即端口电压比端口电流滞后 63.4°，该电路对外呈电容性。

（2）由阻抗定义式可得

$$\dot{I} = \frac{\dot{U}}{Z} = \frac{20\ \underline{/30^\circ}}{2.236\ \underline{/-63.4^\circ}} = 8.95\ \underline{/93.4^\circ}\ (A)$$

根据分流公式得

$$\dot{I}_1 = \frac{-j1}{j2 - j1} \times 8.95\ \underline{/93.4^\circ} = 8.95\ \underline{/-86.6^\circ}\ (A),$$

$$\dot{I}_2 = \frac{j2}{j2 - j1} \times 8.95\ \underline{/93.4^\circ} = 17.9\ \underline{/93.4^\circ}\ (A)$$

【**例 4 - 13**】 图 4 - 24（a）所示电路中，已知 $U_1 = 10$V，求 U 和 I。

解 方法 1 将电路中各支路用阻抗等效替换，如图 4 - 24（b）所示，再应用支路 VAR 和 KCL、KVL 的相量形式求解。设 $\dot{U}_1 = 10\ \underline{/0^\circ}$V 为参考相量，则

$$\dot{I}_1 = \frac{\dot{U}_1}{Z_1} = \frac{10\ \underline{/0^\circ}}{5 - j5} = \sqrt{2}\ \underline{/45^\circ}\ (A)$$

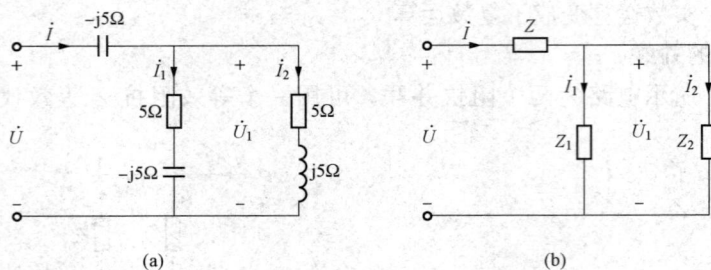

图 4 - 24　【例 4 - 13】图

$$\dot{I}_2 = \frac{\dot{U}_1}{Z_2} = \frac{10 \underline{/0^\circ}}{5 + \mathrm{j}5} = \sqrt{2} \underline{/-45^\circ} (\mathrm{A})$$

$$\dot{I} = \dot{I}_1 + \dot{I}_2 = \sqrt{2} \underline{/45^\circ} + \sqrt{2} \underline{/-45^\circ} = 2(\mathrm{A})$$

$$\dot{U} = -\mathrm{j}5\dot{I} + \dot{U}_1 = 10\sqrt{2} \underline{/-45^\circ} (\mathrm{V})$$

所以

$$I = 2\mathrm{A}, U = 10\sqrt{2} = 14.14\mathrm{V}$$

方法 2　将电路中各支路用阻抗等效替换，如图 4 - 24 （b） 所示，求并联支路等效阻抗 Z_{12}

$$Z_{12} = \frac{Z_1 Z_2}{Z_1 + Z_2} = \frac{(5 - \mathrm{j}5) \times (5 + \mathrm{j}5)}{(5 - \mathrm{j}5) + (5 + \mathrm{j}5)} = \frac{5\sqrt{2} \underline{/-45^\circ} \times 5\sqrt{2} \underline{/45^\circ}}{10} = 5 \underline{/0^\circ} (\Omega)$$

设 $\dot{U}_1 = 10 \underline{/0^\circ} \mathrm{V}$ 为参考相量，则

$$\dot{I} = \frac{\dot{U}_1}{Z_{12}} = \frac{10 \underline{/0^\circ}}{5 \underline{/0^\circ}} = 2(\mathrm{A})$$

$$\dot{U} = -\mathrm{j}5\dot{I} + \dot{U}_1 = 10\sqrt{2} \underline{/-45^\circ} (\mathrm{V})$$

$$I = 2\mathrm{A}, U = 10\sqrt{2} = 14.14\mathrm{V}$$

【例 4 - 14】　如图 4 - 25 （a） 所示 RLC 串联电路，已知 $u(t) = 20\sin(10^3 t + 45^\circ)\mathrm{V}$，$i(t) = (5\sqrt{2}\sin 10^3 t)\mathrm{A}$，$C = 250\mu\mathrm{F}$。求 R，L 的值。

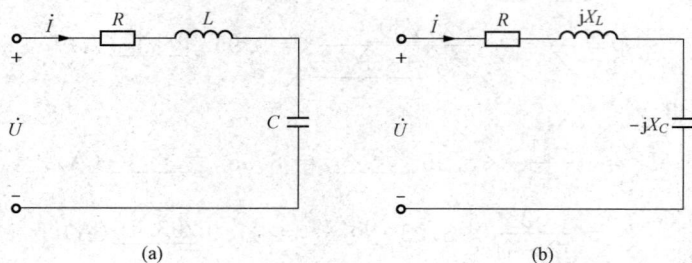

图 4 - 25　【例 4 - 14】图

解　画相量模型如图 4 - 25 （b） 所示，由已知得

$$\dot{U} = 10\sqrt{2} \underline{/45^\circ} \mathrm{V}, \dot{I} = 5 \underline{/0^\circ} \mathrm{A}$$

输入阻抗

$$Z = \frac{\dot{U}}{\dot{I}} = \frac{10\sqrt{2}\ \underline{/45°}}{5\ \underline{/0}} = 2\sqrt{2}\ \underline{/45°} = (2+\text{j}2)(\Omega)$$

又因为

$$Z = R + \text{j}(X_L - X_C)$$

$$X_C = \frac{1}{\omega C} = \frac{1}{10^3 \times 250 \times 10^6} = 4(\Omega)$$

所以

$$R = 2\Omega,\ X_L = 2 + X_C = 6(\Omega),\ L = \frac{X_L}{\omega} = \frac{6}{10^3} = 6(\text{mH})$$

练习与思考

1. 什么是电感性网络和电容性网络？其特点是什么？

2. RLC 串联的交流电路，已知 $R=30\Omega$，$X_L=70\Omega$，$X_C=40\Omega$，电源电压 $U=60$V，求电路中电流有效值 I。

3. RC 并联电路，如果电源电压有效值 $U=50$V，电流有效值 $I=70.7$mA，电源频率 $f=50$Hz，电阻 $R=1$kΩ。求电容 C 为多少？

4.7　正弦稳态电路的功率

正弦交流电路的一个主要用途就是传输功率，因此功率计算具有重要意义。由于电压和电流随时间交变，交流电路的功率与直流电路有所不同，下面首先分析单一元件的功率特点及计算方法，再讨论二端网络的功率及其计算。

4.7.1　电阻元件的功率

如图 4-10（a）所示电阻元件，设端口电流和端口电压

$$i(t) = I_\text{m}\sin\omega t,\ u(t) = U_\text{m}\sin\omega t$$

则任意瞬间电阻元件吸收的功率

$$p(t) = u(t)i(t) = U_\text{m}I_\text{m}\sin^2\omega t = \frac{U_\text{m}I_\text{m}}{2}(1-\cos 2\omega t) = UI(1-\cos 2\omega t) \quad (4\text{-}53)$$

式中：$p(t)$ 也称为电阻元件的瞬时功率，它由两部分组成：第一部分是常数 UI，第二部分是幅值为 UI，角频率为 2ω 随时间变化的正弦量。$p(t)$ 随时间变化曲线如图 4-26 所示，可见，$p(t)\geqslant0$，说明电阻元件总是从外电源吸收电能，是耗能元件。

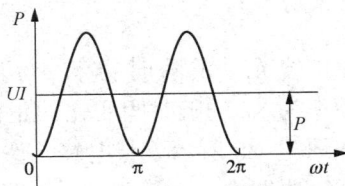

图 4-26　电阻元件的瞬时功率波形

瞬时功率在一个周期内的平均值称为平均功率，用大写符号 P 表示，电阻元件的平均功率

$$P = \frac{1}{T}\int_0^T p(t)\text{d}t = \frac{1}{T}\int_0^T UI(1-\cos 2\omega t)\text{d}t = UI \quad (4\text{-}54)$$

式中：U 和 I 是电阻元件端电压和端电流的有效值。根据伏安关系可推出如下计算公式

$$P = UI = RI^2 = \frac{U^2}{R} \qquad (4-55)$$

在国际单位制里，瞬时功率和平均功率的单位都是瓦特（W）。

4.7.2 电感元件的功率

如图 4-11（a）所示电感元件，设端口电流和端口电压

$$i(t) = I_\mathrm{m}\sin\omega t , \ u(t) = U_\mathrm{m}\sin(\omega t + 90°)$$

则电感元件的瞬时功率

$$p(t) = u(t)i(t) = U_\mathrm{m}I_\mathrm{m}\sin\omega t \sin(\omega t + 90°)$$

$$= U_\mathrm{m}I_\mathrm{m}\sin\omega t \cos\omega t = \frac{U_\mathrm{m}I_\mathrm{m}}{2}\sin2\omega t = UI\sin2\omega t \qquad (4-56)$$

可见，电感元件的瞬时功率 $p(t)$ 是一个以 UI 为幅值，2ω 为角频率随时间变化的正弦量。其随时间变化曲线如图 4-27 所示，在第一个和第三个 1/4 周期内，$p(t)>0$，说明这期间电感元件吸收电能，并将电能转化为磁场能量储存起来；在第二个和第四个 1/4 周期内，$p(t)<0$，说明电感元件将其储存的磁场能量转化为电能量释放出来。

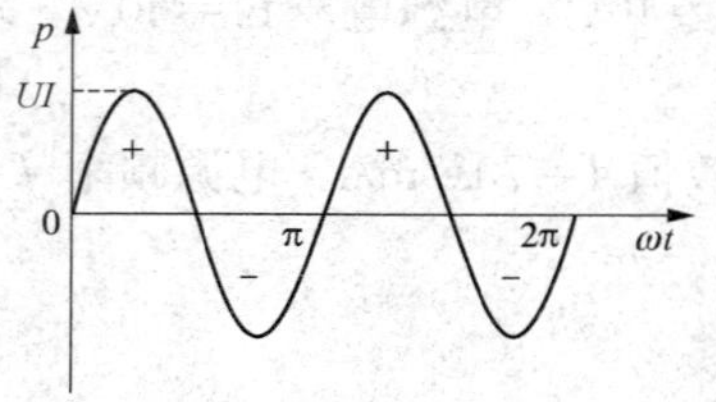

图 4-27 电感元件的瞬时功率波形

电感元件的平均功率

$$P = \frac{1}{T}\int_0^T p(t)\mathrm{d}t = \frac{1}{T}\int_0^T UI\sin2\omega t\, \mathrm{d}t = 0 \quad (4-57)$$

式（4-57）表明电感元件在正弦交流激励下不消耗电能，只是和外电路进行能量互换。电工理论中，将元件与外电路进行互换的功率幅值定义为元件的无功功率，并用大写符号 Q 表示。电感元件的无功功率

$$Q_L = UI = X_L I^2 = \frac{U^2}{X_L} \qquad (4-58)$$

无功功率的单位用（乏）var 表示。在功率的计算过程中，无功功率与有功功率对应，故将平均功率称为有功功率。

4.7.3 电容元件的功率

如图 4-12（a）所示电容元件，设端口电流和端口电压

$$i(t) = I_\mathrm{m}\sin\omega t , \ u(t) = U_\mathrm{m}\sin(\omega t - 90°)$$

则电容元件的瞬时功率

$$p(t) = u(t)i(t) = U_\mathrm{m}I_\mathrm{m}\sin\omega t \sin(\omega t - 90°)$$

$$= -U_\mathrm{m}I_\mathrm{m}\sin\omega t \cos\omega t = -\frac{U_\mathrm{m}I_\mathrm{m}}{2}\sin2\omega t = -UI\sin2\omega t \quad (4-59)$$

可见电容元件的瞬时功率 $p(t)$ 也是一个幅值为 UI，角频率为 2ω 的随时间变化的正弦量。其随时间变化曲线如图 4-28 所示，与电感元件相反，在第二个和第四个 1/4 周期内，$p(t)>0$，这期间电容元件吸收电能，并将电能转化为电场能量储存起来；在第一个和第三个 1/4 周期内，$p(t)<0$，这期间电容元件将其储存的电场能量转化为电能量释放出来。

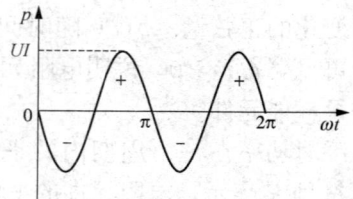

电容元件的平均功率

图 4-28 电容元件的瞬时功率波形

$$P = \frac{1}{T}\int_0^T p(t)\mathrm{d}t = \frac{1}{T}\int_0^T -UI\sin2\omega t\,\mathrm{d}t = 0 \qquad (4\text{-}60)$$

式（4-60）表明电容元件也不消耗电能，只是和外电路进行能量互换。电容元件的无功功率

$$Q_C = -UI = -X_C I^2 = -\frac{U^2}{X_C} \qquad (4\text{-}61)$$

由式（4-58）和式（4-61）可知，电感元件的无功功率大于零，称作电感性无功，电容元件的无功功率小于零，称作电容性无功。

4.7.4　二端网络的功率

如图 4-29 所示正弦稳态电路，划分为两个二端网络，N_s 表示电源部分，N_L 是由 R、L、C 相互连接组成的负载部分，一般情况下 N_s 和 N_L 两个网络之间既有有功功率传递，又有无功功率传递。设端口电流和端口电压分别为

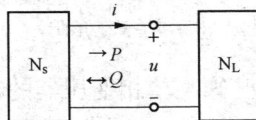

图 4-29　二端网络的功率

$$i(t) = \sqrt{2}I\sin(\omega t + \varphi_i),\ u(t) = \sqrt{2}U\sin(\omega t + \varphi_u)$$

则瞬时功率为

$$\begin{aligned}
p &= ui = 2UI\sin(\omega t + \varphi_i)\sin(\omega t + \varphi_u)\\
&= UI[\cos(\varphi_u - \varphi_i) - \cos(2\omega t + \varphi_u + \varphi_i)]\\
&= UI[\cos(\varphi_u - \varphi_i) - \cos(2\omega t + 2\varphi_i + \varphi_u - \varphi_i)]\\
&= UI\cos(\varphi_u - \varphi_i)[1 - \cos(2\omega t + 2\varphi_i)] + UI\sin(\varphi_u - \varphi_i)\sin(2\omega t + 2\varphi_i)\\
&= p' + p'' \qquad (4\text{-}62)
\end{aligned}$$

式（4-62）中 $p'=UI\cos(\varphi_u-\varphi_i)[1-\cos(2\omega t+2\varphi_i)]$，$p''=UI\sin(\varphi_u-\varphi_i)\sin(2\omega t+2\varphi_i)$，$p'\geqslant0$ 为不可逆功率分量，也称有功分量，相对应的这部分能量将被 N_L 吸收或消耗掉。p'' 有时为正，有时为负，且其平均值为零，表明对应的这部分能量是在 N_s 和 N_L 之间交换，并没有做功，将 p'' 称为瞬时功率的无功分量。按照有功功率（平均功率）和无功功率的定义可得 N_s 向 N_L 提供的有功功率、无功功率分别为

$$P = UI\cos(\varphi_u - \varphi_i) = UI\cos\varphi \qquad (4\text{-}63)$$
$$Q = UI\sin(\varphi_u - \varphi_i) = UI\sin\varphi \qquad (4\text{-}64)$$

式（4-63）、式（4-64）中的 U 和 I 是二端网络端口电压 u 和端口电流 i 的有效值；$\varphi=\varphi_u-\varphi_i$ 是端口电压 u 和端口电流 i 的相位差。当 $0<\varphi<90°$ 时，$Q>0$，称为电感性无功，网络 N_L 对外呈现电感性；当 $-90°<\varphi<0$ 时，$Q<0$，称为电容性无功，网络 N_L 对外呈现电容性。由于有功功率和无功功率与端口电压、端口电流的有效值乘积成正比，在电工技术中，将二端网络端口电压和端口电流有效值的乘积定义为视在功率，用大写符号 S 表示，即

$$S = UI \qquad (4\text{-}65)$$

视在功率的单位是 VA（伏安）或 kVA（千伏安）。由式（4-62）可知

$$P = UI\cos\varphi = S\cos\varphi \qquad (4\text{-}66)$$

显然，视在功率 S 反映了二端网络可能提供或获得的最大有功功率。当 S 一定时，P 的大小由 $\cos\varphi$ 决定，故将 $\cos\varphi$ 称作二端网络的功率因数，用符号 λ 表示，即

$$\lambda = \cos\varphi \qquad (4\text{-}67)$$

考虑到 $\cos\varphi$ 是个偶函数，已知 $\cos\varphi$ 大小时，不能确定网络性质，一般在给出 λ 的同时，后边要标注电感性或电容性。如已知 $\lambda=0.6$（电感性），则 $\varphi=53.13°$，若已知 $\lambda=0.6$（电容性），则 $\varphi=-53.13°$。

P，Q，S 和 $\cos\varphi$ 之间的关系可用一个直角三角形表示，称作功率三角形，如图 4-30 所示。显然

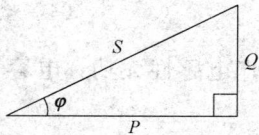

$$S=\sqrt{P^2+Q^2},\ \varphi=\arctan\frac{Q}{P}$$

$$P=S\cos\varphi,\ Q=S\sin\varphi$$

图 4-30 功率三角形

对于发电机和变压器而言，其电路性能相当于图 4-29 中的 N_s。在电力系统中，将其额定视在功率称作为它们的额定容量。例如已知某单相变压器的额定电压 $U_N=10\text{kV}$，额定电流 $I_N=6\text{A}$，则其容量 $S_N=U_NI_N=10\times10^3\times6=60(\text{kVA})$。

对于 N_L，若其等效阻抗为 $Z=|Z|\underline{/\varphi_z}=R+\text{j}X$，则

$$P=UI\cos\varphi=|Z|I^2\cos\varphi_Z=RI^2 \tag{4-68}$$

$$Q=UI\sin\varphi=|Z|I^2\sin\varphi_Z=XI^2 \tag{4-69}$$

4.7.5 功率守恒定律

在图 4-29 所示的正弦稳态电路中，功率守恒定律可描述为电源部分 N_s 提供的有功功率、无功功率等于二端网络 N_L 内部所有元件吸收的对应功率的代数和。数学表达式为

$$P=\sum P_k,\ Q=\sum Q_k \tag{4-70}$$

式中：P_k、Q_k 分别表示二端网络 N_L 内部第 k 条支路或第 k 个元件吸收的有功功率、无功功率。

【例 4-15】 如图 4-31（a）所示电路，已知 $U=220\text{V}$，$R_1=4\Omega$，$X_L=8\Omega$，$R_2=5\Omega$，$X_C=10\Omega$。求：（1）各串联支路的功率因数、有功功率和无功功率；（2）整个电路的功率因数、有功功率和无功功率。

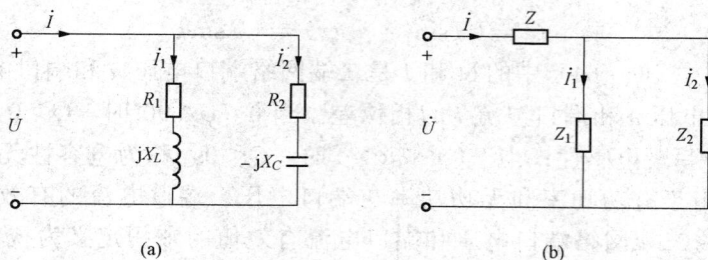

图 4-31 【例 4-15】的图

解 （1）把每条串联支路看成一个二端网络，求支路等效阻抗，如图 4-31（b）所示

$$Z_1=R_1+\text{j}X_L=4+\text{j}8=8.94\ \underline{/63.43°}\ (\Omega)$$

$$Z_2=R_2-\text{j}X_C=5-\text{j}10=11.18\ \underline{/-63.43°}\ (\Omega)$$

根据无源二端网络 $\varphi = \varphi_z$，可得各串联支路的功率因数

$$\lambda_1 = \cos\varphi_1 = \cos 63.43° = 0.45(\text{电感性})$$
$$\lambda_2 = \cos\varphi_2 = \cos(-63.43°) = 0.45(\text{电容性})$$

由阻抗定义可得

$$I_1 = \frac{U}{|Z_1|} = \frac{220}{8.94} = 24.61(\text{A}), \quad I_2 = \frac{U}{|Z_2|} = \frac{220}{11.18} = 19.68(\text{A})$$

各串联支路有功功率和无功功率

$$P_1 = UI_1\cos\varphi_1 = 220 \times 24.61 \times 0.45 = 2.42(\text{kW})$$
$$P_2 = UI_2\cos\varphi_2 = 220 \times 19.68 \times 0.45 = 1.94(\text{kW})$$
$$Q_1 = UI_1\sin\varphi_1 = 220 \times 24.61 \times 0.89 = 4.84(\text{kvar})$$
$$Q_2 = UI_2\sin\varphi_2 = 220 \times 19.68 \times (-0.89) = -3.87(\text{kvar})$$

或

$$P_1 = R_1 I_1^2 = 4 \times 24.61^2 = 2.42(\text{kW})$$
$$P_2 = R_2 I_2^2 = 5 \times 19.68^2 = 1.94(\text{kW})$$
$$Q_1 = X_L I_1^2 = 8 \times 24.61^2 = 4.84(\text{kvar})$$
$$Q_2 = -X_C I_2^2 = 10 \times 19.68^2 = -3.87(\text{kvar})$$

(2) 设 $\dot{U} = 220\underline{/0}\text{V}$，则

$$\dot{I}_1 = 24.608\underline{/-63.43°}\text{A}, \quad \dot{I}_2 = 19.68\underline{/63.43°}\text{A}$$
$$\dot{I} = \dot{I}_1 + \dot{I}_2 = 24.608\underline{/-63.43°} + 19.68\underline{/63.43°}$$
$$\approx 11 - \text{j}22 + 8.8 + \text{j}17.6 = 19.8 - \text{j}4.4 = 20.28\underline{/-12.53°}(\text{A})$$

整个电路的功率因数

$$\lambda = \cos\varphi = \cos[0 - (-12.53°)] = \cos 12.53° = 0.98(\text{电感性})$$

电源提供的有功功率和无功功率

$$P = UI\cos\varphi = 220 \times 20.28 \times 0.976 = 4.36(\text{kW})$$
$$Q = UI\sin\varphi = 220 \times 20.28 \times 0.217 = 0.97(\text{kvar})$$

或由功率守恒得

$$P = P_1 + P_2 = 2.42 + 1.94 = 4.36(\text{kW})$$
$$Q = Q_1 + Q_2 = 4.84 \quad 3.87 = 0.97(\text{kvar})$$
$$\lambda = \frac{P}{\sqrt{P^2 + Q^2}} = \frac{4.36}{\sqrt{4.36^2 + 0.97^2}} = \frac{4.36}{4.47} = 0.98(\text{电感性})$$

【例 4 - 16】 如图 4 - 32 （a） 所示电路，已知 $\dot{I}_s = 5\underline{/90°}\text{A}$，$Z_1 = Z_2 = \text{j}80\Omega$，$Z_3 = 20\Omega$，$Z = 10\Omega$，求电流 $\dot{I}$ 及电流源提供的有功功率 P。

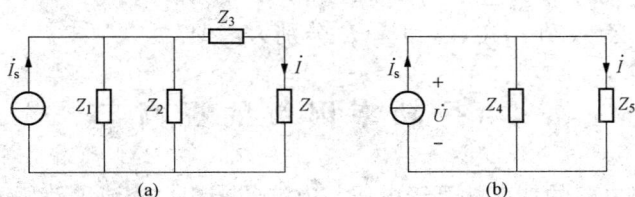

图 4 - 32 【例 4 - 16】 的图

解 利用等效变换化简电路如图 4-32（b）所示，图中

$$Z_4 = \frac{Z_1 Z_2}{Z_1 + Z_2} = j40(\Omega), \quad Z_5 = Z_3 + Z = 30(\Omega)$$

利用分流公式求电流 $\dot{I}$

$$\dot{I} = \frac{Z_4}{Z_4 + Z_5} \times \dot{I}_s = \frac{j40}{30 + j40} \times 5 \underline{/90^\circ} = \frac{200 \underline{/180^\circ}}{50 \underline{/53.13^\circ}} = 4 \underline{/126.87^\circ}(A)$$

电流源两端电压及其提供的有功功率为

$$\dot{U} = \dot{I} Z_5 = 4 \underline{/126.87^\circ} \times 30 = 120 \underline{/126.87^\circ}(V)$$

$$P = UI_s \cos\varphi = 120 \times 5 \times \cos(126.87^\circ - 90^\circ) = 480(W)$$

练习与思考

1. 在 20Ω 电阻上加正弦电源时，电阻消耗的功率为 $300W$，求电源电压及电流的有效值。

2. 如图 4-33 所示二端网络，已知电源电压 $U = 100V$，求各元件的功率。

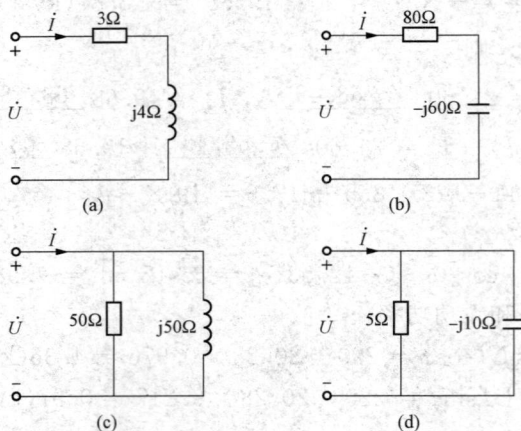

图 4-33 练习与思考 2 的图

3. 已知无源二端网络端电压有效值为 $440V$，频率为 $50Hz$ 时，有功功率为 $20kW$，无功功率为 $10kvar$，求其串联等效电路中元件的参数值。

4. 计算以下各题，说明二端网络的性质：

（1）$\dot{U} = 20 \underline{/30^\circ}V$，$\dot{I} = 2 \underline{/-30^\circ}A$，$Z$ 和 P 分别为多少？

（2）$\dot{U} = 100 \underline{/0^\circ}V$，$Z = 20 \underline{/-45^\circ}A$，$\dot{I}$ 和 P 分别为多少？

（3）$U = 200V$，$Z = (30 + j40)\Omega$，I 和 P 分别为多少？

4.8 功率因数的提高

众所周知，直流电路的功率就等于电压与电流的乘积。交流电路则不然，如图 4-30 所

示，电源在额定电压和额定电流下向负载输送的有功功率

$$P = U_N I_N \cos\varphi = S_N \cos\varphi \qquad (4-71)$$

式（4-70）中的 $\cos\varphi$ 是由负载的参数和电源频率共同决定的，当负载是电阻性负载时，$\cos\varphi = 1$，$P = S_N$；当负载是电感性或电容性负载时，$\cos\varphi < 1$，电源向负载输送的有功功率 $P < S_N$。

在电力系统中，电感性负载占总负载的 70% 以上，例如在生产中最常用的异步电动机，其额定负载时的功率因数约为 0.7～0.9，轻载和空载时就更低，空载时只有 0.2～0.3。其他如日光灯、电焊变压器、工频炉等负载的功率因数也都是较低的。

当电路的功率因数小于 1 时，存在两个问题：

（1）电源设备的容量不能充分利用。

例如一台发电机的容量是 75MVA，若负载的功率因数 $\cos\varphi = 1$ 时，发电机输送的有功功率就是 75MW；若功率因数 $\cos\varphi = 0.7$，则发电机输送的有功功率 $P = 75 \times 0.7 = 52.5$（MW），无功功率 $Q = \sqrt{S^2 - P^2} = 53.56$Mvar。显然，当 $\cos\varphi < 1$ 时电源设备的容量不能充分利用。

（2）增加线路和发电机绕组的功率损耗。

当电源的电压 U 和输送的有功功率 P 一定时，功率因数 $\cos\varphi$ 越小，则线路电流 $I = \dfrac{P}{U\cos\varphi}$ 越大。线路和发电机绕组的功率损耗 $\Delta P = rI^2$ 就越大。

（3）线路压降增加，导致用户电压下降。

与（2）相同情况下，线路电流大还会使得线路压降增加，导致用户电压下降，甚至不合格。

因此，提高功率因数具有重要的经济意义。按照供电原则，高压供电的工业企业平均功率因数不能低于 0.95，其他单位不能低于 0.9。

要提高功率因数 $\cos\varphi$ 的值，必须想办法减小功率因数角 φ 的值。如在工业企业中广泛应用的异步电动机，相当于电感性负载。为了提高这类负载的功率因数，可以在负载端并联合适的静电电容器或过励的同步电动机（设置在用户或变电站中）。

【例 4-17】 如图 4-34（a）所示，有一电感性负载，其功率 $P = 10$kW，功率因数 $\cos\varphi_1 = 0.6$，接在电压 $U = 220$V 的电源上，电源频率 $f = 50$Hz。（1）若要将电路的功率因数提高到 $\cos\varphi_2 = 0.95$（电感性），求需要并联电容器的电容值。分析并联电容器前后电感性负载和电源的电流、功率因数、有功功率及无功功率有何变化。（2）若要将功率因数从 0.95 再提高到 1，求需要增加电容器的电容值。

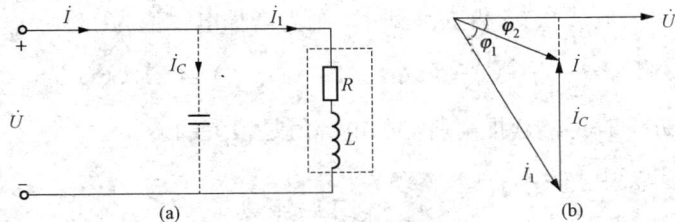

图 4-34 【例 4-17】的图
(a) 电路图；(b) 相量图

分析　由图 4 - 34（a）可知，在并联电容器之前，电源提供的电流等于电感性负载电流，即

$$I_1 = \frac{P}{U\cos\varphi_1} \qquad\qquad (4-72)$$

并联电容器之后，由于电源电压不变，感性负载的电流 $\dot{I}_1$、有功功率 P 和无功功率 Q_L 均保持不变，即电感性负载的工作状态不变。由于理想电容器有功功率为零，电源提供的有功功率也不变，电源提供的电流

$$I = \frac{P}{U\cos\varphi_2} \qquad\qquad (4-73)$$

设电压 $\dot{U} = 220\angle 0°\text{V}$，画各电流相量图如图 4 - 34（b）所示，图中 $I_C = \omega CU$，由平面几何知识可得

$$I_1\sin\varphi_1 - I\sin\varphi_2 = I_C \qquad\qquad (4-74)$$

将式（4 - 71）、式（4 - 72）带入式（4 - 73）得

$$\frac{P}{U\cos\varphi_1}\sin\varphi_1 - \frac{P}{U\cos\varphi_2}\sin\varphi_2 = \omega CU$$

即

$$C = \frac{P}{\omega U^2}(\tan\varphi_1 - \tan\varphi_2) \qquad\qquad (4-75)$$

解　（1）由已知得 $\varphi_1 = 53.1°$，$\varphi_2 = 18.19°$。若将 $\cos\varphi_1 = 0.6$ 提高到 $\cos\varphi_2 = 0.95$ 时，需并联电容器的电容值为

$$C = \frac{10\times 10^3}{314\times 220^2}(\tan 53.1° - \tan 18.19°) = 656(\mu F)$$

并联电容器之前，电源的有功功率、无功功率、功率因数及电流分别为

$$P = 10\times 10^3\text{W}, \cos\varphi_1 = 0.6,$$

$$Q_1 = P\tan\varphi_1 = 10\times 10^3 \times \tan 53.1° = 13.3(\text{kvar})$$

$$I = I_1 = \frac{P}{U\cos\varphi_1} = \frac{10\times 10^3}{220\times 0.6} = 75.6(\text{A})$$

并联电容器之后，电源的有功功率、无功功率、功率因数及电流分别为

$$P = 10\times 10^3\text{W}, \cos\varphi_2 = 0.95$$

$$Q_2 = P\tan\varphi_2 = 10\times 10^3 \times \tan 18.19° = 3.28(\text{kvar})$$

$$I = \frac{P}{U\cos\varphi_2} = \frac{10\times 10^3}{220\times 0.95} = 47.8(\text{A}),$$

可见并联电容器之后，电路的功率因数提高，电源电流减小，电源提供的无功功率也减小了，这样，电源就可以省出一部分容量来向其他有功负载供电。

（2）若要将功率因数从 0.95 再提高到 1，则需增加电容值为

$$C' = \frac{10\times 10^3}{314\times 220^2}(\tan 18.19° - \tan 0) = 213.6(\mu F)$$

可见在功率因数接近 1 时再继续提高所需的电容值是很大的。

🧠 练习与思考

1. 感性负载并联电阻时，可否提高电路的功率因数？经济意义如何？

2. 感性负载串联电容器时，可否提高电路的功率因数？可操作性如何？

3. 感性负载并联电容器提高电路的功率因数，在相同的功率因数时，可否使得电路呈电容性？与电路呈电感性有什么不同？

4.9　正弦稳态电路的频率特性

4.9.1　网络函数及其频率特性

大家都知道，在交流电路中，电容元件的容抗和电感元件的感抗都与电源频率有关，当元件参数不变，电源频率改变时，容抗和感抗随着改变，使得电路中所产生的电压、电流响应的有效值和相位也随着改变。响应随频率变化的特性称为电路的频率特性，常用网络函数 $T(j\omega)$ 表示。定义为

$$T(j\omega) = \frac{\dot{R}(j\omega)}{\dot{E}(j\omega)} = |T(\omega)| \angle \varphi(\omega) \tag{4-76}$$

式中：$\dot{R}(j\omega)$ 表示响应相量，$\dot{E}(j\omega)$ 表示激励相量。网络函数 $T(j\omega)$ 通常是复数，将其模值 $|T(\omega)|$ 随频率变化的特性称为幅频特性，相位 $\varphi(\omega)$ 随频率变化的特性称为相频特性。根据响应可以是电压或电流，激励也可以是电压或电流，可得到不同类型的网络函数。

【例 4-18】　如图 4-35 所示 RC 低通滤波电路，$\dot{U}_1(j\omega)$ 是输入信号电压，$\dot{U}_2(j\omega)$ 是输出信号电压，分析其频率特性。

解　网路函数为

$$T(j\omega) = \frac{\dot{U}_2(j\omega)}{\dot{U}_1(j\omega)} = \frac{\frac{1}{j\omega C}}{R + \frac{1}{j\omega C}} = \frac{1}{1 + j\omega RC}$$

$$= \frac{1}{\sqrt{1 + (\omega RC)^2}} \angle{- \arctan \omega RC}$$

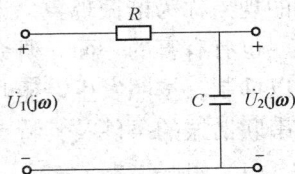

图 4-35　【例 4-18】的图

幅频特性为

$$|T(\omega)| = \frac{U_2}{U_1} = \frac{1}{\sqrt{1 + (\omega RC)^2}}$$

相频特性为

$$\varphi(\omega) = - \arctan \omega RC$$

分析上式可知，当

$$\omega = 0 \text{ 时}, |T(\omega)| = 1, \varphi(\omega) = 0$$

$$\omega \to \infty \text{ 时}, |T(\omega)| = 0, \varphi(\omega) = -\frac{\pi}{2}$$

$$\omega = \omega_0 = \frac{1}{RC} \text{ 时}, |T(\omega)| = \frac{1}{\sqrt{2}} = 0.707, \varphi(\omega) = -\frac{\pi}{4}$$

幅频特性与相频特性随频率变化的曲线如图 4-36 所示，称为幅频特性曲线和相频特性曲线。

由幅频特性曲线可见，当 $\omega < \omega_0$ 时，$|T(\omega)|$ 变化不大，接近或等于 1；当 $\omega > \omega_0$ 时，$|T(\omega)|$ 明显下降，表明 RC 串联电路具有使低频信号较易通过而抑制较高频率信号的作用，

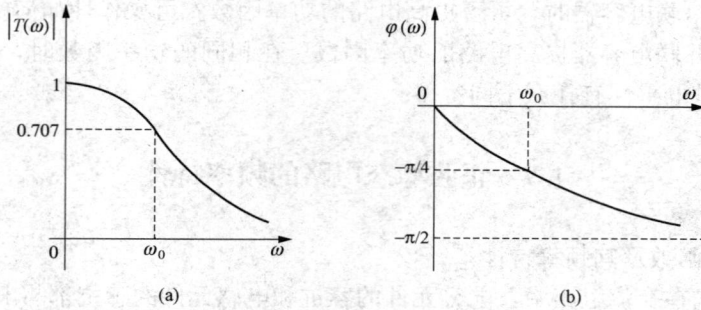

图 4 - 36　低通滤波电路的频率特性
(a) 幅频特性曲线；(b) 相频特性曲线

将其称为低通滤波电路。在实际应用上，输出电压不能下降过多，通常规定，当 $|T(\omega)| = 0.707$，即输出电压下降到输入电压的 70.7% 时为最低限。此时 $\omega = \omega_0$，ω_0 称为截止频率，又称为半功率点频率。将 $0 \leqslant \omega \leqslant \omega_0$ 的频率变化范围称为通频带。

滤波电路通常可分为低通、高通和带通、带阻等多种。除 RC 电路外，还有其他各种滤波电路。

4.9.2　谐振

在含有电感和电容元件的正弦交流电路中，一般端口电压与电流是不同相的，当调节电路元件的参数或改变电源频率时，可以使得端口电压与电流同相，把这种端口电压与电流同相的现象称为谐振现象。谐振现象实际是正弦交流电路的一种特殊工况，它既有有利的一面，也有有害的一面，研究谐振现象的目的就是要对有利的一面加以利用，对其有害的一面加以抑制。按照发生谐振时电路的结构不同，谐振可分为串联谐振和并联谐振。下面重点讨论串联谐振的条件及其特点。

（1）串联谐振。

串联电路发生的谐振称为串联谐振，如图 4 - 37 所示 RLC 串联电路，其输入阻抗

$$Z = R + j\left(\omega L - \frac{1}{\omega C}\right)$$

当阻抗虚部为零时，阻抗角为零，电路发生谐振，此时

$$\omega L = \frac{1}{\omega C}$$

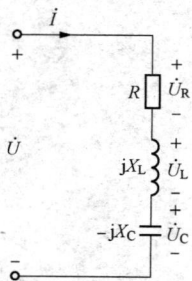

图 4 - 37　RLC 串联电路

或

$$\omega = \omega_0 = \frac{1}{\sqrt{LC}}, \quad f = f_0 = \frac{1}{2\pi \sqrt{LC}} \qquad (4 - 77)$$

式（4 - 76）、式（4 - 77）统称为串联电路发生谐振的条件，ω_0 和 f_0 称为谐振频率。显然，适当调节元件 L、C 参数或电源频率 ω 的大小可以使电路发生谐振或消除谐振。

保持 U、L 和 C 不变，调节电源频率 ω，电路发生串联谐振时具有如下特征：

1）输入阻抗 $|Z_0|$ 最小

$$Z_0 = R + j\left(\omega_0 L - \frac{1}{\omega_0 C}\right) = R \qquad (4 - 78)$$

2）电流有效值达到最大，频率特性如图 4 - 38（a）所示

$$I_0 = \frac{U}{|Z_0|} = \frac{U}{R} \qquad (4-79)$$

3）电阻上的电压等于电源电压，电感和电容上的电压大小相等、相位相反。即

$$\dot{U}_{R0} = \frac{\dot{U}}{Z_0}R = \dot{U} \qquad (4-80)$$

$$\dot{U}_L = j\omega_0 L \dot{I} \qquad (4-81)$$

$$\dot{U}_C = \frac{1}{j\omega_0 C}\dot{I} = -j\frac{1}{\omega_0 C}\dot{I} \qquad (4-82)$$

$$\dot{U}_L + \dot{U}_C = 0 \qquad (4-83)$$

可见，谐振时电感和电容串联后对外电路而言相当于短路。如图 4 - 38（b）所示谐振时电路的相量图。此时电源与串联电路之间无功率交换，功率交换只发生在电感和电容之间。

4）谐振时，电感或电容电压与电源电压的比值定义为电路的品质因素，用大写符号 Q 表示，即

$$Q = \frac{U_L}{U} = \frac{U_C}{U} = \frac{\omega_0 L}{R} = \frac{1}{\omega_0 C} = \frac{1}{R}\sqrt{\frac{L}{C}}$$

$$(4-84)$$

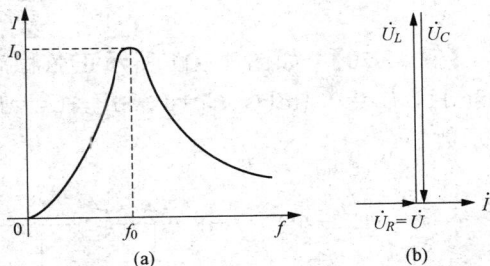

图 4 - 38 串联谐振时的特征
（a）旦流 I 的频率特性；（b）谐振时的相量图

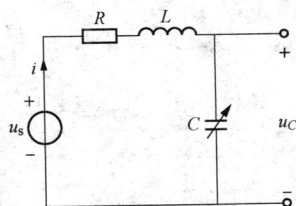

式（4 - 84）表明，对于确定的谐振电路，Q 的大小与电阻 R 的大小成反比。一般电阻 R 的值很小，$Q \gg 1$，电感和电容上的电压大小会远远超过电源电压，称为过电压。因此在电力系统的输电线路中要尽量避免谐振的发生，一旦发生谐振，要设法抑止。而在无线电工程中，则可利用谐振现象完成信号的接收和传递。

（2）并联谐振。

电阻、电感及电容元件并联电路的谐振条件与式（4 - 77）相同，谐振时电路特征与串联谐振具有对偶性，这里不再推导。如图 4 - 39 所示是工程上常用的电感线圈与电容器并联发生谐振，由于一般 $R \ll \omega L$，谐振频率

$$\omega_0 \approx \frac{1}{\sqrt{LC}} \qquad (4-85)$$

【例 4 - 19】 图 4 - 40 所示 RLC 串联电路，已知 $u_s(t) = \sin 2\pi \times 10^6 t\,\text{V}$，调节电容 C 值使电路发生谐振时，$I_0 = 100\,\text{mA}$，$U_{C0} = 100\,\text{V}$。求（1）谐振时的参数 R、L、C；（2）电路的品质因数。

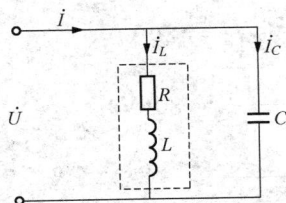

图 4 - 39 并联谐振电路　　图 4 - 40 【例 4 - 19】的电路图

【解】　（1）谐振时，$U_R = U_s = \dfrac{1}{\sqrt{2}}$V，所以

$$R = \frac{U_R}{I_0} = \frac{\dfrac{1}{\sqrt{2}}}{100 \times 10^{-3}} = 7.07(\Omega)$$

由元件伏安关系得

$$C = \frac{I_0}{\omega_0 U_{C0}} = \frac{100 \times 10^3}{6.28 \times 10^6 \times 100} = 159(\text{pF})$$

由谐振条件得

$$L = \frac{1}{\omega_0^2 C} = \frac{1}{(6.28 \times 10^6) \times 159 \times 10^{12}} = 0.159(\text{mH})$$

（2）品质因数

$$Q = \frac{U_{C0}}{U_s} = \frac{100}{1/\sqrt{2}} = 141.4$$

【例 4 - 20】　如图 4 - 41 所示正弦稳态电路中，$U = 50$V，$R_1 = 10\Omega$，$R_2 = 15\Omega$，$L_1 = 0.5$mH，$L_2 = 0.1$mH，$C_1 = 0.2\mu$F，$C_2 = 1\mu$F，电流表 A2 的示数为零。求电流表 A1 和 A3 的示数。

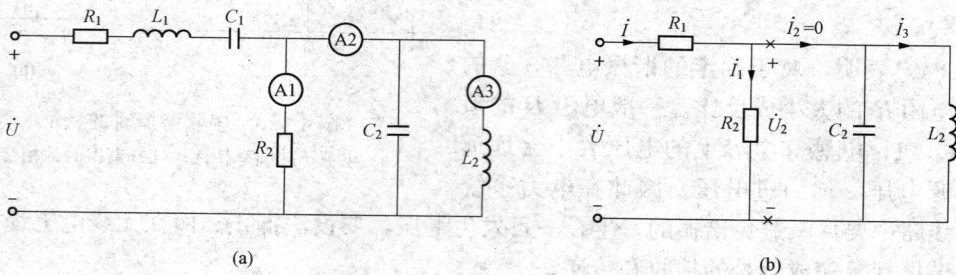

图 4 - 41　【例 4 - 20】的图

解　电流表 A2 的示数为零，说明 L_2 和 C_2 发生并联谐振，谐振频率

$$\omega_0 = \frac{1}{\sqrt{L_2 C_2}} = \frac{1}{\sqrt{0.1 \times 10^{-3} \times 10^{-6}}} = 10^5 (\text{rad/s})$$

$$\omega_0 L_1 = 10^5 \times 0.5 \times 10^{-3} = 50(\Omega)$$

$$\frac{1}{\omega_0 C_1} = \frac{1}{10^5 \times 0.2 \times 10^{-6}} = 50(\Omega)$$

可见 L_1 和 C_1 发生了串联谐振，串联谐振相当于短路，并联谐振相当于断路。电路可等效为如图 4 - 44（b）所示电路，则

$$I_1 = I = \frac{U}{R_1 + R_2} = \frac{50}{10 + 15} = 2(\text{A})$$

$$U_2 = I = \frac{R_2 U}{R_1 + R_2} = \frac{15 \times 50}{10 + 15} = 30(\text{V})$$

$$I_3 = \frac{U_2}{\omega_0 L_2} = \frac{30}{10^5 \times 0.1 \times 10^{-3}} = 3(\text{A})$$

所以电流表 A1 和 A3 的示数分别为 2A 和 3A。

练习与思考

1. RLC 串联电路中，若 $R=5\Omega$，$L=0.2\mathrm{mH}$，$C=5\mu\mathrm{F}$，（1）求谐振频率 ω_0，品质因数 Q；（2）若电源电压 $U=50\mathrm{V}$，求谐振时的电流 I_0、电压 U_{L0} 和 U_{C0}。

2. RLC 串联电路，当电源频率低于或高于谐振频率，电路呈电容性还是电感性？

3. LC 并联电路发生谐振时，对外电路而言相当于断路，为什么？此时 L 和 C 中电流有何特点？

* 4.10　复杂正弦交流电路的分析与计算

在引入阻抗的概念以后，R，L，C 各元件伏安关系的相量形式可统一用欧姆定律的相量形式表示，这样使得相量形式的基尔霍夫定律和欧姆定律与直流电阻电路在形式上完全相同，其差别仅在于将电压、电流用相量表示，元件的参数用阻抗表示，相应的运算由实数代数运算变为复数代数运算。因此，以基尔霍夫定律和欧姆定律为依据的直流电阻电路的各种分析方法、定理都可以推广应用于正弦稳态电路。

对于简单正弦稳态电路，可直接借助基尔霍夫定律及欧姆定律的相量形式以及阻抗的串、并联化简进行分析与计算。对于复杂的正弦稳态电路，则可应用支路电流法、节点电压法、叠加原理和戴维南定理等方法来分析与计算。把这种用相量求解正弦稳态电路的方法统称为相量法。

【例 4 - 21】　在图 4 - 42 所示的正弦稳态电路中，已知 $\dot{U}_1=230\,\underline{/0^\circ}\,\mathrm{V}$，$\dot{U}_2=227\,\underline{/0^\circ}\,\mathrm{V}$，$Z_1=(0.1+\mathrm{j}0.5)\Omega$，$Z_2=(0.1+\mathrm{j}0.5)\Omega$，$Z_3=(5+\mathrm{j}5)\Omega$。求支路电流 $\dot{I}_3$。

解　方法 1　用支路电流法求解。

根据 KCL、KVL 列写支路电流相量方程

$$\begin{cases} \dot{I}_1+\dot{I}_2-\dot{I}_3=0 \\ Z_1\dot{I}_1+Z_3\dot{I}_3=\dot{U}_1 \\ Z_2\dot{I}_2+Z_3\dot{I}_3=\dot{U}_2 \end{cases}$$

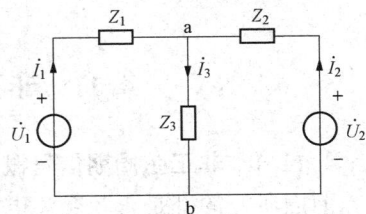

图 4 - 42　【例 4 - 21】的图

将已知数据代入得

$$\begin{cases} \dot{I}_1+\dot{I}_2-\dot{I}_3=0 \\ (0.1+\mathrm{j}0.5)\dot{I}_1+(5+\mathrm{j}5)\dot{I}_3=230\,\underline{/0^\circ} \\ (0.1+\mathrm{j}0.5)\dot{I}_2+(5+\mathrm{j}5)\dot{I}_3=227\,\underline{/0^\circ} \end{cases}$$

解之得

$$\dot{I}_3=31.3\,\underline{/-46.1^\circ}\,(\mathrm{A})$$

可见，应用相量法求解正弦稳态电路时，电路方程是复数代数方程，相应的运算是复数运算。

方法 2　用节点电压法求解。

利用弥尔曼公式求节点电压如下

$$\dot{U}_{ab} = \frac{\dfrac{\dot{U}_1}{Z_1} + \dfrac{\dot{U}_2}{Z_2}}{\dfrac{1}{Z_1} + \dfrac{1}{Z_2} + \dfrac{1}{Z_3}} = \frac{\dfrac{230\ \underline{/0^\circ}}{0.1 + \text{j}0.5} + \dfrac{227\ \underline{/0^\circ}}{0.1 + \text{j}0.5}}{\dfrac{2}{0.1 + \text{j}0.5} + \dfrac{1}{5 + \text{j}5}} = \frac{457\ \underline{/0^\circ}}{2 + \dfrac{0.1 + \text{j}0.5}{5 + \text{j}5}} = 221.8\ \underline{/-1.11^\circ}\ (\text{V})$$

则

$$\dot{I}_3 = \frac{\dot{U}_{ab}}{Z_3} = \frac{221.8\ \underline{/-1.11^\circ}}{5 + \text{j}5} = 31.3\ \underline{/-46.1^\circ}\ (\text{A})$$

方法 3　用戴维南定理求解。

（1）如图 4 - 43（a），求开路电压 $\dot{U}_{\text{OC}}$

$$\dot{U}_{\text{OC}} = \frac{\dot{U}_1 - \dot{U}_2}{Z_1 + Z_2} Z_2 + \dot{U}_2 = \frac{230\ \underline{/0} - 227\ \underline{/0^\circ}}{2 \times (0.1 + \text{j}0.5)} \times (0.1 + \text{j}0.5) + 227\ \underline{/0^\circ} = 228.85\ \underline{/0^\circ}\ (\text{V})$$

（2）如图 4 - 43（b），求等效阻抗 Z_0

$$Z_0 = \frac{Z_1 Z_2}{Z_1 + Z_2} = \frac{Z}{2} = \frac{0.1 + \text{j}0.5}{2} = 0.05 + \text{j}0.25\ (\Omega)$$

（3）画等效电路如图 4 - 43（c），求 $\dot{I}_3$

$$\dot{I}_3 = \frac{\dot{U}_{\text{OC}}}{Z_0 + Z_3} = \frac{228.85\ \underline{/0^\circ}}{0.05 + \text{j}0.25 + 5 + \text{j}5} = 31.3\ \underline{/-46.1^\circ}\ (\text{A})$$

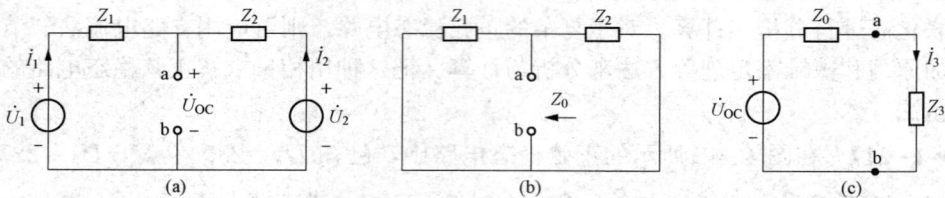

图 4 - 43　【例 4 - 21】的等效电路

4.11　非正弦周期信号线性电路的稳态分析

4.11.1　非正弦周期信号概念

　　前面研究的都是正弦交流电路，即电路中的电压和电流都随时间作正弦规律变化。但在实际应用中，还存在着非正弦但却周期变化的电压和电流。图 4 - 44 所示的是脉冲电源产生的矩形脉冲电压波形。图 4 - 45 所示的是实验室中常用示波器中的扫描电压所具有的锯齿波。因此，从某种意义上说，研究非正弦周期信号电路更具有普遍意义。

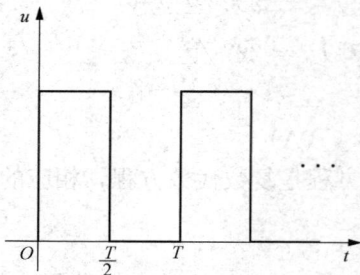

图 4 - 44　矩形脉冲电压波形　　　　　图 4 - 45　锯齿电压波形

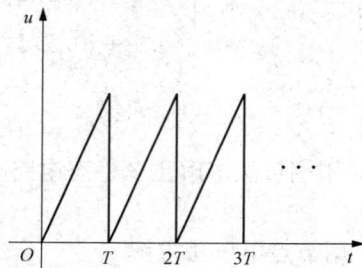

4.11.2　非正弦周期信号分解为傅里叶级数

对于任意一个非正弦周期函数 $f(t)$，只要它能满足狄里赫利条件，都可以分解成一个收敛的无穷三角级数，即傅里叶级数。

非正弦周期电压和电流都可用一个周期函数来表示，即

$$f(t) = f(t+kT) \tag{4-86}$$

式中：T 为周期函数 $f(t)$ 的周期，且 $k=0, \pm1, \pm2, \cdots$。

若给定的非正弦周期信号 $f(t)$ 满足下列狄里赫利条件：

（1）在一个周期内连续或只有有限个第一类间断点；

（2）在一个周期内只有有限个极大值和极小值；

（3）积分 $\int_{-\frac{T}{2}}^{\frac{T}{2}} |f(t)|$ 存在。

则非正弦周期信号就可以展开成傅里叶级数。通常在电工中所遇到的各种非正弦电动势、电压或电流等波形，它们都是周期函数且能满足上述条件。

根据以上所述，设给定周期为 T 的函数 $f(t)$，其角频率 $\omega=\frac{2\pi}{T}$，则可展开为

$$f(t) = A_0 + \sum_{k=1}^{\infty} A_{km}\sin(k\omega t + \psi_k) \tag{4-87}$$

式（4-87）中常数项 A_0 称为 $f(t)$ 的直流分量或恒定分量，它是 $f(t)$ 在一个周期内的平均值，即

$$A_0 = a_0 = \frac{1}{T}\int_0^T f(t)\mathrm{d}t \tag{4-88}$$

$A_{1m}\sin(\omega t+\psi_1)$ 称为 $f(t)$ 的基波或 1 次谐波，$A_{2m}\sin(2\omega t+\psi_2)$ 称为 $f(t)$ 的 2 次谐波，等等。2 次及以上的谐波统称为高次谐波。

4.11.3　非正弦周期量的有效值

前面已经学过交流电流的有效值（又称方均根值），它指的是与交流电流在一周期内具有相同热效应的直流电流的数值。这个定义对于非正弦周期量也是适用的。因此，非正弦周期电流 $i(t)$ 的有效值为

$$I = \sqrt{\frac{1}{T}\int_0^T i^2(t)\mathrm{d}t} \tag{4-89}$$

非正弦周期电压 $u(t)$ 的有效值为

$$U = \sqrt{\frac{1}{T}\int_0^T u^2(t)\mathrm{d}t} \tag{4-90}$$

下面以电流为例，说明如何计算非正弦周期量的有效值。

设有一非正弦周期电流为

$$i(t) = I_0 + \sum_{k=1}^{\infty} I_{km}\sin(k\omega t + \psi_k) \tag{4-91}$$

把式（4-91）代入式（4-89），得

$$I = \sqrt{\frac{1}{T}\int_0^T \left[I_0 + \sum_{k=1}^{\infty} I_{km}\sin(k\omega t + \psi_k)\right]^2 \mathrm{d}t} \tag{4-92}$$

因此，整理可得，非正弦周期电流的有效值为

$$I = \sqrt{I_0^2 + \sum_{k=1}^{\infty} I_k^2} = \sqrt{I_0^2 + I_1^2 + I_2^2 + \cdots + I_k^2 + \cdots} \tag{4-93}$$

同理，非正弦周期电压的有效值为

$$U = \sqrt{U_0^2 + U_1^2 + U_2^2 + \cdots + U_k^2 + \cdots} \tag{4-94}$$

由此可知，非正弦周期电流（或电压）的有效值，等于它直流分量的二次方及各次谐波分量有效值的二次方之和的二次方根。

4.11.4　非正弦周期量的平均功率

假定一端口的端口电压和电流分别为非正弦周期电压 $u(t)$ 和非正弦周期电流 $i(t)$，其相应的傅里叶级数展开式为

$$u(t) = U_0 + \sum_{k=1}^{\infty} U_{km}\sin(k\omega t + \psi_{uk}) \tag{4-95}$$

$$i(t) = I_0 + \sum_{k=1}^{\infty} I_{km}\sin(k\omega t + \psi_{ik}) \tag{4-96}$$

则一端口吸收的瞬时功率为

$$p(t) = u(t)i(t) \tag{4-97}$$

该端口吸收的平均功率为

$$P = \frac{1}{T}\int_0^T p(t)\mathrm{d}t = \frac{1}{T}\int_0^T u(t)i(t)\mathrm{d}t \tag{4-98}$$

把式（4-97）、式（4-98）代入式（4-100），得

$$\begin{aligned}
P &= \frac{1}{T}\int_0^T \Big[U_0 + \sum_{k=1}^{\infty} U_{km}\sin(k\omega t + \psi_{uk})\Big]\Big[I_0 + \sum_{k=1}^{\infty} I_{km}\sin(k\omega t + \psi_{ik})\Big]\mathrm{d}t \\
&= \frac{1}{T}\int_0^T U_0 I_0 \mathrm{d}t + \frac{1}{T}\int_0^T U_0 \sum_{k=1}^{\infty} I_{km}\sin(k\omega t + \psi_{ik})\mathrm{d}t + \frac{1}{T}\int_0^T I_0 \sum_{k=1}^{\infty} U_{km}\sin(k\omega t + \psi_{uk})\mathrm{d}t \\
&\quad + \frac{1}{T}\int_0^T \sum_{k=1}^{\infty}\sum_{\substack{l=1\\l\neq k}}^{\infty} U_{km}\sin(k\omega t + \psi_{uk})I_{lm}\sin(l\omega t + \psi_{il})\mathrm{d}t \\
&\quad + \frac{1}{T}\int_0^T \sum_{k=1}^{\infty} U_{km}\sin(k\omega t + \psi_{uk})I_{km}\sin(k\omega t + \psi_{ik})\mathrm{d}t
\end{aligned} \tag{4-99}$$

式（4-99）中第一项为 $U_0 I_0 = P_0$，由于正弦函数的正交性，式（4-99）中的第 2、3、4 项平均值都等于零。第 5 项的总和中的每一项都是同频率正弦量的乘积。它在一周期内的平均值为

$$\sum_{k=1}^{\infty} \frac{1}{2} U_{km} I_{km}\cos(\psi_{uk} - \psi_{ik}) = \sum_{k=1}^{\infty} U_k I_k \cos\theta_k = \sum_{k=1}^{\infty} P_k \tag{4-100}$$

式中：U_k、I_k 为 k 次谐波电压、电流的有效值；$\theta_k = \psi_{uk} - \psi_{ik}$ 为 k 次谐波电压与电流的相位差。

则

$$P = P_0 + \sum_{k=1}^{\infty} U_k I_k \cos\theta_k = P_0 + \sum_{k=1}^{\infty} P_k \tag{4-101}$$

由此可见，非正弦周期信号电路的平均功率是各次谐波的平均功率及直流分量功率的总和。不同谐波的电压、电流只能构成瞬时功率，不能构成平均功率。

【例4-22】　已知网络 N 的端口电压和电流分别为

$$u(t) = 4\sqrt{2}\sin(t-60°) + 2\sqrt{2}\sin(2t+45°) + \sqrt{2}\sin(3t-60°)(\text{V})$$

$$i(t) = 6\sqrt{2}\sin t + 3\sqrt{2}\sin(2t-45°)(\text{A})$$

求：（1）$u(t)$、$i(t)$ 的有效值；（2）网络吸收的平均功率。

解　（1）电压直流分量 $U_0 = 0$；

基波和 2 次、3 次谐波的有效值分别为

$$U_1 = \frac{U_{1m}}{\sqrt{2}} = \frac{4\sqrt{2}}{\sqrt{2}} = 4(\text{V})；U_2 = 2(\text{V})；U_3 = 1(\text{V})；$$

根据式（4-94），$u(t)$ 的有效值为

$$U = \sqrt{U_0^2 + U_1^2 + U_2^2 + U_3^2} = \sqrt{0 + 4^2 + 2^2 + 1} = \sqrt{21}(\text{V})；$$

电流直流分量 $I_0 = 0$；

基波和 2 次谐波的有效值分别为

$$I_1 = \frac{I_{1m}}{\sqrt{2}} = \frac{6\sqrt{2}}{\sqrt{2}} = 6(\text{A})；I_2 = 3(\text{A})；$$

根据式（4-93），$i(t)$ 的有效值为

$$I = \sqrt{I_0^2 + I_1^2 + I_2^2} = \sqrt{0 + 6^2 + 3^2} = 3\sqrt{5}(\text{A})；$$

（2）$U_0 = 0$，$I_0 = 0$，因此，$P_0 = U_0 I_0 = 0$。

基波电压和电流产生的平均功率为

$$P_1 = \frac{1}{2}U_{1m}I_{1m}\cos(\psi_{u1}-\psi_{i1}) = \frac{1}{2}\times 4\sqrt{2}\times 6\sqrt{2}\times\cos(-60°) = 12(\text{W})$$

2 次谐波电压、电流产生的平均功率为

$$P_2 = \frac{1}{2}U_{2m}I_{2m}\cos(\psi_{u2}-\psi_{i2}) = \frac{1}{2}\times 2\sqrt{2}\times 3\sqrt{2}\times\cos(90°) = 0$$

因 $U_{3m} = \sqrt{2}\text{V}$，$I_{3m} = 0$，所以，3 次谐波电压和电流产生的平均功率 $P_3 = 0$。

因此，网络吸收的平均功率为

$$P = P_0 + P_1 + P_2 + P_3 = 0 + 12 + 0 + 0 = 12(\text{W})$$

练习与思考

1. 电路中的非正弦周期电压、电流是如何产生的？

2. 非正弦周期信号可分解为傅里叶级数，说明其常数项的物理含义以及如何确定基波分量的频率。

3. 不同频率的正弦电压电流能产生平均功率吗？电压电流满足哪些条件才能产生平均功率？

习　题

正弦量

4-1　求各正弦量的有效值和同频率正弦量之间的相位差，并说明超前与滞后关系。

(1)　$u_1(t) = -20\sin(100\pi t + 60°)\text{V}$，$i_1(t) = \sqrt{2}\sin(100\pi t + 30°)\text{A}$；

(2)　$u_a(t) = -220\sqrt{2}\sin 314t\text{V}$，$u_b(t) = 220\sqrt{2}\cos(314t - 120°)\text{V}$；

(3)　$i_1(t) = 2\sqrt{2}\cos(1000t + 45°)\text{A}$，$i_2(t) = 3\sqrt{2}\cos(1000t + 30°)\text{A}$。

相量

4-2　写出下列各正弦量的有效值相量，求同频率正弦量之间的相位差，说明超前与滞后关系。

(1)　$u = 50\sin(\omega t + 60°)\text{V}$，$i = 2\sqrt{2}\sin(\omega t - 30°)\text{A}$；

(2)　$i_1 = -2\sqrt{2}\sin(314t - 45°)\text{A}$，$i_2 = 5\sqrt{2}\sin(314t + 135°)\text{A}$；

(3)　$u_1 = -200\sin(1000t + 60°)\text{V}$，$u_2 = 100\sqrt{2}\cos(1000t - 90°)\text{V}$

4-3　已知 $\dot{I}_1 = (3 + j3)\text{A}$，$\dot{I}_2 = (3 - j3)\text{A}$，$\dot{I}_3 = (-3 + j3)\text{A}$，$\dot{I}_4 = (-3 - j3)\text{A}$，$\omega = 314\text{rad/s}$，写出各电流的瞬时值表达式。

KCL、KVL 的相量形式

4-4　如图 4-46 所示正弦交流电路，已知 $\dot{I}_1 = 2\angle 45°\text{A}$，$\dot{I}_2 = 2\angle{-45°}\text{A}$，求 $\dot{I}$。

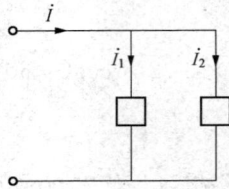

4-5　图 4-47 所示正弦交流电路，已知 $\dot{U}_1 = 220\angle 30°\text{V}$，$\dot{U}_2 = 220\angle{-30°}\text{V}$，求 $\dot{U}$。

单一元元件的伏安关系及其相量形式

图 4-46　习题 4-4 的图　　　图 4-47　习题 4-5 的图

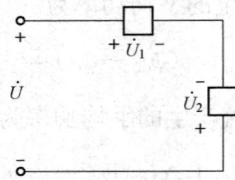

4-6　以下三种情况，已知元件两端电压和电流，试判定元件性质并确定元件参数。

(1)　$u = 200\sin(100t + 45°)\text{V}$，$i = 20\cos(100t + 45°)\text{A}$；

(2)　$u = -150\sin 200t\text{V}$，$i = 10\sqrt{2}\sin(200t + 90°)\text{A}$；

(3)　$u = 10\cos(5000t + 30°)\text{V}$，$i = \sqrt{2}\sin(5000t + 120°)\text{A}$

4-7　图 4-48 所示正弦交流电路中，已知 $i_s = 10\sin(10^3 t)\text{A}$，观测 u_1 和 u_2 的波形，确定元件 1 和元件 2 的性质及参数值。

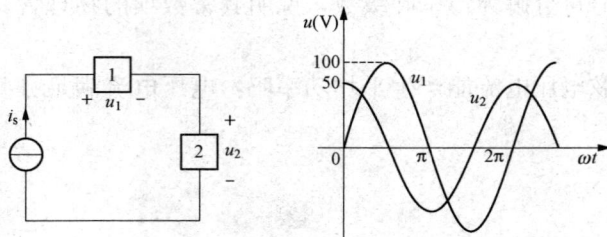

图 4-48　习题 4-7 的图

4-8 如图 4-49 所示，已知各元件的端电压 $u=20\sqrt{2}\sin(50t)$V，用相量法求流过各元件的电流 i。

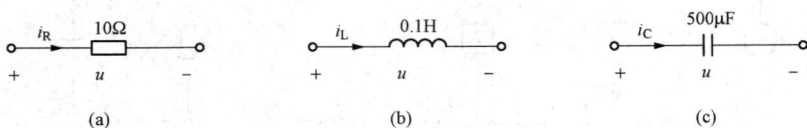

图 4-49 习题 4-8 的图

4-9 把参数为 $R=100\Omega$，$L=1$H，$C=250\mu$F 的电阻、电感和电容元件分别接到有效值 $U=100$V，$\omega_1=100$rad/s 的正弦电源上，求流过各元件电流的有效值是多少？若保持电压有效值不变，将频率变为 $\omega_2=200$rad/s，再求流过各元件电流的有效值是多少？

简单交流电路的计算

4-10 图 4-50 所示正弦交流电路中，已知 $\dot{I}=2\underline{/30°}$A，求各未知电压相量，画出反映各相量关系的相量图。

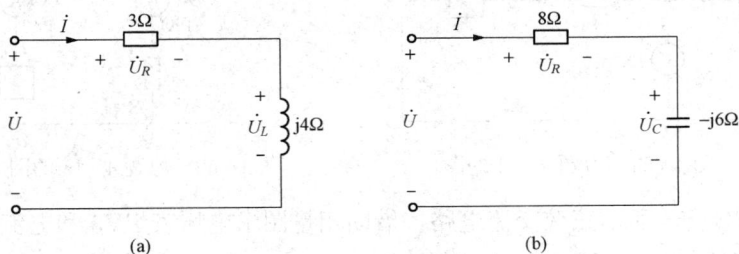

图 4-50 习题 4-10 的图

4-11 图 4-51 所示正弦交流电路中，已知 $\dot{U}=20\underline{/0°}$V，求各未知电流相量，画出反映各相量关系的相量图。

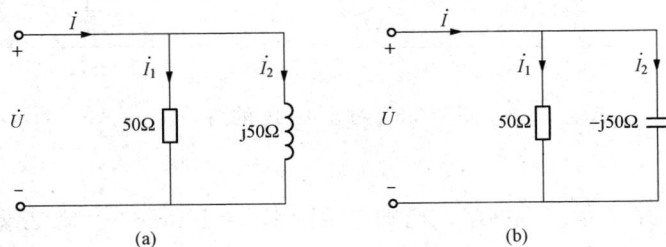

图 4-51 习题 4-11 的图

4-12 图 4-52 所示正弦交流电路中，已知电流源 $\dot{I}_s=5\underline{/-53.1°}$A，$\omega=10$rad/s，元件 1 为电感元件，$L=0.3$H，其中电流 $\dot{I}_1=4\underline{/-90°}$A，试判断元件 2 的性质并求其参数。

4-13 如图 4-53 所示电路，已知电压 $u_1(t)=10\sqrt{2}\sin(1000t)$V，$L=10$mL，$R=5\Omega$，$C=200\mu$F，用相量分析法求 u 的瞬时值表达式。

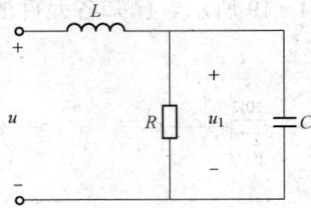

图 4-52　习题 4-12 的图　　　　　　图 4-53　习题 4-13 的图

4-14　如图 4-54 所示的正弦交流电路，求元件 2 分别为电阻元件、电感元件、电容元件时电压表 PV2 的读数（电表内阻抗忽略不计）。

4-15　如图 4-55 所示正弦交流电路，求元件 2 分别为电阻元件、电感元件、电容元件时电流表 PA 的读数（电表内阻抗忽略不计），画出对应相量图。

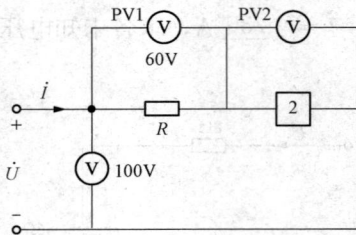

图 4-54　习题 4-14 的图

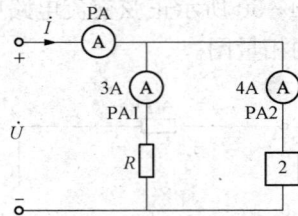

图 4-55　习题 4-15 的图

4-16　如图 4-56 所示正弦交流电路，借助相量图求电压表 PV3 和电流表 PA3 的读数（电表内阻抗忽略不计）。

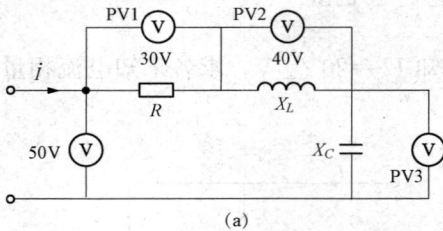

(a)

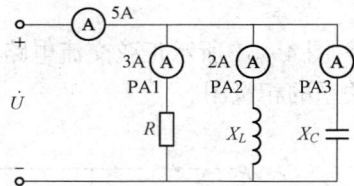

(b)

图 4-56　习题 4-16 的图

阻抗

4-17　如图 4-57 所示二端网络，已知电源频率 $\omega = 100\mathrm{rad/s}$。求二端网络的等效阻抗，说明网络的性质。

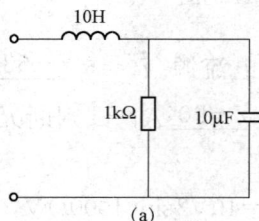

(a)

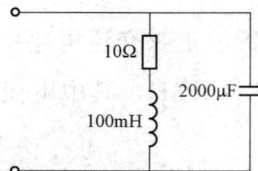

(b)

图 4-57　习题 4-17 的图

4-18　图 4-58 所示电路中，$u = 20\sin(10t + 30°)\text{V}$，$i = 2\sin(10t + 30°)\text{A}$，$L = 1\text{H}$，试求无源二端网络 N 的等效阻抗。

4-19　已知电源频率 $\omega = 10\text{rad/s}$，分别求下列四种情况下二端网络的最简串联等效电路及对应元件的参数值。

（1）$Z = (10 + \text{j}10)\,\Omega$，（2）$Z = (200 - \text{j}400)\,\Omega$，（3）$Z = 60 \underline{/60°}\,\Omega$，（4）$Z = 8 \underline{/-30°}\,\text{k}\Omega$。

4-20　日光灯和镇流器串联接在交流电源上，已知电源电压 $U = 220\text{V}$，频率 $f = 50\text{Hz}$，日光灯等效电阻 $R_1 = 280\,\Omega$，镇流器的等效串联电阻和电感分别为 $R_2 = 20\,\Omega$，$L = 1.65\text{H}$。求日光灯和镇流器两端的电压有效值。

图 4-58　习题 4-18 的图

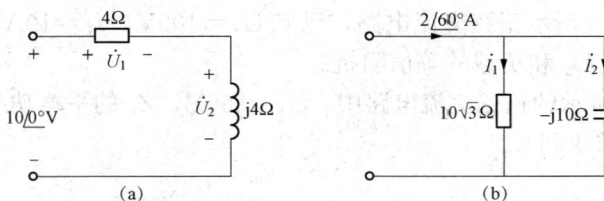

4-21　如图 4-59 所示交流电路，求未知电压和未知电流。

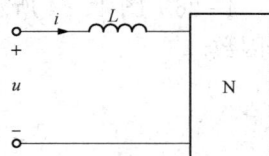

图 4-59　习题 4-21 的图

4-22　如图 4-60 所示电路，已知电源电压 $\dot{U} = 60 \underline{/0}\,\text{V}$，$X_{C1} = X_L = 10\sqrt{3}\,\Omega$，$R = 10\,\Omega$，$X_{C2} = 20\sqrt{3}\,\Omega$。求电流 $\dot{I}$ 和电压 $\dot{U}_2$。

4-23　如图 4-61 所示电路，已知 $u = 30\sin(3\omega t)\text{V}$，$R = 9\,\Omega$，$\omega L_1 = 3\,\Omega$，$\omega L_2 = 20\,\Omega$，$\dfrac{1}{\omega C} = 180\,\Omega$。求各支路电流 i、i_1、i_2。

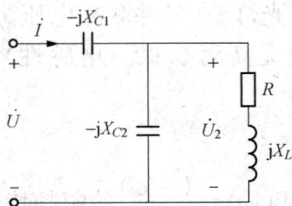

图 4-60　习题 4-22 的图　　　　图 4-61　习题 4-23 的图

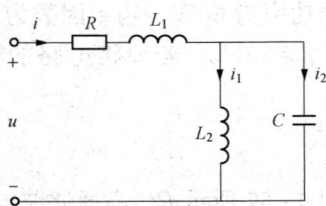

功率

4-24　如图 4-62 所示二端网络，已知电源电压 $U = 100\text{V}$，求各元件的功率。

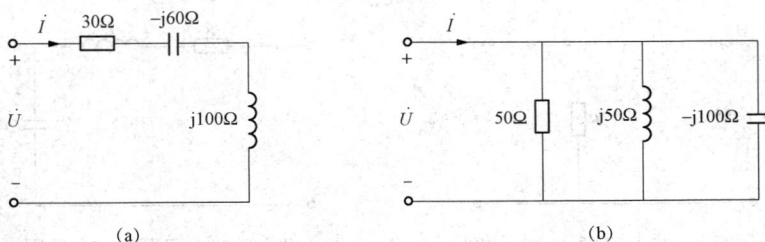

图 4-62　习题 4-24 的图

4-25 如图 4-63 所示的电路中，$u=10\sin(10^3t+60°)$V，$u_C=5\sin(10^3t-30°)$V，求二端网络 N 的有功功率 P 和无功功率 Q。

4-26 图 4-64 所示的正弦交流电路中，已知 $U=200$V，求各元件功率和电路总的功率因数。

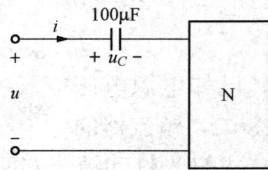

图 4-63 习题 4-25 的图   图 4-64 习题 4-26 的图

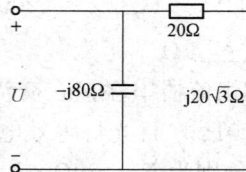

4-27 如图 4-65 所示正弦交流电路，已知 $U_1=100$V，$I_1=10$A，电源提供的有功功率 $P=500$W，求电压 U_2 和负载的等值阻抗。

4-28 图 4-66 所示的正弦交流电路中，$U_1=200$V，Z_1 的平均功率 $P=800$W，功率因数 $\lambda=0.8$（感性）。求 I 和 U。

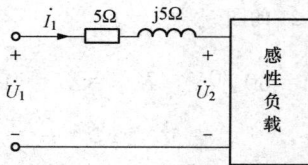

图 4-65 习题 4-27 的图   图 4-66 习题 4-28 的图

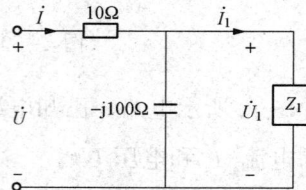

功率因数的提高

4-29 有功功率为 60W，功率因数为 0.5 的日光灯 50 只并联在电压为 220V 的交流电源上，电源频率 $f=50$Hz。若要将电路的功率因数提高到 0.90（电感性），应并联多大的电容？

频率特性

4-30 如图 4-67 所示 RC 高通滤波电路，求 $T(j\omega)=\dfrac{\dot{U}_2(\omega)}{\dot{U}_1(\omega)}$ 的幅频特性和相频特性。

4-31 如图 4-68 所示 RLC 串联电路，接与电压 $U=10$V，频率可调的交流电源上，当频率 $f=500$Hz 时，电流 $I=10$mA，当频率增加到 $f=1000$Hz 时，电流达到最大值 $I_0=60$mA。求（1）R、L、C 值；（2）谐振时电容两端的电压 U_{C0}。

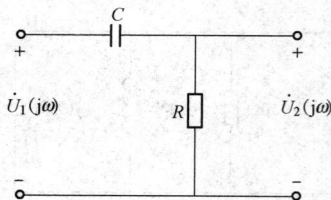

图 4-67 习题 4-30 的图   图 4-68 习题 4-31 的图

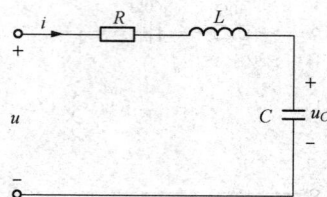

4-32 如图 4-69 所示电路，已知 $U=10$V，$R=X_L=X_C=5\Omega$，求各交流电压表和电流表的读数。

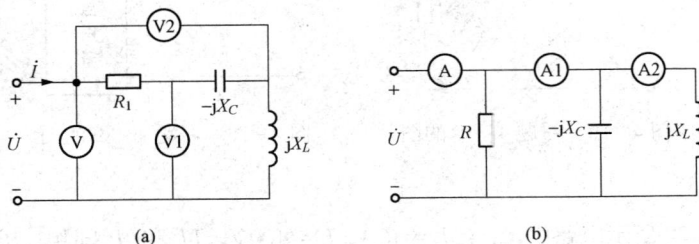

(a)   (b)

图 4-69 习题 4-32 的图

4-33 图 4-70 所示正弦交流电路，已知 $u=10\sqrt{2}\sin(t+53.1°)$V，求电流 i_1 和电路总有功功率 P。

* 复杂交流电路的计算

4-34 图 4-71 所示正弦交流电路，试用节点电压法求电流 $\dot{I}$。

4-35 试用叠加定理求图 4-72 所示正弦交流电路中的电压 $\dot{U}$。

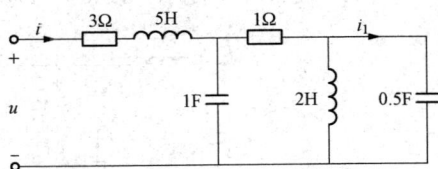

图 4-70 习题 4-33 的图

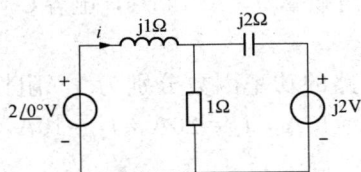

图 4-71 习题 4-34 的图

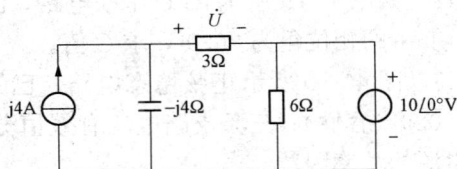

图 4-72 习题 4-35 的图

4-36 正弦交流电路如图 4-73 所示，试用戴维南定理求电流 $\dot{I}_C$。

4-37 正弦交流电路如图 4-74 所示，其中 $\dot{I}_s=2\angle45°$A，试用诺顿定理求电流 $\dot{I}$。

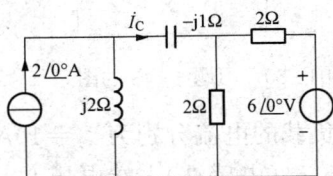

图 4-73 习题 4-36 的图

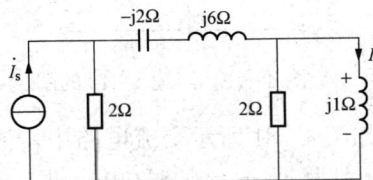

图 4-74 习题 4-37 的图

非正弦周期信号线性电路的稳态分析

4-38 正弦稳态电路如图 4-75 所示，$i(t)=4+2\sqrt{2}\sin(\omega t+60°)+4\sqrt{2}\sin(3\omega t+30°)$A，求端口电压有效值 U。

4-39 已知如图 4-76，电压大小为 $u(t)=10+40\sin3t$(V)，电流大小为 $i(t)=10\sqrt{2}\sin(t+60°)+20\sin(3t-30°)$A，求 U、I、P。

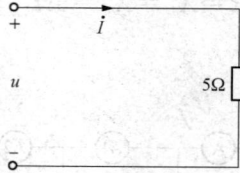

图 4-75 习题 4-38 的图

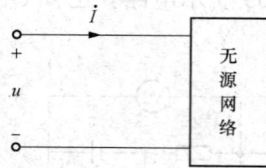

图 4-76 习题 4-39 的图

综合提高题

4-40 图 4-77 所示电路中，$I_1=I_2=10$A，$U=100$V，$\dot{U}$ 和 $\dot{I}$ 同相，求 I，R，X_L，X_C。

4-41 图 4-78 所示电路中，$I_1=10$A，$I_2=10\sqrt{2}$A，$U=220$V，$R_1=5\Omega$，$R_2=X_L$，试求 I，X_C，X_L 及 R_2。（提示：设 $\dot{U}_2=U_2\underline{/0^\circ}$）

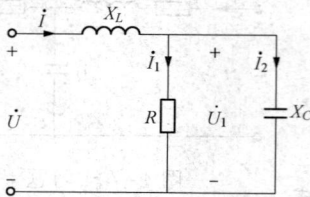

图 4-77 习题 4-40 的图

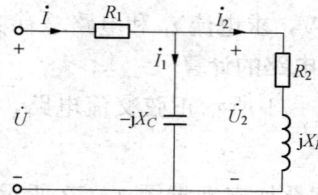

图 4-78 习题 4-41 的图

4-42 如图 4-79 所示 RLC 串联电路，已知电源角频率 $\omega=10^3$ rad/s，电容 C 可调，欲使 u_2 超前 u_1 的相位角为 36.9°，求 C 值。

4-43 图 4-80 所示正弦稳态电路，已知三条支路的功率因数分别为 1（阻性），0.8（感性），0.9（容性）；三条支路电流有效值分别为 $I_1=10$A，$I_2=20$A，$I_3=10$A，求总电流 I 及电源的功率因数。

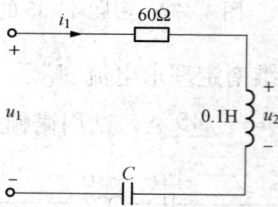

图 4-79 习题 4-42 的图

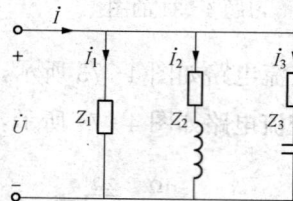

图 4-80 习题 4-43 的图

4-44 如图 4-81 所示交流电路中，流过两个负载的电流分别为 $I_1=10$A，$I_2=20$A，其功率因数分别为 $\cos\varphi_1=0.8$（电容性），$\cos\varphi_2=0.5$（电感性），端电压 $U=100$V，$\omega=1000$rad/s。求（1）电流表和功率表的读数及电路的功率因数；（2）若使电路的功率因数提高到 $\cos\varphi'=0.9$，需并联多大电容？

4-45 如图 4-82 所示电路中，$U=200$V，$C=1\mu$F，（1）当电源频率 $\omega_1=1000$rad/s，$U_R=0$；（2）当电源频率 $\omega_2=2000$rad/s，$U_R=U$，求参数 L_1 和 L_2。

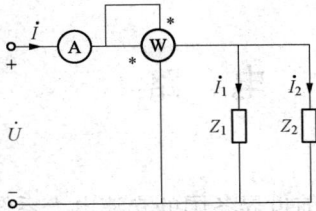

图 4 - 81　习题 4 - 44 的图　　　　　图 4 - 82　习题 4 - 45 的图

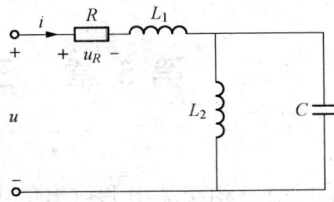

第 5 章 三 相 电 路

三相电路是指由三相交流电源供电的电路。目前世界各国的交流电力系统几乎均采用三相发电、三相输电、三相配电的发供电体系，简称三相制，三相系统比单相系统具有更高的效益。本章主要学习三相电路的基本概念，三相电源、三相负载的联接方法及简单三相电路的计算方法。通过学习达到以下要求：

(1) 理解对称三相电源、对称三相负载的概念；
(2) 理解三相电源、三相负载的星形和三角形接法；
(3) 掌握相电压和线电压的概念、表示方法及其关系；
(4) 掌握相电流和线电流的概念、表示方法及其关系；
(5) 掌握简单三相电路的计算方法；
(6) 理解中线的作用。

5.1 对 称 三 相 电 压

5.1.1 对称三相电压的产生

当三个正弦电压有效值相等、频率相同、相位彼此相差120°时称为对称三相电压，理想化的三相交流发电机可产生对称三相电压。图 5-1 是三相交流发电机的工作原理图，它的主要组成部分包括电枢和磁极两部分。

电枢的作用是产生对称三相感应电动势。由于其固定不动，也称定子，由铁芯、绕组、机座及固定这些部分的结构件组成。定子铁芯一般采用硅钢片迭成，迭与迭之间留有通风槽，整个铁芯固定在机座上，在定子铁芯的内圆周表面冲有槽，用以放置定子三相电枢绕组，三相电枢绕组材料、结构完全相同，每相绕组由两个有效边和绕组端部组成，如图 5-2 所示，两个有效边放在相应的定子铁芯槽内，U1、V1、W1 表示三个绕组有效边的始端，箭头表示电流流出，U2、V2、W2 表示三个绕组有效边的末端，箭尾表示电流流入，首尾端在空间位置上彼此相隔120°空间角。绕组端部按一定方式固紧以保证运行中不致产生较大的振动而引起绝缘磨损和绕组变形。

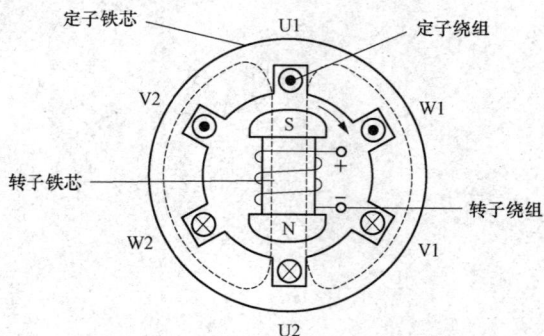

图 5-1 三相交流发电机的工作原理图

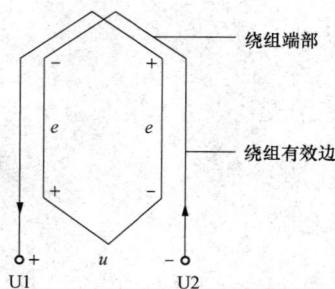

图 5-2 每相电枢绕组

磁极是转动的，又称转子，其作用是产生磁场，由转子铁芯、转轴、励磁绕组组成。转子铁芯一般采用整块的高机械强度和良好导磁性能的合金钢与转轴煅成一体。励磁绕组由扁铜线绕成同心式绕组，通直流电流励磁。选择合适的极面形状和励磁绕组的布置，可使空气隙的磁感应强度按正弦规律分布。

当转子由原动机带动并以均匀角速度 ω 顺时针方向旋转时，定子每相绕组依次切割磁力线，在其中就会产生随时间按正弦规律变化的感应电动势，并且这三个电动势的幅值相等、频率相同、相位彼此相差 $120°$，称其为对称三相电动势。当忽略每相绕组内阻抗不计时，每相定子绕组端电压与电动势对应相等，形成对称三相电压。

5.1.2　对称三相电源

对称三相电源的电路模型如图 5-3 所示，图中 u_1、u_2、u_3（$\dot{U}_1$，$\dot{U}_2$，$\dot{U}_3$）为每相电源电压。以电压 u_1 为参考正弦量，对称三相电压瞬时值表达式为

$$u_1(t) = \sqrt{2}U\sin\omega t$$
$$u_2(t) = \sqrt{2}U\sin(\omega t - 120°) \tag{5-1}$$
$$u_3(t) = \sqrt{2}U\sin(\omega t - 240°) = \sqrt{2}U\sin(\omega t + 120°)$$

式中：U 为每相电压的有效值，ω 为电压的角频率。它们的相量表达式为

$$\dot{U}_1 = U\underline{/0°} = U$$
$$\dot{U}_2 = U\underline{/-120°} = U \times \left(-\frac{1}{2} - \mathrm{j}\frac{\sqrt{3}}{2}\right) \tag{5-2}$$
$$\dot{U}_3 = U\underline{/-240°} = U\underline{/120°} = U\left(-\frac{1}{2} + \mathrm{j}\frac{\sqrt{3}}{2}\right)$$

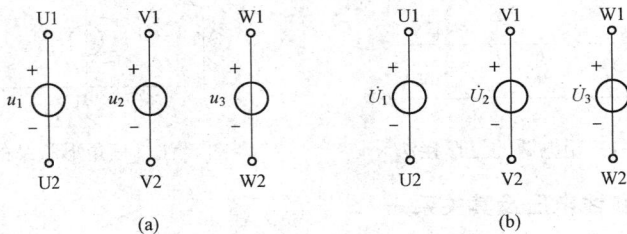

图 5-3　三相电源电路模型

（a）时域模型；（b）相量模型

如图 5-4 所示为对称三相电压的相量图和波形图。显然

$$\left.\begin{array}{r} u_1 + u_2 + u_3 = 0 \\ \dot{U}_1 + \dot{U}_2 + \dot{U}_3 = 0 \end{array}\right\} \tag{5-3}$$

三相对称的概念也可以用于三相电流。

三相电压或三相电流随时间出现最大值或某一特定值的次序称作相序。图 5-4 所示相序称为顺序或正序。通常三相电源电压的相序均指正序。

5.1.3　三相电源的连接

三相电源在与外电路连接之前，六个端子先连接成星形或三角形。如图 5-5 所示为星形联结（Y 形联结），即将三相电源的三个末端连在一起，形成的节点称为中性点或零点，

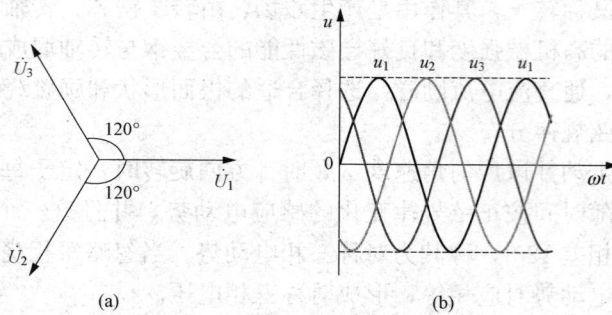

图 5-4　对称三相电压的相量图和波形图

（a）对称三相电压的相量图　；（b）对称三相电压的波形图

用字母 N 表示，三个首端引出三根导线 L1、L2、L3 与外电路相连，称为端线或相线，俗称火线。从中性点引出的线称为中性线或零线。星形联结的三相电源可提供三相三线制和三相四线制供电方式。

　　如图 5-6 所示，把一相电源的末端与另一相电源的始端依次连接，再从三个连接点引出三根火线与外电路相连，就形成三角形联结（△形联结）。三角形联结的三相电源只能提供三相三线制一种供电方式。

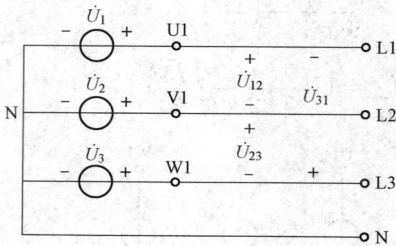

图 5-5　三相电源的星形接法

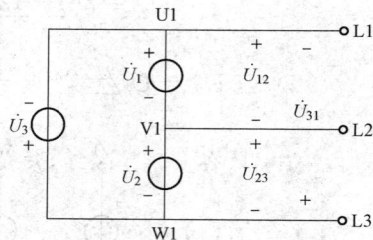

图 5-6　三角形联结的三相电源

5.1.4　相电压和线电压及其关系

　　每一相电源首端和末端之间的电压称为相电压。如图 5-5，图 5-6 所示，用 $\dot{U}_1$，$\dot{U}_2$，$\dot{U}_3$ 表示。

　　三相电源首端与首端（相线与相线）之间的电压称为线电压，如图 5-5、图 5-6 所示，用 $\dot{U}_{12}$、$\dot{U}_{23}$、$\dot{U}_{31}$ 表示。

　　显然，星形和三角形联结的三相电源都有三个相电压和三个线电压。

　　由图 5-6 还可以得知，三角形联结的三相电源线电压和相电压对应相等。而星形联结三相电源线电压和相电压是不相等的，如图 5-5 所示，根据 KVL 可知它们之间的关系为

$$\dot{U}_{12} = \dot{U}_1 - \dot{U}_2$$
$$\dot{U}_{23} = \dot{U}_2 - \dot{U}_3$$
$$\dot{U}_{31} = \dot{U}_3 - \dot{U}_1 \tag{5-4}$$

　　特别地，当相电压 $\dot{U}_1$，$\dot{U}_2$，$\dot{U}_3$ 对称时，画相量图如图 5-7 所示，根据式（5-4）及相

量求和法则可得三个线电压 $\dot{U}_{12}$，$\dot{U}_{23}$，$\dot{U}_{31}$，显然三个线电压也是对称的，并且线电压的有效值是相电压有效值的 $\sqrt{3}$ 倍，线电压超前对应相电压30°。

令 $U_1 = U_2 = U_3 = U_P$，$U_{12} = U_{23} = U_{31} = U_L$，则 $U_L = \sqrt{3} U_P$。

线电压与相电压关系的相量表达式为

$$\dot{U}_{12} = \sqrt{3} \dot{U}_1 \underline{/30°}$$

$$\dot{U}_{23} = \sqrt{3} \dot{U}_2 \underline{/30°}$$

$$\dot{U}_{31} = \sqrt{3} \dot{U}_3 \underline{/30°} \qquad (5-5)$$

图 5-7 星形接法时线电压和相电压的关系

【例 5-1】 如图 5-5 所示对称三相电源星形联结，已知相电压 $\dot{U}_1 = 220 \underline{/0°}$ V，求 $\dot{U}_2$，$\dot{U}_3$，$\dot{U}_{12}$，$\dot{U}_{23}$，$\dot{U}_{31}$，$\dot{U}_{32}$。

解 对称三相电源，相电压和线电压均对称，$U_P = 220$V，$U_L = \sqrt{3} U_P = 380$V，所以

$$\dot{U}_2 = 220 \underline{/-120°} \text{V}, \dot{U}_3 = 220 \underline{/120°} \text{V};$$

$$\dot{U}_{12} = 380 \underline{/30°} \text{V}, \dot{U}_{23} = 380 \underline{/-90°} \text{V}, \dot{U}_{31} = 380 \underline{/150°} \text{V}$$

$$\dot{U}_{32} = -\dot{U}_{23} = -380 \underline{/-90°} = 380 \underline{/90°} \text{V}$$

【例 5-2】 已知星形联结的对称三相电源线电压有效值 $U_L = 380$V。若将三相电源改接成三角形联结，求改接后相电压和线电压的有效值。

解 星形联结时相电压有效值 $U_P = \dfrac{U_L}{\sqrt{3}} = \dfrac{380}{\sqrt{3}} = 220$V

三角形联结时相电压有效值 $U_P' = 220$V，线电压有效值 $U_L' = U_P' = 220$V。

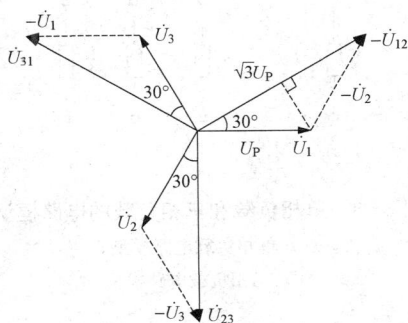

练习与思考

1. 三相电源的含义是什么？与对称三相电源的区别是什么？
2. 对称三相电源星形联结时，若将其中一相首尾接反，线电压还对称吗？
3. 对称三相电源星形联结，已知线电压 $\dot{U}_{12} = 380 \underline{/0°}$V，相电压 $\dot{U}_1$ 为多少？
4. 对称三相电源星形联结，已知相电压 $\dot{U}_3 = 220 \underline{/0°}$V，线电压 $\dot{U}_{12}$ 为多少？

5.2 三相负载及其连接方法

电力系统中实际负载常见的有三相负载和单相负载，工矿企业常用的三相异步电动机是典型的三相负载，而单相异步电动机、电热炉、继电器的吸引线圈以及许多家用电器如电灯、电扇、洗衣机、空调等均属于单相负载。单相负载的电路模型可用一个阻抗表示，三相负载的电路模型用三个阻抗表示，如图 5-8 所示。从配电角度来说，单相负载不能集中接于一相中，而是应当均匀分配在各相中，如可将多个单相负载分成三组，每一组负载构成一相，形成由单相负载组成的三相负载。

三相负载在与三相电源相连之前可连接成星形（Y 形）或三角形（△形）两种方式，如

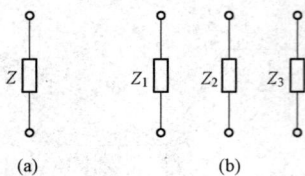

图 5-8　单相负载和三相负载的电路模型
(a) 单相负载电路模型;
(b) 三相负载电路模型

图 5-9 所示。如果三相负载参数完全相等,即 $Z_1 = Z_2 = Z_3$,$Z_{12} = Z_{23} = Z_{31}$,称三相负载为对称三相负载。否则为不对称三相负载。

三相负载相电压和线电压的定义与三相电源相同,三相负载星形联结时,如图 5-10 (a) 所示,为了与三相电源的电压区别,三相负载的相电压用 $\dot{U}_1'$、$\dot{U}_2'$、$\dot{U}_3'$ 表示,线电压用 $\dot{U}_{12}'$、$\dot{U}_{23}'$、$\dot{U}_{31}'$ 表示,三相负载相电压与线电压之间的关系与三相电源相同,这里不再赘述。三相负载三角形联结时,如图 5-10 (b) 所示,由于相电压与线电压对应相等,相电压和线电压均可用 $\dot{U}_{12}'$、$\dot{U}_{23}'$、$\dot{U}_{31}'$ 表示。实际工程中负载的联结方式视其额定电压而定,无论是星形联结还是三角形联结都必须保证每相负载的端电压等于或小于其额定电压。

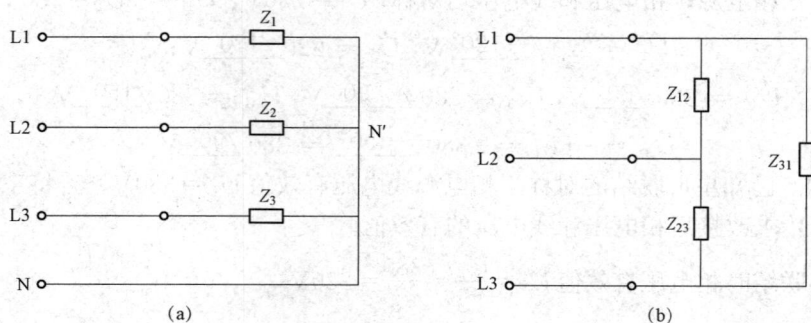

图 5-9　三相负载的联结
(a) 星形联结;(b) 三角形联结

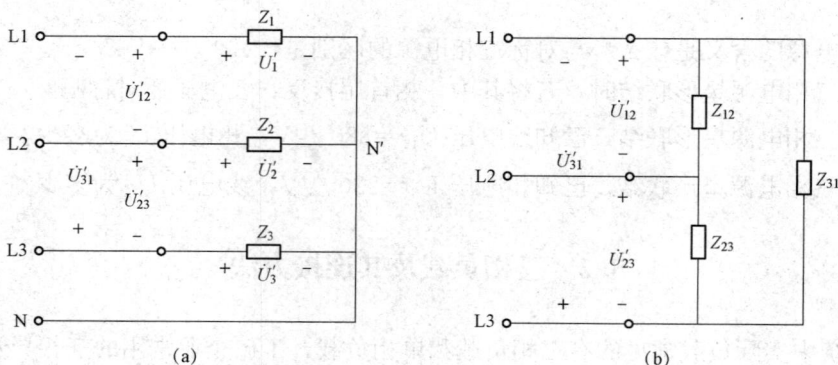

图 5-10　三相负载相电压和线电压
(a) 星形联结;(b) 三角形联结

流过每相负载(电源)的电流称为相电流。如图 5-11 所示,三相负载星形联结时,可用 $\dot{I}_1'$,$\dot{I}_2'$,$\dot{I}_3'$ 表示;三角形联结时用 $\dot{I}_{12}$,$\dot{I}_{23}$,$\dot{I}_{31}$ 表示。

流过每条端线（火线）的电流称为线电流。如图 5 - 11 所示，可用 $\dot{I}_1$，$\dot{I}_2$，$\dot{I}_3$ 表示。流过中性线的电流称为中线（中性线）电流，用 $\dot{I}_N$ 表示。

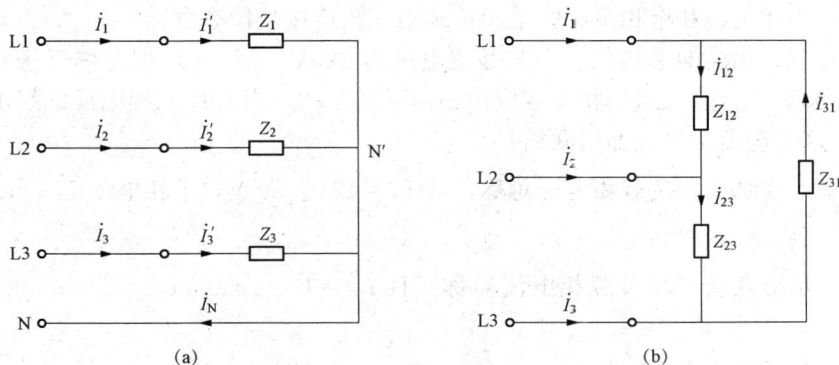

图 5 - 11　三相负载的联结
(a) 星形联结；(b) 三角形联结

由 KCL 可知，三相负载（电源）星形联结时，线电流和相电流对应相等。三角形联结时线电流与相电流的关系为

$$\dot{I}_1 = \dot{I}_{12} - \dot{I}_{31}$$
$$\dot{I}_2 = \dot{I}_{23} - \dot{I}_{12}$$
$$\dot{I}_3 = \dot{I}_{31} - \dot{I}_{23}$$

$$(5 - 6)$$

特别地，当相电流 $\dot{I}_{12}$，$\dot{I}_{23}$，$\dot{I}_{31}$ 对称时，可以证明线电流 $\dot{I}_1$，$\dot{I}_2$，$\dot{I}_3$ 也是对称的，如图 5 - 12 所示，线电流有效值是相电流有效值的 $\sqrt{3}$ 倍，线电流滞后对应相电流 30°。

令 $I_{12} = I_{23} = I_{31} = I_P$，$I_1 = I_2 = I_3 = I_L$，则 $I_L = \sqrt{3} I_P$。相量表达式为

$$\dot{I}_{12} = \sqrt{3} \dot{I}_1 \underline{/-30°}$$
$$\dot{I}_{23} = \sqrt{3} \dot{I}_2 \underline{/-30°}$$
$$\dot{I}_{31} = \sqrt{3} \dot{I}_3 \underline{/-30°} \qquad (5 - 7)$$

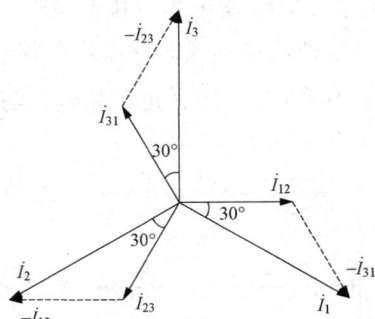

图 5 - 12　三角形联结时对称情况下线电流和相电流的相量图

【例 5 - 3】　如图 5 - 11 (b) 所示，已知三角形联结负载的相电流对称，且 $\dot{I}_{23} = 3 \underline{/0°}$ A，求 $\dot{I}_{12}$，$\dot{I}_{31}$，$\dot{I}_1$，$\dot{I}_2$，$\dot{I}_3$。

解　根据对称性可得相电流 $\dot{I}_{12} = 3 \underline{/120°}$ A，$\dot{I}_{31} = 3 \underline{/-120°}$ A

线电流有效值 $I_L = 3\sqrt{3} \approx 5.2$ (A)，线电流

$$\dot{I}_1 = 5.2 \underline{/90°} \text{A}, \quad \dot{I}_2 = 5.2 \underline{/-30°} \text{A},$$
$$\dot{I}_3 = 5.2 \underline{/-150°} \text{A}$$

练习与思考

1. 什么是三相负载和单相负载？单相负载的三相连接是什么意思？

2. 已知有三组相同的单相负载，其额定电压为 220V。问（1）当对称三相电源的线电压有效值为 380V 时，这三组单相负载应该如何联结？（2）当对称三相电源的线电压有效值为 220V 时，这三组负载又该如何联结？

3. 已知星形联结三相负载相电压对称，且 $\dot{U}_3=200\angle30°$V，求相电压 $\dot{U}_1$、$\dot{U}_2$ 和线电压 $\dot{U}_{12}$。

4. 已知三角形联结三相负载相电流对称，且 $i_{12}=10\sqrt{2}\sin(\omega t+45°)$A，求线电流 i_1，i_2，i_3。

5. 已知三角形联结三相负载线电流对称，且 $\dot{I}_3=2\angle30°$A，求相电流 $\dot{I}_{12}$，$\dot{I}_{23}$，$\dot{I}_{31}$。

5.3　简单三相电路的计算

三相电源与三相负载经三相输电线路连接形成三相电路。三相电路的计算实质就是交流电路的计算，可采用相量法。本节只对简单三相电路进行分析计算，假设：（1）三相电源对称且为星形联结，线电压或相电压已知；（2）线路阻抗忽略不计。

5.3.1　三相四线制连接方式

在低压配电系统中，当三相负载不对称时，通常采用三相四线制接线方式。

图 5-13 所示为三相电源和三相负载均为星形联结的三相四线制电路，也称 Y_N-Y_N 联结。这种接线方式的特点是在忽略中性线阻抗不计时，负载中性点 N′ 与电源中性点 N 等电位，由 KVL 可知，负载相电压与电源相电压对应相等，即 $\dot{U}_1'=\dot{U}_1$，$\dot{U}_2'=\dot{U}_2$，$\dot{U}_3'=\dot{U}_3$。

由于三相负载不对称，可逐相计算各相电流，即

$$\dot{I}_1=\frac{\dot{U}_1}{Z_1}，\ \dot{I}_2=\frac{\dot{U}_2}{Z_2}，\ \dot{I}_3=\frac{\dot{U}_3}{Z_3} \qquad (5-8)$$

此时中线电流为

$$\dot{I}_N=\dot{I}_1+\dot{I}_2+\dot{I}_3 \qquad (5-9)$$

这种接线方式的另一个优点是当某一相负载发生故障时，其他两相负载的相电压不受影响，仍能正常运行。

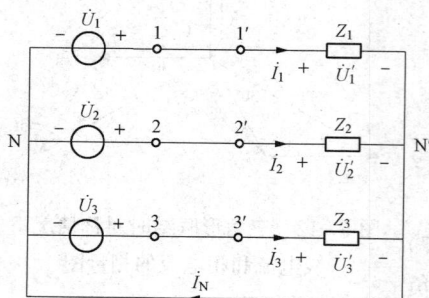

图 5-13　Y_N-Y_N 联结三相电路

5.3.2　三相三线制接线方式

当三相负载对称时，一般采用三相三线制接线方式，包括负载为星形和三角形两种接线方式

1. Y—Y 联结三相电路

如图 5-14 所示，三相电源和三相负载均为星形接线，又称为 Y—Y 联结三相电路，该电路实质上就是一个含源双节点电路，根据节点电压法可计算出负载中性点与电源中性点之

间的电压。当三相负载对称时，$Z_1=Z_2=Z_3=Z$，中性点之间的电压 $\dot{U}_{N'N}$ 为

$$\dot{U}_{N'N}=\frac{\dfrac{\dot{U}_1}{Z_1}+\dfrac{\dot{U}_2}{Z_2}+\dfrac{\dot{U}_3}{Z_3}}{\dfrac{1}{Z_1}+\dfrac{1}{Z_2}+\dfrac{1}{Z_3}}=\frac{\dfrac{1}{Z}(\dot{U}_1+\dot{U}_2+\dot{U}_3)}{\dfrac{3}{Z}}\equiv 0$$

(5 - 10)

负载相电压与电源相电压对应相等，即

$$\dot{U}_1'=\dot{U}_1,\ \dot{U}_2'=\dot{U}_2,\ \dot{U}_3'=\dot{U}_3 \quad (5-11)$$

此时三个相电流也对称，因此只需计算一相，其他相可根据对称性写出。

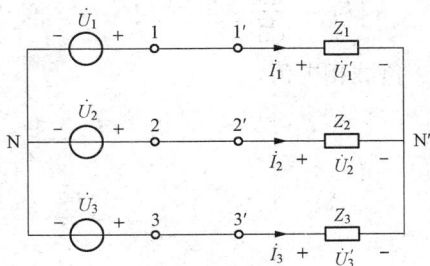

图 5-14　Y—Y 联接的三相电路

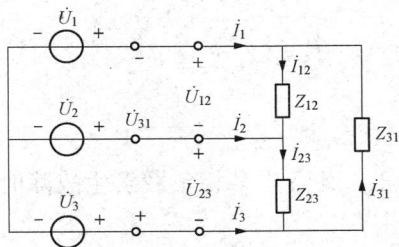

图 5-15　Y—△联结三相电路

2.Y—△联结三相电路

如图 5-15 所示，星形联结的三相电源与三角形联结的三相负载相连构成 Y—△联结三相电路，显然，负载相电压等于对应电源线电压，各相电流为

$$\dot{I}_{12}=\frac{\dot{U}_{12}}{Z_{12}},\ \dot{I}_{23}=\frac{\dot{U}_{23}}{Z_{23}},\ \dot{I}_{31}=\frac{\dot{U}_{31}}{Z_{31}} \quad (5-12)$$

线电流 $\dot{I}_1$，$\dot{I}_2$，$\dot{I}_3$ 可根据线电流与相电流关系算出。当三相负载对称时，相电流和线电流均对称，可只计算一相，其他相由对称性导出。

5.3.3　其他连接的三相电路

工程实际中三相电源会连接多组负载，一般默认三相电源是对称的，且为星形联结。负载可以是单相或三相的，三相负载可能星形或三角形联结，可能对称或不对称，三相电路还有可能出现故障运行状态，所以，在分析三相电路时，可根据实际情况结合交流电路的分析方法进行分析计算。

【例 5-4】　有一星形联结的对称三相负载，每相负载阻抗 $Z=(30+j40)\Omega$，与对称三相电源相连，已知电源电压 $u_{12}=380\sqrt{2}\sin(\omega t+30°)$V，求流过每相负载的电流。

解　电源线电压 $\dot{U}_{12}=380\angle 30°$V，相电压 $\dot{U}_1=\frac{380}{\sqrt{3}}\angle 0°=220\angle 0°$（V），负载相电压等于对应的电源相电压，对称三相电路，可只计算一相。即相电流

$$\dot{I}_1=\frac{\dot{U}_1}{Z}=\frac{220\angle 0°}{30+j40}=\frac{220\angle 0°}{50\angle 53.1°}=4.4\angle -53.1°\text{(A)}$$

$$i_1=4.4\sqrt{2}\sin(\omega t-53.1°)\text{(A)}$$

根据对称性可得

$$i_2=4.4\sqrt{2}\sin(\omega t-173.1°)\text{(A)},\ i_3=4.4\sqrt{2}\sin(\omega t+66.9°)\text{(A)}$$

【例 5-5】　如图 5-13 所示 Y_N—Y_N 联结三相电路，已知电源线电压 $\dot{U}_{12}=380\angle 30°$V，三相负载阻抗 $Z_1=10\Omega$，$Z_2=j10\Omega$，$Z_3=-j10\Omega$，(1) 求三相负载相电流 $\dot{I}_1$，$\dot{I}_2$，$\dot{I}_3$ 和中线电流 $\dot{I}_N$；(2) 若将线路 11' 断开，重复 (1) 问；(3) 若将中线断开，再求 $\dot{I}_1$，$\dot{I}_2$，$\dot{I}_3$。

解　(1) Y_N—Y_N 联结，负载相电压等于对应电源相电压

$$\dot{U}_1 = \frac{380}{\sqrt{3}} \underline{/30° - 30°} = 220 \underline{/0°} \text{ V}, \quad \dot{U}_2 = 220 \underline{/-120°} \text{ V}, \quad \dot{U}_3 = 220 \underline{/120°} \text{ V}$$

负载相电流

$$\dot{I}_1 = \frac{\dot{U}_1}{Z_1} = \frac{220 \underline{/0°}}{10} = 22 \underline{/0°} \text{ (A)}$$

$$\dot{I}_2 = \frac{\dot{U}_2}{Z_2} = \frac{220 \underline{/-120°}}{j10} = 22 \underline{/150°} \text{ (A)}$$

$$\dot{I}_3 = \frac{\dot{U}3}{Z_3} = \frac{220 \underline{/120°}}{-j10} = 22 \underline{/-150°} \text{ (A)}$$

$$\dot{I}_N = \dot{I}_1 + \dot{I}_2 + \dot{I}_3 = 22 + 22 \underline{/150°} + 22 \underline{/-150°} = -16.1 \text{(A)}$$

（2）若将线路 11′断开，$\dot{I}_1 = 0$

其他两相负载相电压不变，电流也不变，$\dot{I}_2 = 22\underline{/150°} \text{A}$，$\dot{I}_3 = 22\underline{/-150°} \text{A}$
中线电流

$$\dot{I}_N = \dot{I}_1 + \dot{I}_2 + \dot{I}_3 = 22 \underline{/150°} + 22 \underline{/-150°} = -38.1 \text{(A)}$$

可见中线的作用就是保证不对称三相负载获得对称三相电压，并且当某相负载发生故障时，其他相负载仍能正常工作。

（3）若将中线断开，电路如图 5 - 12 所示，中性点之间电压 $\dot{U}_{N'N}$ 为

$$\dot{U}_{N'N} = \frac{\dfrac{\dot{U}_1}{Z_1} + \dfrac{\dot{U}_2}{Z_2} + \dfrac{\dot{U}_3}{Z_3}}{\dfrac{1}{Z_1} + \dfrac{1}{Z_2} + \dfrac{1}{Z_3}} = \frac{\dfrac{220 \underline{/0°}}{10} + \dfrac{220 \underline{/-120°}}{j10} + \dfrac{220 \underline{/120°}}{-j10}}{\dfrac{1}{10} + \dfrac{1}{j10} + \dfrac{1}{-j10}} = -161 \text{(V)}$$

负载相电压

$$\dot{U}_1' = 220 \underline{/0°} - (-161) = 381 \text{(V)}$$

$$\dot{U}_2' = 220 \underline{/-120°} - (-161) = 197.2 \underline{/-75°} \text{ (V)}$$

$$\dot{U}_3' = 220 \underline{/120°} - (-161) = 197.2 \underline{/75°} \text{ (V)}$$

负载相电流

$$\dot{I}_1 = \frac{\dot{U}_1'}{Z_1} = \frac{381}{10} = 38.1 \text{(A)}$$

$$\dot{I}_2 = \frac{\dot{U}_2'}{Z_2} = \frac{197.2 \underline{/-75°}}{j10} = 19.72 \underline{/-165°} \text{ (A)}$$

$$\dot{I}_3 = \frac{\dot{U}_3'}{Z_3} = \frac{197.2 \underline{/75°}}{-j10} = 19.72 \underline{/165°} \text{ (A)}$$

可见中线断开后，负载相电压不再对称，第一相负载相电压为 380V，第二、三相负载相电压只有 190V，如果负载额定电压为 220V，则这种情况是不允许发生的。工程实际中中线是不加熔断开关的，且中线阻抗很小接近零值。

【例 5 - 6】　Y－△联结对称三相电路如图 5 - 16（a）所示，已知电源相电压 $\dot{U}_1 = 220 \underline{/0°} \text{V}$，每相负载阻抗为 $Z = (12 + j16) \Omega$。（1）求负载的相电流 $\dot{I}_{12}$，$\dot{I}_{23}$，$\dot{I}_{31}$ 和线电流 $\dot{I}_1$，$\dot{I}_2$，$\dot{I}_3$；（2）若将 1′与 2′之间负载断开，如图 5 - 16（b）所示，重复（1）问；（3）若将火线 22′断

开，如图 5-16（c）所示，重复（1）问。

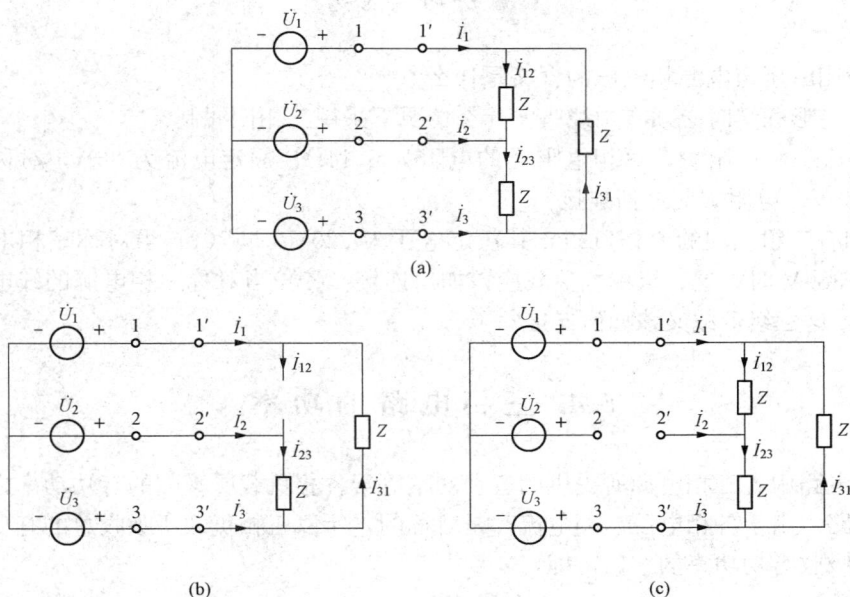

图 5-16 【例 5-6】的图

解 电源线电压 $U_L = \sqrt{3}U_P = 380\text{V}$，

$$\dot{U}_{12} = 380\underline{/30°}\,\text{V}, \dot{U}_{23} = 380\underline{/-90°}\,\text{V}, \dot{U}_{31} = 380\underline{/150°}\,\text{V}$$

（1）负载相电压等于对应电源线电压，相电流为

$$\dot{I}_{12} = \frac{\dot{U}_{12}}{Z_{12}} = \frac{380\underline{/30°}}{12+\text{j}16} = \frac{380\underline{/30°}}{20\underline{/53.1°}} = 19\underline{/-23.1°}\,\text{(A)}$$

$$\dot{I}_{23} = 19\underline{/-143.1°}\,\text{A}, \dot{I}_{31} = 19\underline{/96.9°}\,\text{A}$$

线电流为

$$\dot{I}_1 = 19\sqrt{3}\underline{/-23.1°-30°} = 32.9\underline{/-53.1°}\,\text{(A)}$$

$$\dot{I}_2 = 32.9\underline{/-173.1°}\,\text{(A)}, \dot{I}_3 = 32.9\underline{/66.9°}\,\text{(A)}$$

（2）若将 1′ 与 2′ 之间负载断开，如图 5-16（b）所示，

相电流 $\dot{I}_{12}=0$，$\dot{I}_{23}$ 和 $\dot{I}_{31}$ 保持不变；

线电流 $\dot{I}_1 = -\dot{I}_{31}$，$\dot{I}_2 = \dot{I}_{23}$，$\dot{I}_3$ 保持不变。

（3）若将火线 22′ 断开，如图 5-16（c）所示，相电流 $\dot{I}_{31}$ 保持不变，即 $\dot{I}_{31} = 19\underline{/96.9°}\text{A}$，

$$\dot{I}_{12} = \dot{I}_{23} = -\frac{1}{2}\dot{I}_{31} = \frac{1}{2}\times 19\underline{/180°-96.9°} = 9.5\underline{/-83.1°}\,\text{(A)}$$

线电流为

$$\dot{I}_2 = 0$$

$$\dot{I}_3 = \dot{I}_{31} - \dot{I}_{23} = \frac{3}{2}\dot{I}_{31} = 28.5\underline{/96.9°}\,\text{A}$$

$$\dot{I}_1 = -\dot{I}_3 = 28.5\underline{/-83.1°}\,\text{A}$$

练习与思考

1. 负载相电压与电源相电压的含义是什么?
2. 负载星形联结时必须有中线吗? 什么情况下采用三相四线制?
3. 有一个三相电阻炉,每相电阻丝的电阻为 6.11Ω,额定电流为 36A,对称三相电源线电压为 380V。电阻炉应如何连接?
4. 已知有三组相同的单相负载,其额定电压为 220V。问(1)当对称三相电源的线电压有效值为 380V 时,这三组单相负载应该如何连接?(2)当对称三相电源的线电压有效值为 220V 时,这三组负载又该如何连接?

5.4 三相电路的功率

在三相电路中,三相电源所提供的有功功率等于各相负载所吸收的有功功率之和。对于对称三相电路,由于各相电压、相电流都是对称的,所以三相负载所吸收总的有功功率等于每相负载所吸收有功功率的 3 倍,即

$$P = 3U_P I_P \cos\varphi \tag{5-13}$$

式中:U_P 是负载相电压有效值;I_P 是负载相电流有效值;φ 是负载相电压与相电流的相位差。

当对称负载星形联结时

$$U_L = \sqrt{3}U_p \quad I_L = I_p \tag{5-14}$$

当对称负载三角形联结时

$$U_L = U_p \quad I_L = \sqrt{3}I_p \tag{5-15}$$

将式(5-14)、式(5-15)代入式(5-13)可得

$$P = \sqrt{3}U_L I_L \cos\varphi \tag{5-16}$$

式(5-16)表明,对称三相负载吸收的有功功率也可用线电压和线电流有效值计算。

同理可得对称三相电路的无功功率和视在功率及功率因数分别为

$$Q = 3U_P I_P \sin\varphi = \sqrt{3}U_L I_L \sin\varphi \tag{5-17}$$

$$S = 3U_P I_P = \sqrt{3}U_L I_L \tag{5-18}$$

$$\lambda = \cos\varphi = \frac{P}{S} \tag{5-19}$$

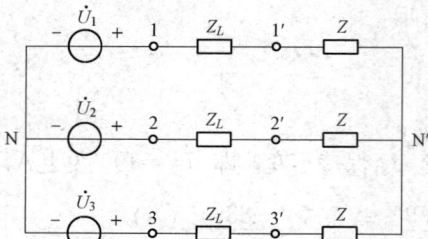

【例 5-7】 对称三相电路如图 5-17 所示,已知三相电源线电压 $U_L = 380V$,$Z_L = (3+j4)\Omega$,$Z = (6.4+j4.8)\Omega$,求负载侧线电流、线电压有效值及三相负载消耗的有功功率。

图 5-17 【例 5-7】的图

解 电源相电压 $U_P = \dfrac{U_1}{\sqrt{3}} = \dfrac{380}{\sqrt{3}} = 220(V)$,对称三相电路,中性点之间电压 $\dot{U}_{N'N} = 0$,所以线电流为

$$I_L = \frac{U_P}{|Z_L + Z|} = \frac{220}{\sqrt{(3+6.4)^2 + (4+4.8)^2}} = 17.1(A)$$

三相负载相电压为

$$U_P' = |Z|I_L = \sqrt{6.4^2 + 4.8^2} \times 17.1 = 136.8(V)$$

负载侧线电压为

$$U_L' = \sqrt{3}U_P' = \sqrt{3} \times 136.8 = 236.9(V)$$

负载功率因数

$$\cos\varphi = \frac{6.4}{\sqrt{6.4^2 + 4.8^2}} = 0.8$$

三相负载消耗的有功功率

$$P = \sqrt{3}U_L'I_L\cos\varphi = \sqrt{3} \times 236.9 \times 17.1 \times 0.8 = 5.6(kW)$$

【例 5 - 8】 如图 5 - 18 所示，三角形联结三相负载与对称三相电源相连，已知电源线电压 $\dot{U}_{12} = 380 \angle 30°$ V，三相负载有功功率 $P_\triangle = 1.98kW$，功率因数 $\cos\varphi_\triangle = 0.5$（电感性）。求电流 $\dot{I}_{12}$ 和 $\dot{I}_1$。

解 根据式（5 - 16）可得线电流有效值为

$$I_L = \frac{P}{\sqrt{3}U_L\cos\varphi} = \frac{1.98 \times 10^3}{\sqrt{3} \times 380 \times 0.5} = 6(A)$$

相电流有效值为

$$I_P = \frac{I_L}{\sqrt{3}} = 3.46(A)$$

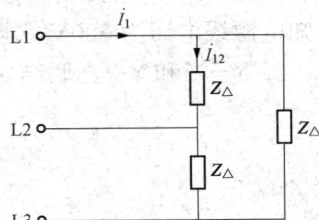

图 5 - 18 【例 5 - 8】的图

由已知得功率因数角 $\varphi_\triangle = 60°$，即相电压与相电流相位差为 $60°$，又因为三角形联结三相负载相电压等于对应线电压，所以相电流初相位为

$$\varphi_{i12} = \varphi_{u12} - \varphi_\triangle = 30° - 60° = -30°$$

$$\dot{I}_{12} = 3.46 \angle -30° A, \quad \dot{I}_1 = 6 \angle -30° - 30° = 6 \angle -60° A$$

【例 5 - 9】 如图 5 - 19 所示三相电路，已知电源线电压 $\dot{U}_{12} = 380 \angle 0°$ V，$Z_Y = 100 \angle 37°$ Ω，$Z_\triangle = (120 + j160)$Ω。求 （1） 电流 $\dot{I}_{1Y}$，$\dot{I}_{12}$，$\dot{I}_{1\triangle}$ 和 $\dot{I}_1$；（2） 三相负载消耗的三相有功功率；（3） 三相电源提供的三相有功功率。

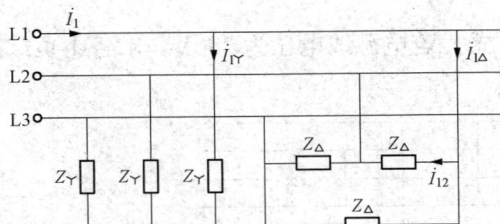

图 5 - 19 【例 5 - 9】的图

解 （1） 两组对称负载并行接在三相电源的火线上，负载线电压与电源线电压对应相等，可分别计算。星形联结负载相电压为

$$\dot{U}_1 = \frac{380}{\sqrt{3}} \angle 0° - 30° = 220 \angle -30° (V)$$

线电流等于对应相电流为

$$\dot{I}_{1Y} = \frac{220 \angle -30°}{100 \angle 37°} = 2.2 \angle -67° (A)$$

三角形联结三相负载相电压等于对应线电压，相电流为

$$\dot{I}_{12} = \frac{380 \angle 0°}{120 + j160} = 1.9 \angle -53.1° \text{(A)}$$

线电流为

$$\dot{I}_{1\triangle} = 1.9\sqrt{3} \angle 53.1° - 30° = 3.29 \angle -83.1° \text{(A)}$$

由 KCL 得

$$\dot{I}_1 = \dot{I}_{1Y} + \dot{I}_{1\triangle} = 2.2 \angle -67° + 3.29 \angle -83.1° = 5.45 \angle -76.6° \text{(A)}$$

（2）三相负载消耗的三相有功功率分别为

$$P_Y = 3U_P I_P \cos\varphi = 3 \times 220 \times 2.2\cos37° = 1.16 \text{(kW)}$$

$$P_\triangle = \sqrt{3}U_L I_L \cos\varphi = \sqrt{3} \times 380 \times 3.29\cos53.1° = 1.3 \text{(kW)}$$

（3）三相电源提供的三相有功功率

$$P = \sqrt{3}U_L I_L \cos\varphi = \sqrt{3} \times 380 \times 5.45\cos(-30° + 76.6°) = 2.46 \text{(kW)}$$

练习与思考

1. 有三个单相负载，每相负载的阻抗为 $Z = (30 + j40)\Omega$，星形接法与三相电源相连，已知电源线电压为 380V，求三个负载消耗总的有功功率。

2. Y—Y 和 Y—△联结对称三相电路的功率因数与负载的功率因数相等吗？

习　题

三相电源

5-1　已知对称三相电源每相电压有效值为 220V，当三相电源分别为星形和三角形联结时，相电压和线电压有效值各为多少？

5-2　已知对称三相电压源星形联结，线电压 $\dot{U}_{31} = 380 \angle 0°\text{V}$。求 $\dot{U}_{12}$，$\dot{U}_{23}$，$\dot{U}_1$，$\dot{U}_2$，$\dot{U}_3$ 并画出包含这些电压的相量图。

5-3　设三个理想电压源的电压相量分别为 $\dot{U}_{ab} = U \angle 0°\text{V}$，$\dot{U}_{cd} = U \angle 60°\text{V}$，$\dot{U}_{ef} = U \angle -60°\text{V}$。问这些电源应如何连接可以组成（1）星形联结的对称三相电源；（2）三角形联结的对称三相电源。

三相负载

5-4　指出如图 5-20 所示三相负载的连接方式，若电源线电压为 380V，求各组负载的相电压。

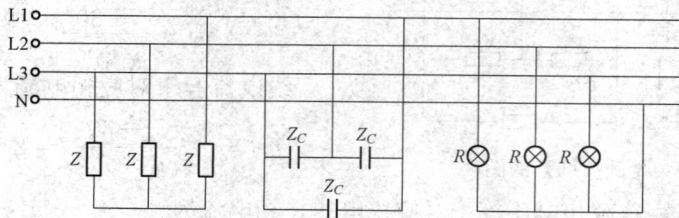

图 5-20　习题 5-4 图

5-5 如图5-21所示对称三相负载，已知相电压 $\dot{U}_2=100\angle-60°$V，求线电压 $\dot{U}_{12}$。

5-6 如图5-22所示对称三相负载，已知相电流 $\dot{I}_{31}=2\angle45°$A，求线电流 $\dot{I}_2$。

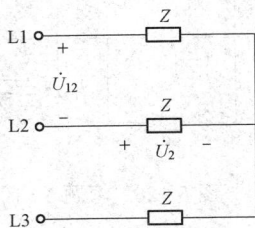

图5-21 习题5-5的图　　　图5-22 习题5-6的图

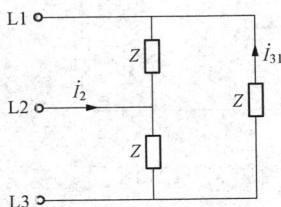

三相电路的计算

5-7 如图5-23所示对称三相电路，三相电源线电压 $U_L=380$V，$Z=10\angle60°\Omega$。求各电压表和电流表读数（仪表内阻抗忽略不计）。

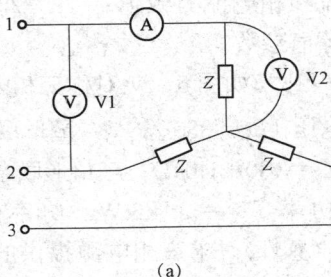

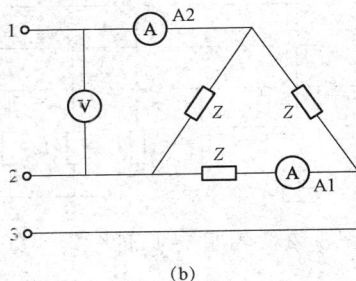

(a)　　　　　　　　(b)

图5-23 习题5-7图

5-8 对称三相电源线电压 $u_{12}=380\sqrt{2}\sin\omega t$V，Y形联结对称三相负载 $Z=(6+j8)\Omega$，求三相负载相电流 i_1，i_2，i_3。

5-9 三角形联结的对称三相负载每相阻抗 $Z=(12+j36)\Omega$，线电压 $\dot{U}_{12}=380\angle0$V。求三相负载的相电流 $\dot{I}_{12}$，$\dot{I}_{23}$，$\dot{I}_{31}$ 和线电流 $\dot{I}_1$，$\dot{I}_2$，$\dot{I}_3$。

5-10 如图5-24所示电路中，电源相电压 $U_P=220$V，三相负载为电灯组，其电阻分别为 $R_1=5\Omega$，$R_2=10\Omega$，$R_3=20\Omega$。试求（1）每相负载相电压有效值；（2）R_1 负载断开时各相负载的相电压有效值；（3）R_1 负载断开且中线也断开时其他两相负载的相电压有效值；（4）R_1 负载被短路可时中线也断开情况下，其他两相负载相电压的有效值。

5-11 图5-25所示对称三相负载三角形联结，当S1和S2均接通时，各电流表读数均为3.8A。求：（1）S1接通，S2断开；（2）S1断开，S2接通时电流表的读数。

5-12 如图5-26所示三相电路，已知电源线电压 $\dot{U}_{12}=380\angle0$V，三角形联结每相负载阻抗 $Z=(10+j17.32)\Omega$，单相负载 $R=20\Omega$。求电源侧线电流 $\dot{I}_1$，$\dot{I}_2$，$\dot{I}_3$。

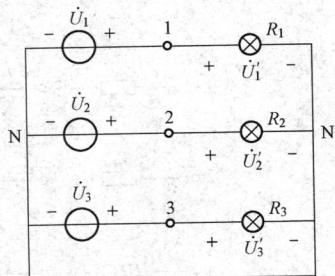

图5-24 习题5-10的图

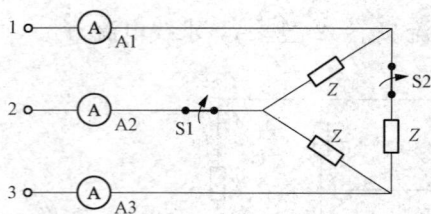

图 5-25 习题 5-11 的图

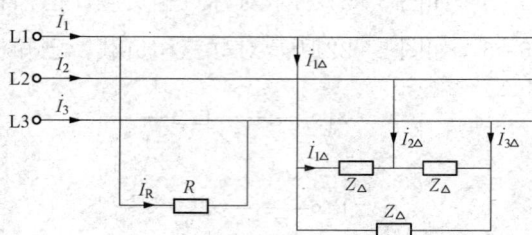

图 5-26 习题 5-12 的图

三相功率

5-13 已知对称三相电路电源线电压 $U_L=380$V，每相负载阻抗 $Z=(12+j16)\Omega$。求：(1) 负载星形联结时的三相功率 P_Y，Q_Y；(2) 负载三角形联结时的三相功率 $P_\triangle$，$Q_\triangle$。

5-14 Y—△联结的对称三相电路，已知电源 $U_L=380$V，$f=50$Hz，每相负载 $P=6.4$kW，$\cos\varphi=0.8$（感性）。求：(1) 负载的线电流和相电流有效值；(2) 每相负载的阻抗和等值参数。

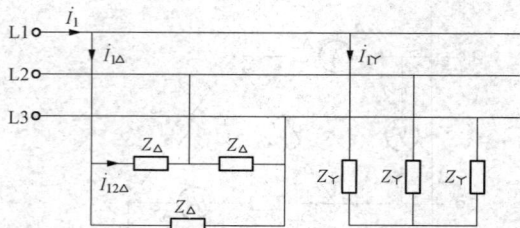

图 5-27 习题 5-15 的图

5-15 如图 5-27 对称三相电路，已知电源线电压 $\dot{U}_{12}=380\angle0°$V，星形联结负载每相阻抗 $Z_Y=(30+j40)\Omega$；三角形联结负载的三相有功功率 $P_\triangle=3.42$kW，功率因数 $\cos\varphi=0.866$（感性）。求三相电源提供的有功功率 P 和无功功率。

综合提高题

5-16 如图 5-28 所示对称三相电路，对称三相电源线电压 $\dot{U}_{12}=380\angle30°$V，对称三相负载每相阻抗 $Z=(19.2+j14.4)\Omega$，线路阻抗 $Z_L=(3+j4)\Omega$。求负载端的线电流 $\dot{I}_1$、相电流 $\dot{I}_{31}$ 和线电压 $\dot{U}'_{12}$。

5-17 如图 5-29 所示是一个相序测定电路，其中第 1 相接入电容，2，3 两相接入瓦数相同的白炽灯。设 $\frac{1}{\omega C}=R$，电源电压对称。试求灯泡承受的电压，说明如何根据灯泡的亮度确定电源的相序。

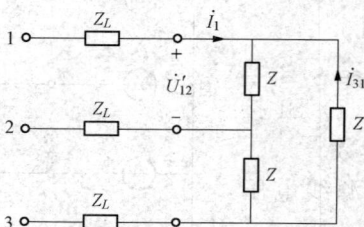

图 5-28 习题 5-16 的图

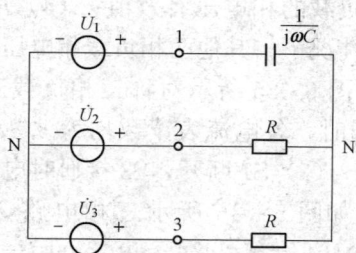

图 5-29 习题 5-17 的图

5-18 如图 5-30 所示对称三相电路中，$Z_L=j5.5\Omega$，$U'_{12}=380$V，三相异步电动机 M

吸收的功率 $P=1.4\text{kW}$，功率因数 $\cos\varphi=0.95$（感性）。求电源端电压 U_{12}。（提示：设三相异步电动机星形联结）

5-19　如图 5-31 所示对称三相电路中，电源线电压 $U_L=380\text{V}$，频率 $f=50\text{Hz}$，三相对称负载每相阻抗 $Z=(30+\text{j}17.32)\Omega$，若要将功率因数提高到 0.95（感性），接入一组电容，求每相电容的电容值。

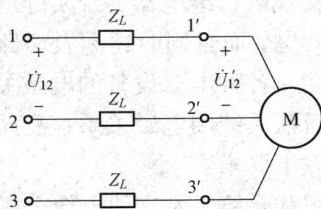

图 5-30　习题 5-18 的图

图 5-31　习题 5-19 的图

第6章 磁路与铁芯线圈电路

在前面几章中主要学习了电路的基本规律和各种基本分析方法。在现实中磁路和电路往往是相互关联的,很多电气设备比如变压器、电机、电磁仪表、继电器等及实际应用中的无线电能传输、磁悬浮列车、超导储能等,不仅涉及电路问题,而且同时还涉及磁路问题,因此只有全面掌握电路和磁路的基本理论和基本方法,才能对各种电气设备的电磁关系进行正确的分析。本章主要讲述磁路的概念及其基本定律;交流铁芯线圈电磁关系;变压器的工作原理及其特性和电磁铁工作原理及应用。通过学习达到以下要求:

(1) 理解磁路的基本概念,了解磁性材料的基本知识和磁路基本定律,会分析计算交流铁芯线圈电路;

(2) 了解变压器的基本结构、工作原理、运行特性和绕组的同极性端,理解变压器额定值的意义;

(3) 理解并掌握变压器电压变换、电流变换及阻抗变换原理及作用;

(4) 了解三相电压的变换方法;

(5) 了解电磁铁工作原理及其应用知识。

6.1 磁路及其基本定律

6.1.1 磁路的概念

如同把电流流过的路径称为电路一样,磁通所经过的闭合路径称为磁路。磁路主要是由具有良好导磁能力的材料所构成的。如图6-1所示,磁路是由闭合铁芯构成。当线圈内通有电流时,在线圈周围的铁芯内、外就会形成磁场。由于铁芯的导磁性能比空气要好得多,所以绝大部分磁通将在铁芯内通过,这部分磁通称为主磁通或工作磁通。同时围绕载流线圈与部分铁芯及铁芯周围空间交链的还有少量磁通,这部分磁通称为漏磁通,由于其所占比例较小,工程上常把它忽略。主磁通和漏磁通所通过的路径分别称为主磁路和漏磁路。

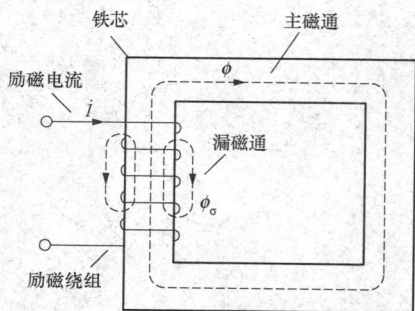

图6-1 闭合铁芯的磁路

用以生成磁通的电流称为励磁电流,流过励磁电流的线圈称为励磁线圈或励磁绕组。当励磁电流为直流时,磁路称为直流磁路。当励磁电流为交流时,磁路则称为交流磁路。如直流电机的磁路属于直流磁路,变压器、异步电动机的磁路属于交流磁路。

不论是直流磁路还是交流磁路,磁路的问题实际上是局限在一定路径内的磁场问题。因此,磁场的基本性质、基本物理量和基本定律是研究磁路的理论基础。

6.1.2 磁路的基本物理量

磁路的基本物理量如磁感应强度 B、磁通 Φ、磁场强度 H、磁导率 μ 都在物理学中学习过，这里只作简单复习和归纳。

1. 磁感应强度 *B*

磁感应强度 *B* 是定量描述磁场内某点磁场强弱和方向的物理量，它是一个矢量，与电流之间的方向关系可用右手螺旋定则来确定。如果磁场内各点磁感应强度的大小相等，方向相同，这样的磁场则称为均匀磁场。在国际单位制（SI）中，磁感应强度 *B* 的单位是 T（特斯拉，简称特）。

2. 磁通 Φ

要描述某个范围内磁场分布的情况，可用磁通这个物理量。在均匀磁场中，磁感应强度 *B* 与垂直于磁场方向的面积 *S* 的乘积，称为通过该面积的磁通 Φ，即

$$\Phi = BS \quad 或 \quad B = \frac{\Phi}{S} \tag{6-1}$$

所以，若磁通 Φ 表示垂直通过某一截面的磁力线根数，则磁感应强度在数值上可以看成为与磁场方向相垂直的单位面积内所通过的磁通，故 *B* 又可称为磁通密度（磁密）。在国际单位制（SI）中，磁通 Φ 的单位是 Wb（韦伯，简称韦）。

3. 磁场强度 *H*

磁场强度 *H* 是计算磁场时所引用的一个物理量，也是矢量，通过它来确定磁场与电流之间的关系（安培环路定律）。在国际单位制（SI）中，磁场强度 *H* 的单位是 A/m（安每米）。

4. 磁导率 μ

磁导率 μ 是一个用来表示磁场媒质磁性的物理量，也就是用来衡量物质导磁能力的物理量。它与磁场强度的乘积就等于磁感应强度，即

$$B = \mu H \tag{6-2}$$

在国际单位制（SI）中，磁导率 μ 的单位为 H/m（亨利每米）。

由实验测出，真空的磁导率为

$$\mu_0 = 4\pi \times 10^{-7} \text{H/m}$$

任意一种物质的磁导率 μ 和真空的磁导率 μ_0 的比值，称为该物质的相对磁导率，即

$$\mu_r = \frac{\mu H}{\mu_0 H} = \frac{B}{B_0} \tag{6-3}$$

可见，相对磁导率 μ_r 就是在同样励磁电流值下，当磁场媒质是某种物质时，某点的磁感应强度 *B* 与真空时该点的磁感应强度 B_0 的比值。

6.1.3 磁性材料的磁性能

自然界的所有物质按磁导率的大小，大体上可分成磁性材料（铁磁材料）和非磁性材料（非铁磁材料）两大类。

对非磁性材料而言，$\mu \approx \mu_0$，$\mu_r \approx 1$，磁导率都是常数。因此，当磁场媒质是非磁性材料时，$B = \mu_0 H$，*B* 与 *H* 成正比，即它们之间呈线性关系。

磁性材料的磁导率要比非磁性材料大得多。如常用的磁性材料中，铸铁的相对磁导率最大值可达 200，硅钢片可达 8000～10000，坡莫合金可达 20000～200000。电机中常用铁磁材料的相对磁导率 $\mu_r \approx 2000 \sim 6000$。

磁性材料被广泛地应用于电工设备中，下面主要介绍它的高导磁性、磁饱和性和磁滞性。

1. 高导磁性

磁性材料主要包括铁、镍、钴以及它们的合金。将这些材料放入磁场后，磁感应强度会显著增强，这是因为它们具有被强烈磁化的特性，称高导磁性。

磁性物质不同于其他物质，在物质的分子中由于电子环绕原子核运动和本身自转运动而形成分子电流，分子电流产生磁场，每个分子相当于一个基本小磁铁。同时，在磁性物质内部还分成许多称为磁畴的小区域。在没有外磁场的作用时，各个磁畴之间排列混乱，磁场互相抵消，对外就不显示磁性，如图 6-2（a）所示。在外磁场作用下其中的磁畴就顺外磁场方向转向，显示出磁性。随着外磁场的增强，磁畴就逐渐转到与外磁场相同的方向上，如图 6-2（b）所示。这样，便产生了一个很强的与外磁场同方向的磁化磁场（附加磁场），而使磁性物质内的磁感应强度大大增加。也就是说磁性物质被强烈地磁化了。

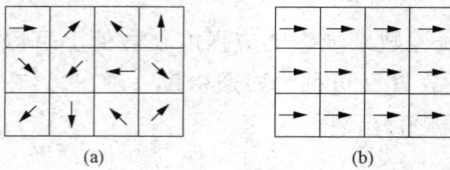

图 6-2 磁性物质的磁化过程

在电机、变压器及各种铁磁元件的线圈中，都放有由磁性材料制成的一定形状的铁芯。在这种具有铁芯的线圈中通入不大的励磁电流，便可产生足够大的磁通和磁感应强度。这就解决了既要磁通大，又要励磁电流小的矛盾。另外，由于磁性材料的磁导率大，它具有使磁力线集中通过的性能。利用优质的磁性材料可使同一容量的电机的重量和体积大大减轻和减小。

非磁性材料没有磁畴的结构，所以不具有被磁化的特性。

2. 磁饱和性

磁性物质由于磁化所产生的磁化磁场不会随着外磁场的增强而无限地增强。当外磁场（或励磁电流）增大到一定值时，全部磁畴的磁场方向都转向与外磁场的方向一致。这时被磁化磁场的磁感应强度 B_j 即达饱和值，如图 6-3 所示。图中曲线 B_0 是在外磁场作用下磁场内不存在磁性物质时的磁感应强度。将 B_j 曲线和 B_0 直线的纵坐标相加，便得出 B-H 磁化曲线。各种磁性材料的磁化曲线可通过实验得出，在磁路计算上极为重要。曲线可分成四段：开始磁化时，外磁场较弱，磁感应强度增加得不快，如图 6-3 中的 oa 段所示；随着外磁场的加强，材料内部的磁畴开始转向，越来越多地趋向于外磁场的方向，此时 B 值增加很快，且 B 与 H 差不多成正比地增加，如 ab 段所示。若外磁场继续增加，大部分磁畴已趋向外磁场方向，可转向的磁畴越来越少，B 的增加缓慢下来，如 bc 段，这种现象称为磁饱和。c 以后磁化曲线基本成为与非磁性材料的 $B=\mu_0 H$ 特性曲线相平行的直线。一般把磁化曲线接近饱和的拐弯点（图 6-3 中的 b 点）称为膝点。

显然，当有磁性物质存在时，B 与 H 不成正比，所以磁性物质的磁导率 μ 不是常数，随 H 而变，如图 6-3 所示。同时由于磁通 Φ 与 B 之间为正比例关系，因此在有磁性物质存在时，Φ 与 $H(I)$ 也不成正比关系。

设计电机和变压器时，为使主磁路内得到较大的磁通量而不过分增大励磁电流，通常把铁芯内磁感应强度的工作点选择在膝点附近。

3. 磁滞性

通过实验发现，如果对磁性材料周期性磁化，磁感应

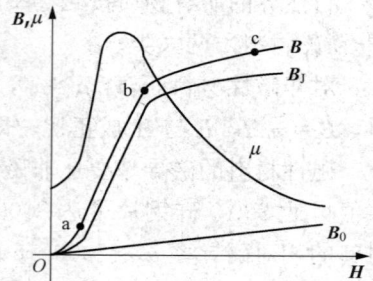

图 6-3 磁性材料的磁化曲线

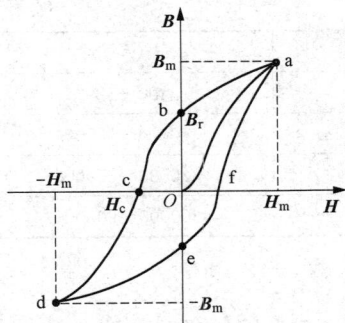

图 6-4　磁性材料的磁滞回线

强度 B 随磁场强度 H 变化的曲线就会如图 6-4 所示。可见，当 H 开始从零增加到 H_m 时，B 相应地从零增加到 B_m，随后 H 逐渐减小到零值时，但 B 并未回到零值，而等于 B_r。这种磁感应强度滞后于磁场强度变化的性质称为磁性材料的磁滞性。去掉外加磁场（即 $H=0$）时，铁芯中仍保留的剩余磁感应强度 B_r 称为剩磁。要想使 B 值从 B_r 减小到零，必须加反向外磁场，对应的反向外磁场的磁场强度 H_c 称为矫顽磁力。由于磁性材料的磁滞性，铁芯在反复交变磁化的情况下，其磁化过程是不可逆的，将表示 B 与 H 变化关系的闭合曲线（a b c d e f a），称为磁滞回线。

B_r 和 H_c 是磁性材料的两个重要参数。永久磁铁的磁性就是由剩磁产生的。但对剩磁也要一分为二，有时它会对应用带来不利的影响。如，当工件在平面磨床上加工完毕后，由于电磁吸盘有剩磁，还将工件吸住。为此，要通入反向去磁电流，去掉剩磁，才能将工件取下。再如有些工件（如轴承）在平面磨床上加工后得到的剩磁也必须去掉。

磁性物质不同，其磁滞回线和磁化曲线也不同（由实验得出）。图 6-5 中绘出了铸铁、铸钢和硅钢片三种磁性材料的磁化曲线。

按磁性物质的磁性能，磁性材料可以分成三种类型。

（1）软磁材料。磁滞回线较窄，具有较小的剩磁和矫顽磁力。一般用来制造电机、电器及变压器等的铁芯。常用的有铸铁、硅钢、坡莫合金及铁氧体等。铁氧体在电子技术中应用也很广泛，如可做计算机的磁芯、磁鼓以及录音机的磁带、磁头。

（2）永磁材料。具有较大矫顽磁力，磁滞回线较宽。一般用来制造永久磁铁。常用的有碳钢及铁镍铝钴合金等。近年来稀土永磁材料发展很快，像稀土钴、稀土钕铁硼等，其矫顽磁力更大。

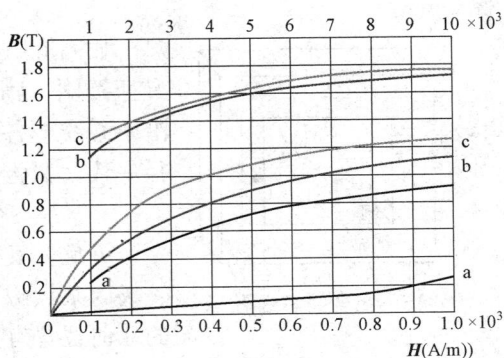

图 6-5　磁性材料的磁化曲线
a—铸铁；b—铸钢；c—硅钢片

（3）矩磁材料。具有较小矫顽磁力和较大的剩磁，磁滞回线接近矩形，稳定性也良好。在计算机和控制系统中可用作记忆元件、开关元件和逻辑元件。常用的有镁锰铁氧体及 1J51 型铁镍合金等。

常用的几种磁性材料的最大相对磁导率、剩磁及矫顽磁力见表 6-1。

表 6-1　　　　　　　　常用磁性材料的最大相对磁导率、剩磁及矫顽磁力

材料名称	μ_{max}	B_r(T)	H_c(A/m)
铸铁	200	0.475~0.500	880~1040
硅钢片	8000~10 000	0.800~1.200	32~64
坡莫合金（78.5%Ni）	20 000~200 000	1.100~1.400	4~24

材料名称	μ_{max}	B_r(T)	H_c(A/m)
碳钢（0.45%C）		0.800～1.100	2400～3200
铁镍铝钴合金		1.100～1.350	40000～52000
锋土钴		0.600～1.000	320000～690000
稀土钕铁硼		1.100～1.300	600000～900000

6.1.4　磁路的基本定律

磁路定律是对磁路进行分析和计算的基本依据，下面介绍几条常用的磁路定律，其中磁路的安培环路定律在物理学中学过。

1. 安培环路定律（全电流定律）

沿着任何一条闭合回线 l，磁场强度 $\boldsymbol{H}$ 的线积分值 $\oint \boldsymbol{H} \cdot \mathrm{d}l$ 恰好等于该闭合回线所包围的总电流值 $\sum i$，这就是安培环路定律。用公式表示为

$$\oint \boldsymbol{H} \cdot \mathrm{d}l = \sum i_k \tag{6-4}$$

其中，若电流的参考方向与闭合回线 l 的环行方向符合右螺旋关系时，i_k 取正号，否则取负号。

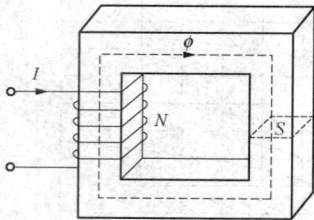

如图 6-6 所示为一个无分支闭合铁芯磁路，铁芯上绕有 N 匝线圈，励磁电流为 I，铁芯平均（中心线）长度为 L，设沿中心线上各点磁场强度矢量的大小相等，其方向与积分路径一致，漏磁通忽略不计。则由安培环路定律有

$$\boldsymbol{H}L = NI$$

可见，安培环路定律将电流与磁场强度联系起来，同时磁场内某点磁场强度 $\boldsymbol{H}$ 只与电流的大小、线圈匝数以及该点的几何位置有关，而与磁场媒质的磁性无关。

图 6-6　闭合铁芯磁路

2. 磁路的欧姆定律

如果上述无分支铁芯磁路的截面积为 S，材料磁导率为 μ，设铁芯内各截面内的磁通均匀分布，且垂直于各截面，则

$$IN = \boldsymbol{H}L = \frac{B}{\mu}L = \frac{\Phi}{\mu S}L$$

或

$$\Phi = \frac{IN}{\dfrac{L}{\mu S}} = \frac{F_m}{R_m} \tag{6-5}$$

该式称为磁路的欧姆定律，式中 $R_m = \dfrac{L}{\mu S}$，称为磁阻，表示磁路对磁通的阻碍作用，单位为 1/H（1/亨）；F_m（$F_m = NI$）称为磁动势，产生磁路中的磁通，单位为 A（安）；ΦR_m 称为磁压降，单位为 A（安）。

与电路的欧姆定律相似，磁路中的磁通 Φ 与电路中的电流 I 对应；磁路中的磁动势 F_m 与电路中的电动势 E 对应；磁路中的磁阻 R_m 与电路中的电阻 R 对应。

由于铁磁物质的磁导率 μ 不是常数，随励磁电流变化而变化，所以磁阻 R_m 不是常数，因此，磁路欧姆定律一般仅用于磁路的定性分析。而磁路的定量计算要用磁压降定律（磁路的基尔霍夫定律）辅以材料的磁化曲线来进行。

3. 磁压降定律

电机和变压器的磁路往往是由数段不同截面、不同铁磁材料的铁芯组成，而且可能含有气隙。磁路计算时，总是把整个磁路分成若干段，每段为同一材料、相同截面积，且段内磁感应强度处处相等，从而磁场强度处处相等。如图 6-7 所示继电器的磁路由三段组成，其中两段为磁性材料，第三段为气隙，设励磁绕组匝数为 N，励磁电流为 I。则由安培环路定律可得

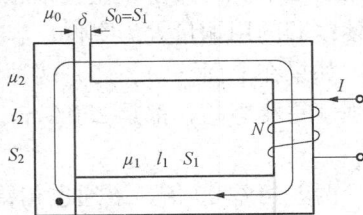

图 6-7 继电器的磁路

$$NI = \sum_{k=1}^{3} H_k l_k = H_1 l_1 + H_2 l_2 + H_\delta \delta = \phi_1 R_{m1} + \phi_2 R_{m2} + \phi_\delta R_{m\delta} \qquad (6\text{-}6)$$

式中：l_1、l_1 分别为两段铁芯的平均长度；δ 为气隙长度；H_1、H_2 分别为两段铁芯内的磁场强度；H_δ 为气隙内的磁场强度；$H_1 l_1$、$H_2 l_2$ 为两段铁芯的磁压降；$H_\delta \delta$ 为气隙磁压降；ϕ_1、ϕ_2 为两段铁芯内的磁通；ϕ_δ 为气隙磁通；R_{m1}、R_{m2} 为两段铁芯的磁阻；$R_{m\delta}$ 为气隙磁阻；NI 为总磁动势。

式（6-6）表明：在磁路的任一闭合回路中，各段磁压降的代数和等于磁动势的代数和，即

$$\sum Hl = \sum NI \qquad (6\text{-}7)$$

式（6-7）中，磁场强度的方向与回路绕行方向一致时，Hl 取正号，反之取负号；电流的方向与回路绕行方向符合右手螺旋关系时，NI 取正号，反之取负号。这就是磁路的磁压降定律。与电路中的基尔霍夫电压定律形式相同，因此又称为磁路的基尔霍夫磁压降定律。

6.1.5 简单直流磁路的计算

在计算电机及电器等的磁路时，通常是给定磁通量，计算所需要的励磁磁动势。对于分段均匀无分支的直流磁路，可通过下列步骤完成计算：

(1) 将磁路按材料性质和不同的截面分成数段均压磁路。

(2) 计算各段磁路的有效截面积 S_k 和平均长度 l_k。

(3) 根据通过各段磁路的磁通量 ϕ_k，计算各段磁路的平均磁感应强度 B_k。

(4) 根据各段磁路材料的磁化曲线 $B=f(H)$，找出与 B_k 对应的磁场强度 H_k。对于空气隙，可直接计算出 $H_\delta = \dfrac{B_\delta}{\mu_0}$。

(5) 计算各段磁路的磁压降 $H_k l_k$。并由磁路磁压降定律求出给定磁通量时，所需要的励磁磁动势 $F=NI$。

【例 6-1】 一个具有闭合均匀铁芯的线圈，如图 6-6 所示，其匝数为 350，铁芯的磁感应强度为 0.8T，磁路的平均长度为 50cm。试求：（1）铁芯材料为铸铁时线圈中的电流；（2）铁芯材料为硅钢片时线圈中的电流。

解 先从图 6-5 中的磁化曲线查出磁场强度 H，然后再算出电流。

(1) $H_1 = 6000\text{A/m}$，$I_1 = \dfrac{H_1 l}{N} = \dfrac{6000 \times 0.5}{350} = 8.57(\text{A})$

（2）$H_2 = 220\text{A/m}$，$I_2 = \dfrac{H_2 l}{N} = \dfrac{220 \times 0.5}{350} = 0.32(\text{A})$

根据计算结果，由于所用铁芯材料的不同，要得到同样的磁感应强度，则所需要的磁动势或励磁电流的大小相差就很悬殊。因此，采用磁导率高的铁芯材料，可降低励磁电流，从而使线圈的用铜量大为降低。

如果在上面（1）、（2）两种情况下，线圈中通有同样大小的电流 0.32A，则铁芯中的磁场强度是相等的，都是 220A/m。但从图 6-5 的磁化曲线可查出

$$B_1 = 0.04\text{T}, B_2 = 0.8\text{T}$$

两者相差 20 倍，磁通也相差 20 倍。在这种情况下，如果要得到相同的磁通，那么铸铁铁芯的截面积就必须增加 20 倍。因此，采用磁导率高的铁芯材料，可使铁芯的用铁量也大为降低。

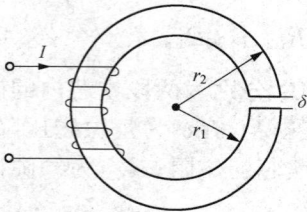

图 6-8 【例 6-2】图

【例 6-2】 如图 6-8 所示，有一环形铁芯线圈，其内半径为 $r_1 = 5\text{cm}$，外半径为 $r_2 = 7.5\text{cm}$，铁芯材料为铸钢。磁路中含有一空气隙，其长度 $\delta = 0.2\text{cm}$。设线圈的电流 $I = 1\text{A}$，漏磁忽略不计，如果要在铁芯内得到 $B = 0.9\text{T}$ 的磁感应强度，试求线圈的匝数 N。

解 磁路的平均长度为

$$l = 2\pi \times \frac{(5 + 7.5)}{2} = 39.2(\text{cm})$$

从铸钢的磁化曲线查出，当 $B = 0.9\text{T}$　$H_1 = 500\text{A/m}$，所以

$$H_1 l_1 = 500 \times (39.2 - 0.2) \times 10^{-2} = 195(\text{A})$$

空气隙中的磁场强度为

$$H_0 = \frac{B_0}{\mu_0} = \frac{0.9}{4\pi \times 10^{-7}} = 7.2 \times 10^5 (\text{A/m})$$

于是

$$H_0 \delta = 7.2 \times 10^5 \times 0.2 \times 10^{-2} = 1440(\text{A})$$

总磁动势为

$$IN = \sum(Hl) = H_1 l_1 + H_0 \delta = 195 + 1440 = 1635(\text{A})$$

线圈匝数为

$$N = \frac{IN}{I} = \frac{1635}{1} = 1635$$

可见，当磁路中含有空气隙时，由于其磁阻较大，磁动势差不多都降落在空气隙上面。

由以上分析可见，磁路与电路之间存在着一定的类比关系。二者有诸多相似之处，但磁路和电路之间有着本质的区别：①电路计算时，不涉及电场问题，而磁路计算时离不开磁场的概念。②直流电路中有电流 I 时，就有功率损耗（$P = RI^2$）；在直流磁路中，维持一定的磁通时，铁芯中并没有功率损失。③电路中认为电流全部在导线中流通，导线外没有漏电流。在磁路中，没有绝对的磁绝缘材料，除了铁芯中的磁通外，在铁芯周围的空气及其他非磁性材料中，总有一部分漏磁通。因此磁路中没有断路情况，但有漏磁现象。④电路中导体的电导率 ρ 在一定温度下是不变的，但在磁路中，铁芯的磁导率 μ 却不是一个常数。因此，磁路欧姆定律与电路欧姆定律只是在形式上相似。

练习与思考

1. 磁路的磁阻如何计算？磁阻的单位是什么？

2. 磁路的基本定律有哪几条？当磁路上有几个磁动势同时作用时，磁路计算能否用叠加原理，为什么？

3. 磁路欧姆定律和电路欧姆定律有什么相同和不同的地方。

4. 图 6-9 所示铁芯线圈，线圈 11′为 200 匝，通入 1.5A 的电流，线圈 22′为 100 匝，通入 1A 的电流，铁芯截面积均匀，求 PQ 两点的磁压降。

图 6-9　练习与思考 4 的图

6.2　交流铁芯线圈电路

图 6-10 所示是一个铁芯线圈，线圈匝数为 N。当励磁电流为直流时，称为直流铁芯线圈，当励磁电流为交流时则称为交流铁芯线圈。

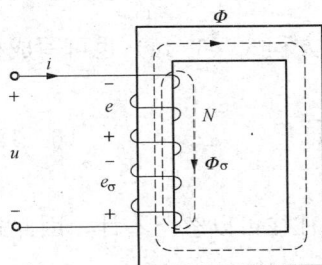

图 6-10　铁芯线圈

对于直流铁芯线圈而言，由于磁动势 IN 和磁通 Φ 是恒定的，因而在励磁线圈两端不会产生感应电动势（$e=0$，$e_\sigma=0$）；若线圈电阻为 R，则磁励电流 I 与线圈外加电压 U 满足欧姆定律，即 $I=\dfrac{U}{R}$。此外，直流铁芯线圈的功率损耗只有线圈电阻的损耗 $P=I^2R$，称为铜损。在铁芯中没有损耗（无磁滞和涡流损耗）。直流铁芯线圈最基本的应用是直流继电器和直流电磁铁等电磁器件。

交流铁芯线圈的电磁关系、电压电流关系及功率损耗各方面都与直流铁芯有所不同。下面进行详细讨论。

6.2.1　电磁关系

当图 6-10 所示铁芯线圈加交变电压 u 时，线圈中便产生交变励磁电流 i 及交变磁动势 iN。在铁芯内、外分别产生主磁通 Φ、漏磁通 Φ_σ，它们也都是交变的。两种交变磁通在线圈中分别产生交变电势 e 和 e_σ。设各物理量参考方向如图 6-10 所示，其中 e、e_σ 的参考方向与对应磁通的参考方向符合右手螺旋定则。则上述关系可表述如下

$$u \to i\,(Ni) \qquad \begin{array}{l} \phi \to e = -N\dfrac{\mathrm{d}\phi}{\mathrm{d}t} \\[2mm] \phi_\sigma \to e_\sigma = -N\dfrac{\mathrm{d}\phi_\sigma}{\mathrm{d}t} = -L_\sigma\dfrac{\mathrm{d}i}{\mathrm{d}t} \end{array}$$

首先分析 e_σ，它是由漏磁通 ϕ_σ 产生的，称为漏磁感应电动势或漏感电动势，由于空气的磁阻比铁芯的磁阻大得多，漏磁通 Φ_σ 的大小和性质主要由空气的磁阻来决定，由磁路欧姆定律可知，Φ_σ 与电流 i 之间呈线性关系。根据电感的定义可得

$$L_\sigma = \frac{N\Phi_\sigma}{i} \qquad (6-8)$$

式中：L_σ 称为漏磁电感或漏感，它是一个常数，其性质与第四章交流电路中的线性电感是一样的，因此根据法拉第电磁感应定律得

$$e_\sigma = -N\frac{\mathrm{d}\Phi_\sigma}{\mathrm{d}t} = -L_\sigma\frac{\mathrm{d}i}{\mathrm{d}t} \qquad (6-9)$$

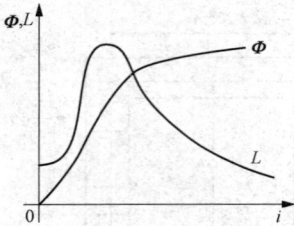

图 6-11 Φ，L 与 i 的关系

接着分析 e，它是由主磁通 Φ 产生的，称为主磁感应电动势，需要注意的是，由于铁芯内 $\boldsymbol{B}$ 与 $\boldsymbol{H}$ 的关系是非线性的（满足磁化曲线），而 $\Phi = \boldsymbol{B}S$，$\boldsymbol{H}l = Ni$，所以主磁通 Φ 与电流 i 之间也不是线性关系，其关系曲线与磁化曲线相似。因此对应的电感系数也是非线性的，如图 6-11 所示。e 只能表示为

$$e = -N\frac{\mathrm{d}\Phi}{\mathrm{d}t}$$

6.2.2 电压电流关系

在图 6-10 中，根据基尔霍夫电压定律 KVL 列出铁芯线圈电路的电压方程为

$$u = -e - e_\sigma + Ri \qquad (6-10)$$

将式（6-9）代入，则得

$$u = -e + L_\sigma\frac{\mathrm{d}i}{\mathrm{d}t} + Ri \qquad (6-11)$$

当电压是正弦量时，磁通和电流也可视作正弦量[1]，则电压方程式（6-11）也可写成相量形式

$$\dot{U} = -\dot{E} - \dot{E}_\sigma + R\dot{I} = -\dot{E} + jX_\sigma\dot{I} + R\dot{I} \qquad (6-12)$$

式中：X_σ 称为线圈的漏磁感抗，且 $X_\sigma = \omega L_\sigma$。

通常，线圈的电阻压降 $R\dot{I}$ 和漏磁感抗压降 $jX_\sigma\dot{I}$ 均很小，往往可以忽略不计，因此式（6-12）可近似地写为

$$\dot{U} \approx -\dot{E}$$

或

$$U \approx E \qquad (6-13)$$

假定主磁通 $\Phi = \Phi_m\sin\omega t$，则

$$e = -N\frac{\mathrm{d}\Phi}{\mathrm{d}t} = -\omega N\Phi_m\cos\omega t = 2\pi fN\Phi_m\sin(\omega t - 90°) = E_m\sin(\omega t - 90°) = \sqrt{2}E\sin(\omega t - 90°)$$

式中 $E_m = 2\pi fN\Phi_m$，所以

$$E = \frac{E_m}{\sqrt{2}} = 4.44fN\Phi_m$$

即

$$U \approx E = 4.44fN\phi_m = 4.44fNSB_m \qquad (6-14)$$

式中：$\boldsymbol{B}_m$ 是铁芯中磁感应强度最大值；S 是铁芯截面积。式（6-14）表明，当线圈匝数 N

---

[1] 当 u 是正弦电压时，一般 $u \approx -e = N\frac{\mathrm{d}\phi}{\mathrm{d}t}$，所以磁通 ϕ 也可以认为是正弦量，但由于铁芯的磁化特性，电流 i 不是正弦量。一个非正弦周期电流可用等效电流来代替。

及电源频率 f 一定时，主磁通 Φ_m 的大小只取决于外施电压的有效值 U 大小。这个结论对分析变压器、交流电机、交流接触器等交流电磁器件是很重要的。

6.2.3　功率损耗

在交流铁芯线圈中，除线圈电阻 R 上有功率损耗（铜损 $\Delta P_{Cu} = I^2R$）外，处于交变磁化下的铁芯中也有功率损耗，称为铁损（ΔP_{Fe}）。铁损是由磁性材料的磁滞性和涡流效应产生的，与铁芯内磁感应强度的最大值的二次方成正比。

由磁滞引起的铁芯损耗称为磁滞损耗（ΔP_h）。磁性材料在交变磁场中被反复交变磁化时，由于磁畴相互间不停地摩擦消耗能量形成磁滞损耗。磁滞损耗与磁场交变的频率 f、铁芯的体积及磁滞回线包围的面积成正比。

由涡流所产生的铁芯损耗称为涡流损耗 ΔP_e。由于铁芯不仅导磁，同时也是导电的，故当铁芯中的磁通随时间交变时，不仅要在线圈中产生感应电动势，而且在铁芯内也要产生感应电动势，并引起环流。这些环流在铁芯内部垂直与磁通方向的平面内围绕磁通作旋涡状流动，称为涡流。如图 6-12（a）所示。频率越高，磁通密度越大，感应电动势就越大，涡流损耗也就越大。

可以证明，铁芯损耗与频率的 1.3 次方、磁感应强度的二次方及铁芯重量成正比。为了减小磁滞损耗，应选用磁滞回线狭小的软磁材料制造铁芯。硅钢就是变压器和电机中常用的铁芯材料，其磁滞损耗较小。为了减小涡流损耗，在顺磁场方向铁芯可由彼此绝缘的硅钢片叠成，如图 6-12（b）所示，这样就可以限制涡流只能在较小的截面内流通。此外，通常所用的硅钢片中含有少量的硅（0.8%～4.8%），因而电阻率较大，这也可以使涡流减小。

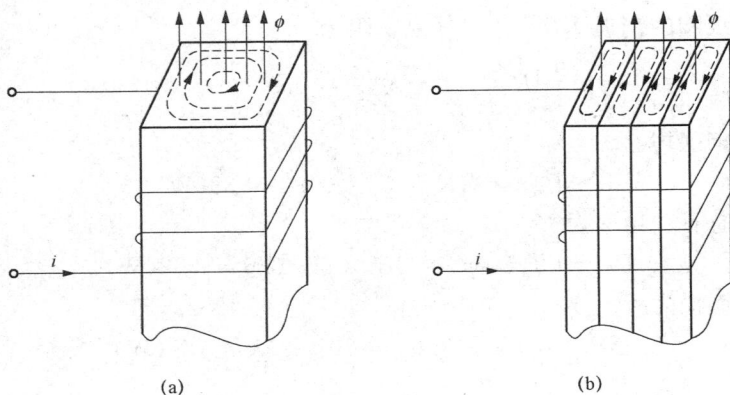

(a)　　　　　　　　　　(b)

图 6-12　涡流的形成与抑止

综上可知，交流铁芯线圈的功率损耗由铜损 ΔP_{Cu} 和铁损 ΔP_{Fe} 两部分损耗构成，铁芯线圈的输入电功率等于这些损耗的总和，即

$$P = UI\cos\varphi = \Delta P_{Cu} + \Delta P_{Fe} \qquad (6-15)$$

铜耗和铁耗都要从电源吸收能量，并转化为热能使铁芯发热。大容量的变压器和电机都要采取相应的冷却系统。

【例 6-3】　日光灯的镇流器是个交流铁芯线圈，测得某日光灯镇流器的线圈电压是 190V，线圈匝数为 980，求主磁通 Φ_m。

解 根据式（6-14），并考虑到日光灯都是用在工频电源上，即 $f=50\text{Hz}$，可求得主磁通为

$$\Phi_m \approx \frac{U}{4.44fN} = \frac{190}{4.44\times50\times980} = 8.73\times10^{-4}(\text{Wb})$$

【例 6-4】 若上题中镇流器铁芯的截面积为 7.5cm^2，铁芯的平均长度为 20cm，铁芯由硅钢片叠成，求磁感应强度最大值 B_m 和励磁电流 I。

解 铁芯中磁感应强度的最大值为

$$B_m = \frac{\Phi_m}{S} = \frac{8.73\times10^{-4}}{7.5\times10^{-4}} = 1.16(\text{T})$$

查该硅钢片的平均磁化曲线得

$$H_m = 0.5\times10^3\text{A/m}$$

因此，铁芯中的磁压降为

$$H_m l = 0.5\times10^3\times20\times10^{-2} = 100(\text{A})$$

根据安培环路定律，可得励磁电流的有效值为

$$I = \frac{H_m l}{\sqrt{2}N} = \frac{100}{\sqrt{2}\times980} = 0.072(\text{A})$$

【例 6-5】 将一铁芯线圈接于电压 $U=220\text{V}$，频率 $f=50\text{Hz}$ 的正弦电源上，其电流 $I_1=6\text{A}$，$\cos\varphi_1=0.6$。若将此线圈中的铁芯抽出，再接于上述电源上，则线圈中电流 $I_2=12\text{A}$，$\cos\varphi_2=0.05$。试求此线圈在具有铁芯时的铜损和铁损。

解 去掉铁芯时，空心线圈消耗的有功功率为

$$P_2 = UI_2\cos\varphi_2 = 220\times12\times0.05 = 132(\text{W})$$

该功率就是空心线圈的铜损 I_2^2R，于是线圈电阻为

$$R = \frac{P_2}{I_2^2} = \frac{132}{12^2} = 0.92(\Omega)$$

所以铁芯线圈的铜损为

$$\Delta P_{C_u} = I_1^2R = 6^2\times0.92 = 33(\text{W})$$

铁芯线圈取用的总有功功率为

$$P_1 = UI_1\cos\varphi_1 = 220\times6\times0.6 = 792(\text{W})$$

所以铁芯线圈的铁损为

$$\Delta P_{F_e} = P_1 - \Delta P_{C_u} = 792 - 33 = 759(\text{W})$$

练习与思考

1. 交流电励磁的铁芯线圈中，主磁通产生的感应电动势能用公式 $e=-L\dfrac{\text{d}i}{\text{d}t}$ 来计算吗？漏磁通产生的漏磁电动势能否用此公式计算？为什么？

2. 交流铁芯线圈有哪几种损耗？它们和哪些因素有关？直流铁芯线圈有哪几种损耗？为什么？直流铁芯线圈的铁芯是否需要硅钢片叠成？

3. 在一个线圈中插入铁芯，分别接到直流和交流电源上，如果直流电源电压和交流电源电压有效值相等，试比较两种情况下线圈中的电流和功率大小，说明理由。

4. 铁芯带有气隙的铁芯线圈，接到电压为一定的直流电源上，当气隙减小后，线圈中的电流及铁芯磁通如何变化？若将线圈接到电压有效值为一定的交流电源上，线圈中的电流及铁芯磁通如何变化？

6.3　变　压　器

变压器是一种静止的电工设备，它利用电磁感应原理将一种电压、电流的交流电能转换为同频率的另一种电压、电流的电能，被广泛地应用在电力系统、电子线路及其他工业生产部门中。

在电力系统中，当输送的电功率及负载的功率因数 $\cos\varphi$ 一定时，根据 $P=\sqrt{3}UI\cos\varphi$ 可知，输电电压 U 愈高，电流 I 就愈小，线路上的功率损耗也就越小。所以，通常都采用高电压输电，而且输电的距离愈远，电压的等级也愈高。如我国输电线采用 110kV、220kV、330kV、500kV 及更高的 750kV 和 1000kV 电压等级。但交流发电机的出口电压一般不能太高，这就需要用变压器来升高电压。在用电方面，考虑安全和设备制造成本的原因，还需要用变压器将电压降低，如 380V、220V 等。因此，变压器是电力系统中非常重要的电气设备。在测量方面，为了测量交流高电压、大电流，要使用电压互感器和电流互感器，即仪用变压器。在电子线路中，变压器除用作电源变压器外，还用作耦合元件传递信号，并实现阻抗匹配。此外，还有一些其他专用的或特种变压器，如自耦变压器、整流变压器、电炉变压器等等。

变压器用途不同，种类繁多，但其工作原理是相同的。这里首先介绍单相变压器的结构、工作原理及运行特性，然后介绍几种工程实际中常用的变压器。

6.3.1　变压器的结构和分类

变压器主要由闭合铁芯和绕在铁芯上的绕组（或称线圈）两大部分构成。

铁芯用于构成变压器的磁路，为了提高磁路的磁导率和降低铁芯损耗，铁芯通常用表面涂有绝缘漆膜且由厚度为 0.22mm、0.27mm、0.35mm 或 0.50mm 厚的硅钢片叠装而成。

绕组是变压器的电路部分，它由绝缘导线绕制而成。变压器的绕组有一次绕组和二次绕组。与电源相连的称为一次绕组，或称原绕组、初级绕组、原边；与负载相连的绕组称为二次绕组，或称副绕组、次级绕组、副边。

变压器的绕组多制成圆筒形，为了加强绕组之间的磁耦合，通常将高、低压绕组套装在同一铁芯柱上，从绝缘和降低线圈铜耗考虑，一般是低压绕组靠近铁芯设置，高压绕组则同心地套在低压绕组的外侧。铁芯、低压绕组、高压绕组彼此之间要很好地绝缘。

按铁芯结构，变压器可分为芯式变压器和壳式变压器两类：芯式变压器的特点是绕组包围着铁芯，如图 6-13 所示，其用铁量较少，构造简单，绕组的安装和绝缘比较容易，电力变压器常采用芯式变压器。壳式变压器的特点是铁芯包围着绕组的顶面、低面和侧面，如图 6-14 所示，其用铜量较少，机械强度较好，多用于低压、大电流的变压器或小容量电信变压器。

按相数，变压器又分为单相变压器、三相变压器和多相变压器。

在电力系统中用于输配电的变压器有升压变压器和降压变压器，又叫电力变压器。因为容量较大，故需要有冷却设备、保护装置和高压套管等。

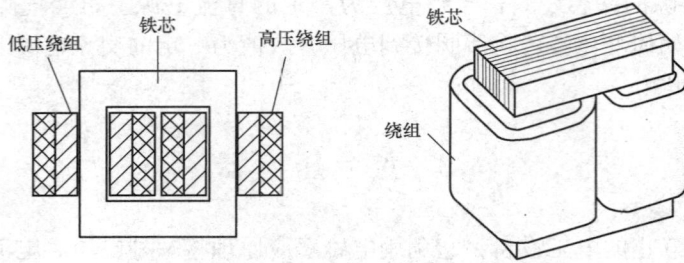

图 6 - 13　芯式变压器

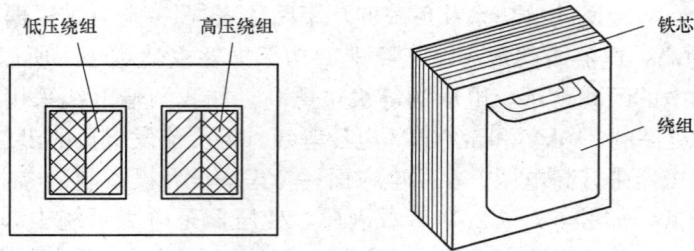

图 6 - 14　壳式变压器

6.3.2　变压器的工作原理

如图 6 - 15 所示是单相变压器的工作原理图和电路符号。图 6 - 15（a）中 N_1、N_2 为一次绕组和二次绕组的匝数，为分析方便，将一次绕组和二次绕组分别画在左、右两侧铁芯柱上。

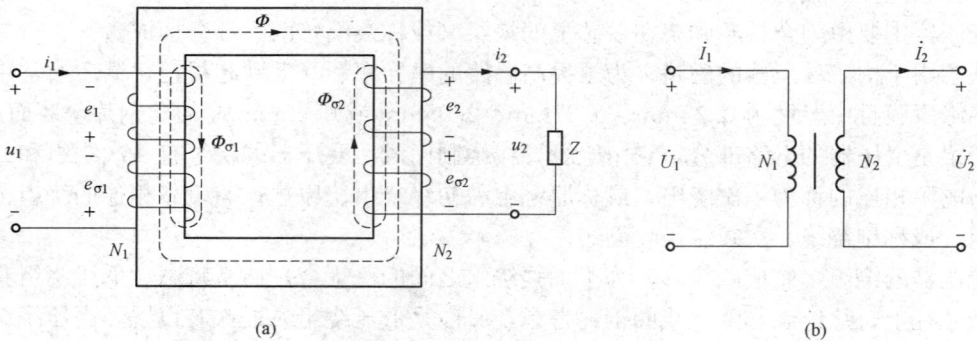

(a)　　　　　　　　　　　　　　　　　　　　(b)

图 6 - 15　变压器的工作原理图及电路符号
（a）工作原理图；（b）电路符号

1. 电磁关系

当一次绕组接入交流电压 u_1 时，绕组中便有交流电流 i_1 通过，在磁动势 $N_1 i_1$ 作用下产生交变磁通 Φ 和 $\Phi_{\sigma 1}$，其中漏磁通 $\Phi_{\sigma 1}$ 仅和一次绕组交链，产生漏磁感应电动势 $e_{\sigma 1}$。主磁通 Φ 通过铁芯闭合，同时与一次绕组、二次绕组相交链，产生主磁感应电动势 e_1 和 e_2。如果二次绕组接有负载，便有负载电流 i_2 产生并流过负载，并向负载输出电功率。同时 i_2 也产生两种磁通，绝大部分在铁芯中闭合的主磁通和仅与二次绕组交链的漏磁通 $\Phi_{\sigma 2}$。可见，变压器在带负载时，铁芯中的主磁通是由一次绕组电流 i_1 和二次绕组电流 i_2 共同产生的，是一个合成磁通。它们的关系可表示如下

$$u_1 \rightarrow i_1 (N_1 i_1) \rightarrow \phi \quad \begin{array}{l} e_1 = -N_1 \dfrac{\mathrm{d}\phi_1}{\mathrm{d}t} \\[2mm] e_2 = -N_2 \dfrac{\mathrm{d}\phi_2}{\mathrm{d}t} \rightarrow i_2 (N_2 i_2) \end{array}$$

$$\phi_{\sigma 1} \qquad\qquad\qquad\qquad\qquad\qquad \phi_{\sigma 2}$$

$$e_{\sigma 1} = -N_1 \frac{\mathrm{d}\phi_{\sigma 1}}{\mathrm{d}t} = -L_{\sigma 1} \frac{\mathrm{d}i_1}{\mathrm{d}t} \qquad e_{\sigma 2} = -N_2 \frac{\mathrm{d}\phi_{\sigma 2}}{\mathrm{d}t} = -L_{\sigma 2} \frac{\mathrm{d}i_2}{\mathrm{d}t}$$

2. 电压变换

如图 6-15 所示各物理量参考方向，根据基尔霍夫定律（KVL）可列出一次、二次回路的电压与电流关系方程

$$u_1 = -e_1 + R_1 i_1 + L_{\sigma 1} \frac{\mathrm{d}i_1}{\mathrm{d}t} \tag{6-16}$$

$$u_2 = e_2 + e_{\sigma 2} - R_2 i_2 \tag{6-17}$$

写成相量形式为

$$\dot{U}_1 = -\dot{E}_1 + R_1 \dot{I}_1 + \mathrm{j}X_{\sigma 1} \dot{I}_1 = -\dot{E}_1 + Z_1 \dot{I}_1 \tag{6-18}$$

$$\dot{U}_2 = \dot{E}_2 - R_2 \dot{I}_2 - \mathrm{j}X_{\sigma 2} \dot{I}_2 = \dot{E}_2 - Z_2 \dot{I}_2 \tag{6-19}$$

式中：R_1、R_2 及 $X_{\sigma 1} = \omega L_{\sigma 1}$、$X_{\sigma 2} = \omega L_{\sigma 2}$ 分别为一次、二次绕组的电阻和漏磁感抗。$Z_1 = R_1 + \mathrm{j}X_{\sigma 1}$、$Z_2 = R_2 + \mathrm{j}X_{\sigma 2}$ 称为一次、二次绕组的阻抗。

对于一次绕组而言，阻抗压降很小，约占 U_1 的 $0.01\% \sim 0.25\%$，可以忽略不计，所以

$$\dot{U}_1 \approx -\dot{E}_1 \quad 或 \quad U_1 \approx E_1 \tag{6-20}$$

当变压器空载时，$\dot{I}_2 = 0$，所以

$$\dot{U}_2 = \dot{U}_{20} = \dot{E}_2 \quad 或 \quad U_{20} = E_2 \tag{6-21}$$

式中：U_{20} 表示变压器空载时，二次绕组的端电压，又称二次绕组的空载电压。

如果设主磁通 $\Phi = \Phi_m \sin\omega t$，则根据电磁感应定律可以证明

$$E_1 = \frac{E_{1m}}{\sqrt{2}} = 4.44 f N_1 \Phi_m \tag{6-22}$$

$$E_2 = \frac{E_{2m}}{\sqrt{2}} = 4.44 f N_2 \Phi_m \tag{6-23}$$

所以，变压器空载运行时，一次、二次绕组电压有效值之比为

$$\frac{U_1}{U_{20}} \approx \frac{E_1}{E_2} = \frac{N_1}{N_2} = K \tag{6-24}$$

式中：K 称为变压器的变比，是变压器的一个重要参数，可由铭牌数据求得，数值上等于一次、二次绕组的额定电压之比。如，6000/230V 的单相变压器，$K = 26$。这里 6000V 为一次绕组的额定电压 U_{1N}，230V 为二次绕组的额定电压 U_{2N}。有关额定值的定义会在后面介绍。

3. 电流变换

由式（6-22）可知，当电源电压 U_1 及电源频率 f 保持不变时，铁芯中的主磁通 Φ_m 大

小基本不变，那么产生该磁通的磁动势应该保持不变。由变压器的电磁特性可知，空载时，$i_2 = 0$，只有一次绕组的电流励磁（用 i_0 表示），磁动势为 $N_1 i_0$，变压器负载运行时，铁芯中的磁通由一次、二次绕组电流共同产生，如图 6 - 13 所示，磁动势为 $N_1 i_1 + N_2 i_2$。所以，磁动势平衡方程式为

$$N_1 i_1 + N_2 i_2 = N_1 i_0 \qquad\qquad (6 - 25)$$

转换成相量形式为

$$N_1 \dot{I}_1 + N_2 \dot{I}_2 = N_1 \dot{I}_0 \qquad\qquad (6 - 26)$$

可见，空载时，一次绕组的电流 i_0 主要是用来产生主磁通 ϕ_m 的。负载时，二次绕组电流 i_2 产生的磁动势有改变主磁通 Φ_m 的作用，为了保持铁芯中主磁通 ϕ_m 基本不变，一次绕组电流 i_1 必须相应变化，以抵消负载电流 i_2 对主磁通 ϕ_m 的影响。在这个过程中，能量得到传送。

由于变压器的铁芯磁导率很高，理论和实践都证明，空载电流 I_0 很小（约为 I_{1N} 的 1%～3%）。因此变压器负载工作时（I_2 较大），常将 $\dot{I}_0 N_1$ 忽略不计，从而有

$$\dot{I}_1 N_1 \approx - \dot{I}_2 N_2 \qquad\qquad (6 - 27)$$

显然，一次绕组的磁动势与二次绕组产生的磁动势大小近似相等，方向相反。也就是说，i_2 产生的主磁通与 i_1 产生的主磁通实际方向是相反的，二次绕组的磁动势对一次绕组的磁动势有去磁作用。当二次绕组电流 I_2 随负载增加而增加时，一次绕组的电流 I_1 必须相应增加，才能抵消二次绕组的去磁作用，以保证铁芯中主磁通 Φ_m 基本不变。

只考虑电流大小时

$$\frac{I_1}{I_2} \approx \frac{N_2}{N_1} = \frac{1}{K} \qquad\qquad (6 - 28)$$

该式表明变压器一次、二次绕组中电流之比近似等于它们的匝数比的倒数，这就是变压器电流变换的特性。

4. 阻抗变换

变压器除了具有变换电压、变换电流的特性外，还具有变换阻抗的特性。

如图 6 - 16 所示，变压器二次侧接负载阻抗 Z_L，则 $|Z_L| = \dfrac{U_2}{I_2}$。此时对电源来讲，可以把从一次侧端口看进去的变压器和负载阻抗 Z_L 整体看成是一个二端网络，则它应该具有的等效阻抗为

$$|Z_L'| = \frac{U_1}{I_1} \approx \frac{U_2 k}{\dfrac{I_2}{k}} = k^2 \frac{U_2}{I_2} = k^2 |Z_L|$$

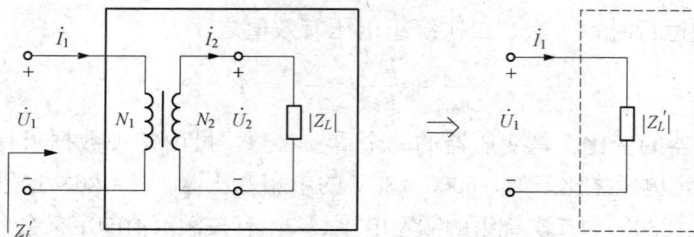

图 6 - 16　变压器的阻抗变换

即

$$|Z'_L| = k^2 |Z_L| \tag{6-29}$$

式中：$|Z'_L|$ 叫作负载阻抗 $|Z_L|$ 在一次侧的等效阻抗。当 Z_L 为固定值时，只要改变变压器一、二次绕组的匝数比 k 就可以改变 $|Z'_L|$，从而获得所需要的阻抗。变压器的这一阻抗变换特性称为阻抗匹配❶。

　　在电子设备中，为了获得较大的输出功率，往往对负载的阻抗有一定要求，但实际的负载阻抗都是给定的，不能随便改变，采用变压器的阻抗变换特性可实现负载与电源之间的匹配。

　　【例 6 - 6】　有一台降压变压器，一次侧电压 $U_1 = 220\text{V}$，二次侧端电压 $U_2 = 36\text{V}$，如果接入一个 36V、50W 的灯泡，求：(1) 一次、二次绕组的电流各是多少？(2) 一次侧的等效电阻是多少？

　　解　画等效电路如图 6 - 17 所示。

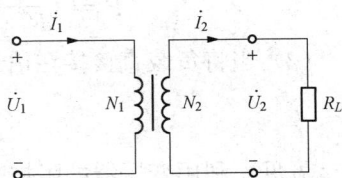

图 6 - 17　【例 6 - 6】的等效电路

　　(1) 灯泡可看成纯电阻，功率因数 $\cos\varphi = 1$
因此 二次绕组电流为

$$I_2 = \frac{P}{U_2} = \frac{50}{36} = 1.39(\text{A})$$

变压器变比为

$$k \approx \frac{U_1}{U_2} = \frac{220}{36} = 6.11$$

所以一次绕组电流为

$$I_1 = \frac{I_2}{k} = \frac{1.39}{6.11} = 0.23(\text{A})$$

　　(2) 灯泡的电阻为

$$R_L = \frac{U_2^2}{P} = \frac{36^2}{50} = 25.92(\Omega)$$

则一次侧的等效电阻为

$$R'_L = k^2 R_L = (6.11)^2 \times 25.92 = 967.65(\Omega)$$

或

$$R'_L = \frac{U_1}{I_1} = \frac{220}{0.23} = 956.52(\Omega)$$

　　【例 6 - 7】　在图 6 - 18（a）中，交流信号源的电动势 $E = 100\text{V}$，内阻 $R_0 = 500\Omega$，负载电阻 $R_L = 5\Omega$。(1) 当 R_L 折算到一次侧的等效电阻 $R'_L = R_0$ 时，求变压器的匝数比和信号源输出的功率；(2) 当将负载直接与信号源联接时，信号源输出多大功率？

　　解　(1) 变压器的匝数比为

$$\frac{N_1}{N_2} = \sqrt{\frac{R'_L}{R_L}} = \sqrt{\frac{500}{5}} = 10$$

一次侧等效电路如图 6 - 18（b）所示，所以信号源的输出功率为

❶　对实际变压器而言，如果一次、二次绕组的阻抗可以忽略不计，则可以证明 $Z'_L = k^2 Z_L$。

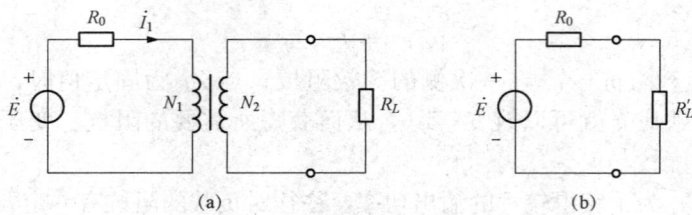

图 6-18　【例 6-7】的电路图

$$P = \left(\frac{E}{R_0 + R_L'}\right)^2 R_L' = \left(\frac{100}{500 + 500}\right)^2 \times 500 = 5(\text{W})$$

（2）当将负载直接接在信号源上时

$$P = \left(\frac{100}{500 + 5}\right)^2 \times 5 = 0.196(\text{W})$$

可见，利用变压器的阻抗变换特性，适当调节变压器的变比，可使同一负载从电源处获得最大功率。

6.3.3　变压器的外特性

根据变压器一次、二次回路的电压与电流关系方程

$$\dot{U}_1 = -\dot{E}_1 + R_1\dot{I}_1 + jX_{\sigma 1}\dot{I}_1 = -\dot{E}_1 + Z_1\dot{I}_1$$

$$\dot{U}_2 = \dot{E}_2 - R_2\dot{I}_2 - jX_{\sigma 2}\dot{I}_2 = \dot{E}_2 - Z_2\dot{I}_2$$

分析可知，当变压器负载增加时，一次、二次绕组中的电流以及它们的内部阻抗压降都要增加，因而二次绕组的端电压 U_2 会有所变化。

在电源电压 U_1 和负载的功率因数不变的情况下，二次绕组端电压 U_2 随电流 I_2 的变化关系 $U_2 = f(I_2)$，称为变压器的外特性。如果将 $U_2 = f(I_2)$ 用曲线表示，称为外特性曲线。如图 6-19 所示，对电阻性和电感性负载来说，变压器外特性是一条稍微向下倾斜的曲线。外特性下降的程度随负载功率因数不同而不同，功率因数愈低，下降愈剧烈。当负载为电容性时，变压器具有上升的外特性，即随着负载的增大，U_2 会升高。

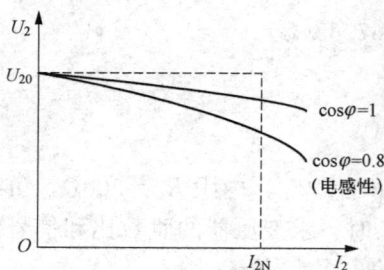

图 6-19　变压器的外特性

变压器外特性的变化情况可用电压调整率来表示。把变压器从空载到额定负载（$I_2 = I_{2N}$）运行时，二次侧电压的变化量（$U_{20} - U_2$）与空载时二次侧电压 U_{20} 的比值，称为变压器的电压调整率，即

$$\Delta U\% = \frac{U_{20} - U_2}{U_{20}} \times 100\% \qquad (6-30)$$

在电力变压器中，由于其电阻和漏磁感抗均甚小，电压调整率是不大的，约为 2%～3% 左右。电压调整率直接影响到电力变压器向供电线路提供的电压水平，即供电质量，所以它是一个重要的技术指标。

6.3.4　变压器的损耗与效率

变压器的功率损耗有铜损和铁损两种。变压器的总损耗为

$$\Delta P = \Delta P_{\text{Cu}} + \Delta P_{\text{Fe}} \qquad (6-31)$$

铜损 ΔP_{Cu} 是由一次、二次绕组中的电流在绕组电阻上产生的损耗（$\Delta P_{Cu} = I_1^2 R_1 + I_2^2 R_2$）。

由于电流的大小和负载有关，负载变化时铜损的大小也相应变化，因此铜损又称为可变损耗。

铁损 ΔP_{Fe} 是由交变的主磁通 Φ_m 在铁芯中产生的磁滞损耗 ΔP_h 和涡流损耗 ΔP_e。由于变压器正常工作时，一次绕组电压的有效值 U_1 大小基本上是不变的，因此主磁通 Φ_m 的大小也基本不变，因而铁损基本不变，所以铁损又称为不变损耗。

变压器的效率是输出电功率 P_2 和输入电功率 P_1 比值的百分数，即

$$\eta = \frac{P_2}{P_1} \times 100\% = \frac{P_2}{P_2 + \Delta P_{Cu} + \Delta P_{Fe}} \times 100\% \tag{6-32}$$

变压器的功率损耗很小，所以效率很高，通常在 95％ 以上。在一般电力变压器中，当负载为额定负载的 50％～75％ 时，效率达到最大值。大型电力变压器的效率可高达 98％～99％。变压器轻载时效率较低。

6.3.5　三相变压器

目前电力系统均采用三相制，因而三相变压器的应用极为广泛。按照铁芯结构，三相变压器可分为三相变压器组和三相芯式变压器两类。

三相变压器组由三台单相变压器组合而成，在电路上高、低压绕组分别相联，磁路彼此独立。对于大型或超大型变压器，为了便于制造和运输，往往采用三相变压器组。

图 6-20 所示为三相芯式变压器的工作原理图。图中，各相高压绕组的首端和末端分别用 A、B、C 和 X、Y、Z 表示，低压绕组则分别用 a、b、c 和 x、y、z 表示。与三相变压器组比较，三相芯式变压器的耗材少，价格便宜，占地面积也小，维护比较简单。

三相变压器一次、二次绕组常用的连接方法有两种：①星形联结，用"Y"或"y"表示；②三角形联结，用"D"或"d"表示。

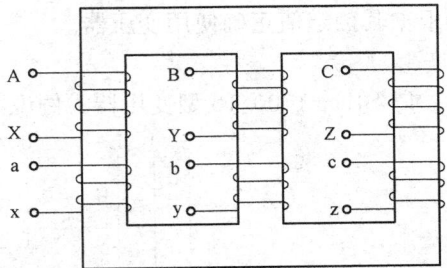

图 6-20　三相芯式变压器原理图

为了制造和使用方便，国产电力变压器规定了五种标准连接方式，目前常用的有 Y/yn、Y/d、YN/d 三种连接方式，斜杠前面的大写字母表示高压绕组的联结法，斜杠后面的小写字母表示低压绕组的联结法，N 或 n 表示有中性线引出的情况。

Y/yn 接法用于容量不大的三相配电变压器，供动力和照明混合负载使用，其低压为400V，高压不超过 35kV，最大容量为 1800kVA；Y/d 接法用于低压为 3～10kV，高压不超过 60kV 的线路中，最大容量为 5600kVA；YN/d 主要用于高压或超高压且容量很大的变压器中。

空载时，根据式（6-22）和式（6-23），一次、二次绕组相电压之比等于一次、二次每相绕组的匝数比，但一次、二次线电压之比与绕组的连接方式有关。

图 6-21 表示出了 Y/yn 和 Y/d 两种接法时，一次、二次绕组线电压和相电压的关系。

三相变压器在对称负载下运行时，一次侧或二次侧的各相电压、相电流有效值相等，相位互差 120°，其每相的工作原理与单相变压器相同。

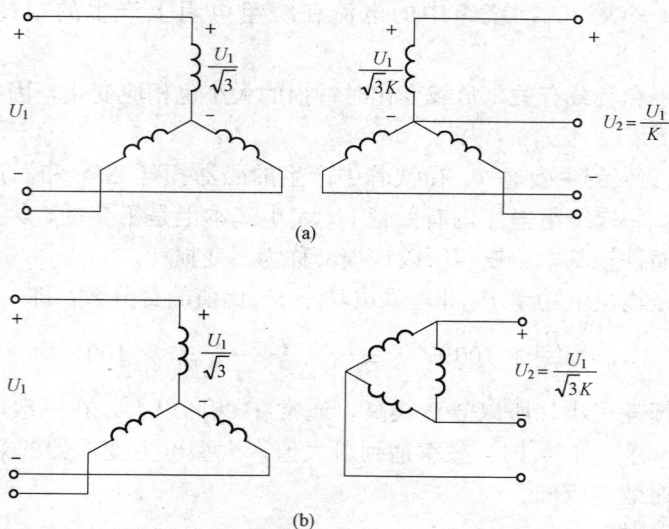

(a)

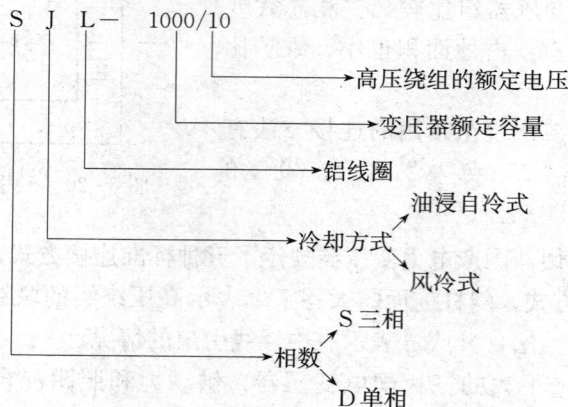

(b)

图 6-21　Y/yn 和 Y/d 接法时线电压和相电压的关系

(a) Y/yn 接法；(b) Y/d 接法

6.3.6　变压器的铭牌与额定值

为了正确、合理地使用变压器，应当对变压器铭牌上给出的额定值的含义有所了解，并能根据其额定值正确使用变压器。

1. 型号

以 SJL－1000/10 型变压器为例说明变压器型号的含义：

$$S \quad J \quad L- \quad 1000/10$$

高压绕组的额定电压

变压器额定容量

铝线圈

冷却方式 ——— 油浸自冷式 / 风冷式

相数 ——— S 三相 / D 单相

2. 额定电压

一次绕组的额定电压 U_{1N} 是指在其绝缘材料的绝缘强度和温度规定值下的工作电压。二次绕组的额定电压 U_{2N} 是指一次侧加额定电压 U_{1N} 时，二次侧的空载电压，即 $U_{2N}=U_{20}$。额定电压用 V（伏）或 kV（千伏）表示。三相变压器的额定电压指线电压。

3. 额定电流

额定电流是变压器满载运行时，各绕组允许长期通过的最大工作电流，也可根据额定容量和额定电压算出。额定电流用 A（安）或 kA（千安）表示。三相变压器的额定电流指的是线电流。

4. 额定容量

额定容量 S_N 是指变压器二次侧可输出的最大有功功率。额定容量用 VA（伏安）或 kVA（千伏安）表示。三相变压器的额定容量指三相容量之和。即

单相变压器 $\qquad\qquad S_N = U_{2N}I_{2N} \approx U_{1N}I_{1N}$ （6 - 33）

三相变压器 $\qquad\qquad S_N = \sqrt{3}U_{2N}I_{2N} \approx \sqrt{3}U_{1N}I_{1N}$ （6 - 34）

需要注意的是，额定工作状态下，变压器二次侧输出的有功功率 P_2 不一定等于额定容量 S_N，因为 P_2 还与负载的功率因数有关，即 $P_2 = S_N \cos\varphi_2$。

5. 额定频率

额定频率 f_N 指电源的工作频率。我国的工业标准频率是 50Hz。欧美国家为 60Hz。

【例 6 - 8】　某三相电力变压器，额定容量为 30kVA，额定电压为 10000/400V，Y/yn 接法。（1）求一、二次额定电流；（2）求变压器的变比 k；（3）在向 $\cos\varphi_2 = 0.9$ 的感性负载供电且处于满载时，测得二次侧线电压为 380V，求变压器的输出功率。

解　（1）根据三相变压器容量计算公式 $S_N = \sqrt{3}U_{2N}I_{2N} = \sqrt{3}U_{1N}I_{1N}$，得

$$I_{1N} = \frac{S_N}{\sqrt{3}U_{1N}} = \frac{30 \times 10^3}{\sqrt{3} \times 10000} = 1.71(A)$$

$$I_{2N} = \frac{S_N}{\sqrt{3}U_{2N}} = \frac{30 \times 10^3}{\sqrt{3} \times 400} = 43.3(A)$$

（2）三相变压器的变比等于空载时一次、二次绕组相电压之比，即

$$k = \frac{U_{1P}}{U_{2P}} = \frac{U_{1N}/\sqrt{3}}{U_{2N}/\sqrt{3}} = \frac{U_{1N}}{U_{2N}} = \frac{10000}{400} = 25$$

（3）满载时 $I_2 = I_{2N}$，所以变压器的输出功率为

$$P_2 = \sqrt{3}U_2 I_{2N}\cos\varphi_2 = \sqrt{3} \times 380 \times 43.3 \times 0.9 = 25.6(kW)$$

【例 6 - 9】　一台三相变压器，一次绕组每相匝数 $N_1 = 2050$ 匝，二次绕组每相匝数 $N_2 = 82$ 匝，如果一次绕组加额定电压 $U_{1N} = 6000V$。求：（1）在 Y/yn 联结时，二次绕组的线电压和相电压；（2）在 Y/d 联结时，二次绕组的线电压和相电压。（变压器内阻抗忽略不计）

解　变压器的变比为

$$k = \frac{N_1}{N_2} = \frac{2050}{82} = 25$$

（1）Y/yn 联结时，一次绕组相电压为

$$U_{1P} = \frac{U_{1l}}{\sqrt{3}} = \frac{6000}{\sqrt{3}} = 3464(V)$$

二次绕组相电压为

$$U_{2P} = \frac{U_{1p}}{k} = \frac{3464}{\sqrt{25}} = 138(V)$$

二次绕组线电压为

$$U_{2l} = \sqrt{3}U_{2p} = \frac{6000}{25} = 240(V)$$

或

$$U_{2l} = \frac{U_{1l}}{k} = \frac{6000}{25} = 240(V)$$

（2）Y/d 联结时，一次绕组的相电压为

$$U_{1P} = \frac{U_{1l}}{\sqrt{3}} = \frac{6000}{\sqrt{3}} = 3464(V)$$

二次绕组的相电压为

$$U_{2P} = \frac{U_{1p}}{k} = \frac{3464}{25} = 138(V)$$

二次绕组的线电压为

$$U_{2l} = U_{2p} = 138(V)$$

【例 6 - 10】 有一三相变压器，额定容量 $S_N = 111kVA$，额定电压为 6000/400V，额定功率因数 $\cos\varphi_2 = 0.9$，Y/yn 接法，由试验测得 $\Delta P_{Fe} = 600W$，额定负载时 $\Delta P_{Cu} = 2400W$。试求变压器在满载和半载时的效率。

解 $\cos\varphi_2 = 0.9$，满载时 $P_2 = S_N \times 0.9 = 100 \times 10^3$，效率为

$$\eta = \frac{P_2}{P_2 + \Delta P_{Fe} + \Delta P_{Cu}} = \frac{100 \times 10^3}{100 \times 10^3 + 600 + 2400} = 97.1\%$$

半载时，铁损 ΔP_{Fe} 不变，铜损 $\Delta P'_{Cu} = \left(\frac{1}{2}\right)^2 \Delta P_{Cu}$，效率为

$$\eta' = \frac{P'_2}{P'_2 + \Delta P_{Fe} + \Delta P'_{Cu}} = \frac{\frac{1}{2} \times 100 \times 10^3}{\frac{1}{2} \times 100 \times 10^3 + 600 + \left(\frac{1}{2}\right)^2 \times 2400} = 97.6\%$$

6.3.7 特种变压器

1. 自耦变压器

图 6 - 22 是自耦变压器的工作原理图。这种变压器只有一个绕组，二次绕组是一次绕组的一部分，因此它的特点是一次、二次绕组之间不仅有磁的联系，电的方面也是连通的。其工作原理与双绕组变压器相同，一次、二次绕组电压之比及电流之比也是

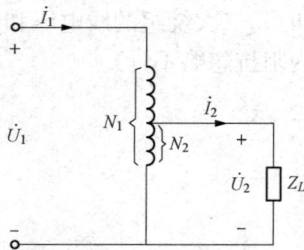

图 6 - 22 自耦变压器的原理图

$$\frac{U_1}{U_2} \approx \frac{N_1}{N_2} = k, \quad \frac{I_1}{I_2} \approx \frac{N_2}{N_1} = \frac{1}{k}$$

自耦变压器分可调式和固定抽头式两种。实验室中常用的是可调式自耦变压器，其二次侧匝数可通过分接头调节，分接头做成通过手柄操作能自由滑动的触头，从而可平滑地调节二次电压，所以这种变压器又称自耦调压器。

2. 电压互感器

在高电压、大电流的电力系统中，为了能够测量线路上的电压和电流，并使测量回路与高压线路隔离，保证工作人员的安全，需要用电压互感器和电流互感器。

如图 6 - 23 是电压互感器的接线图，它的一次绕组接到被测的高压线路上，二次绕组接电压表。电压互感器一次绕组的匝数很多，二次绕组匝数很少。由于电压表的阻抗很大，所以互感器工作时，相当于一台降压变压器的空载运行。忽略漏磁阻抗压降，则有

$$\frac{U_1}{U_2} = \frac{N_1}{N_2} = k_u$$

式中：k_u 称为电压互感器的电压变换系数。通过选择适当的一、二次匝数比，就可以把高

电压降为低电压来测量。通常二次侧的额定电压设计为 100V。

对于专用互感器，为便于读数，电压表的刻度可以直接按一次侧的高电压值标出。为确保安全，电压互感器的铁芯和二次绕组的一端应可靠接地，以防高压侧绝缘损坏时在低压侧出现高电压。另外，使用中的电压互感器不允许二次绕组短路，否则，很大的短路电流会烧坏绕组。

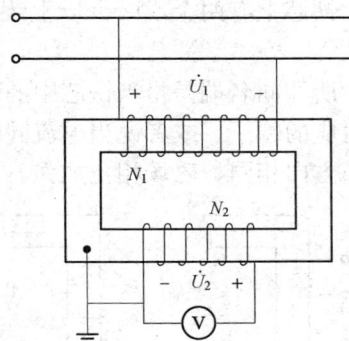

图 6-23　电压互感器的接线图

3. 电流互感器

电流互感器是根据变压器的电流变换特性制成的，其原理图及电路符号如图 6-24 所示，其中一次绕组的匝数很少，有时只有一匝，串联在被测电路中。二次绕组匝数很多。它与电流表或其他仪表及继电器的电流线圈相串联。根据变压器的电流变换特性可得

$$I_1 = \frac{N_2}{N_1}I_2 = k_i I_2$$

式中：k_i 称电流互感器的电流变换系数。已知 k_i，测出 I_2 就可求出 I_1。电流互感器二次绕组的额定电流设计为 5A 或 1A。

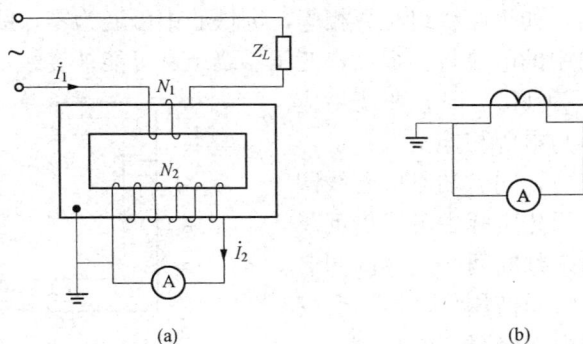

图 6-24　电流互感器原理图及电路符号
(a) 原理图；(b) 电路符号

需要指出的是，使用电流互感器时，二次绕组的电路是不允许断开的，这点是和普通变压器不一样的。这是因为它的一次绕组是与负载串联的，其中电流 I_1 的大小是决定于负载的大小，不是决定于二次绕组电流。所以当二次绕组电路断开时（譬如在拆下仪表时未将二次绕组短接），二次绕组的电流和磁动势立即消失，但是一次绕组的电流 I_1 未变。这时铁芯内的磁通全由一次绕组的磁动势 $I_1 N_1$ 产生，结果造成铁芯内很大的磁通（因为这时二次绕组的磁动势为零，不能对一次绕组的磁动势起去磁作用了）。这会使铁损大大增加，从而使铁芯发热到不能容许的程度；另一方面又使二次绕组的感应电动势增高到危险的程度。此外，为了使用安全起见，电流互感器的铁芯及二次绕组的一端应该可靠接地。

实际工作中常用的钳形电流表，就是将电流互感器和电流表装配在一起的一种便携式仪表。用它测量电流时，无需断开电路，使用非常方便。

6.3.8　变压器绕组的同名端

铁芯上有两个或两个以上绕组时，为了能正确接线，绕组上都标有同名端的记号，如"·"或"＊"等。

所谓同名端是指当铁芯中的磁通变化时，在两个绕组中，所感应出的电动势的同极性端所对应的端子。或者说当电流同时从两个绕组的同名端流入（或流出）时，在铁芯中产生的磁通方向相同，磁场相互加强。

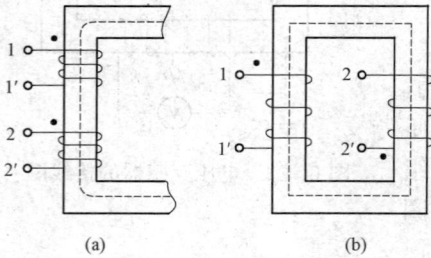

图 6-25　变压器绕组的同名端

如图 6-25 所示，两个绕组绕在同一铁芯上，则图 6-25（a）中，端子 1 和 2、1′和 2′是同名端。图 6-25（b）中，端子 1 和 2′、1′和 2 是同名端。显然，同名端与绕组的绕法及其相对位置有关。需要说明的是，对于两个以上的绕组，同名端应该两两绕组标记。

变压器绕组的连接与绕组的同名端有关。以图 6-26 为例，设变压器的一次绕组由两个额定电压为 110V 绕组组成。当电源电压为 220V 时，两绕组应该先串联再与电源相接，如图 6-26（a）所示（异名端相连），此时两绕组所产生的磁场方向相同，是相互加强的。反之，若将两绕组如图 6-26（b）连接（同名端相连），此时，虽然两绕组仍然串联，但它们所产生的磁场方向相反，是相互抵消的，如果两绕组匝数相等，则铁心中磁通为零，线圈中将没有感应电动势产生，这时一次绕组中的电流将会很大，变压器绕组有可能被烧毁，这是绝对不允许的。

同理，当电源电压为 110V 时，两绕组应先将同名端并联后，再与电源相连。

从线圈缠绕方向来看，同名端对应着线圈绕向相同的两个端子。因此实际中可以借助于同名端标识或线圈绕向来判断两个线圈的同名端。但是当电工设备长时间使用后，标识会变得模糊不清，或者线圈由于经过工艺处理，从外观很难判断出其具体绕向，此时可以通过实验的方法来确定同名端。根据楞次定律及同名

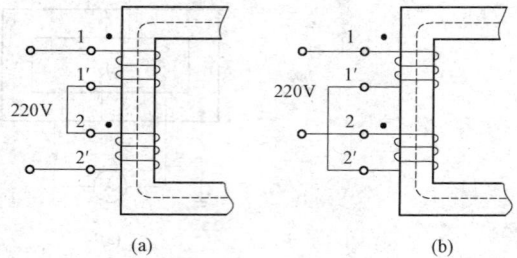

图 6-26　变压器一次绕组的不同连接
（a）正确连接；（b）错误连接

端的性质，当其中一个线圈通以电流时，两个线圈感应出电动势的同极性端必定位于同名端，因此可以借助图 6-27 所示电路测出同名端。对于图 6-27，当开关闭合瞬间，由于磁通瞬间增大，磁通变化率为正，故线圈 1 两端感应电压极性为 1 正 2 负。如果电压表（电流表）出现正向偏转，则表明线圈 3 端电压为正，所以 1，3（2，4）为同名端。否则 1，4（2，3）为同名端。

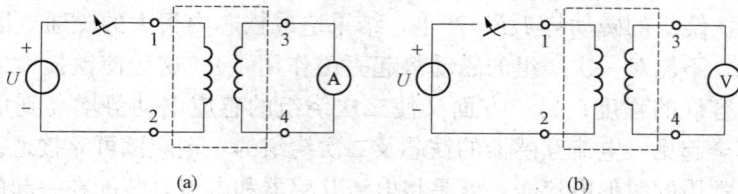

图 6-27　电感线圈同名端测定电路
（a）电流偏转法；（b）电压偏转法

练习与思考

1. 如何理解变压器的空载运行、负载运行及满载运行？

2. 如果变压器的铁芯有空隙，它对励磁电流有何影响？如果不要铁芯能不能变压，为什么？

3. 变压器的损耗由哪几部分构成？采取什么措施可以降低变压器的损耗。

4. 某变压器的额定频率为 50Hz，用于 60Hz 的交流电路中，能否正常工作？

5. 什么是变压器的外特性？当变压器带阻性、感性和容性负载时对外特性曲线有什么影响？试解释其中的原因。

6. 单相变压器和三相变压器的额定电压指的是什么电压？它们与变比的关系如何？

7. 电压互感器和电流互感器在实际使用中需要注意的事项有哪些？

8. 多绕组变压器绕组之间如何连接？依据是什么？

6.4　电　磁　铁

电磁铁是在铁芯外部缠绕与其功率相匹配的导电绕组，通电产生电磁，吸引衔铁或保持机械工件、零件于某一固定位置的一种器件。当切断电源时，电磁铁的磁性随之消失，衔铁或其他零件立即被释放。电磁铁主要用于机械装置牵引、起重装置、制动装置和自动电器的电磁系统等方面。根据所加励磁电源的不同，电磁铁同样也可以分为直流电磁铁和交流电磁铁两大类型。

电磁铁从结构上可以分为线圈、铁芯及衔铁三个部分，常见的结构形式如图 6-28 所示。

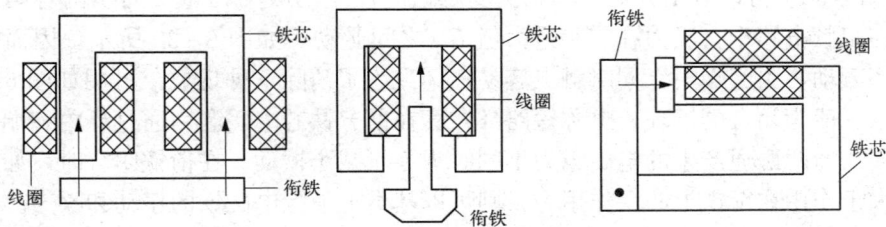

图 6-28　电磁铁的结构形式

电磁铁在生产中应用极为普遍，图 6-29 所示例子是用电磁铁构成的继电器来控制电动机工作的原理电路。当低压侧接通电源时，在磁力的作用下电磁铁的衔铁落下，电磁铁动作而拉开弹簧，使动触点与静触点闭合，此时高压侧形成导电通路，电动机旋转工作。当电源开关断开时，电磁铁磁力消失，在弹簧作用下电磁铁的衔铁升起，动、静触点断开，电路开路，

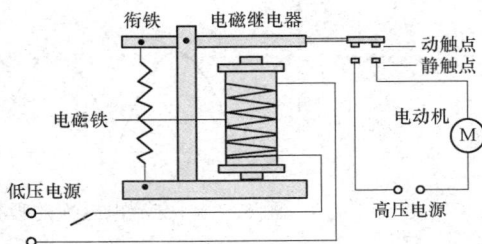

图 6-29　继电器工作原理图

电动机由于失电停止工作。在电动机起停电路中利用电磁继电器，可以使工作人员避开操作

高压侧开关直接起停电机，增加工作安全性。

在机床中也常使用电磁铁操作气动或液压传动机构的阀门和控制变速机构。磨床的电磁吸盘和电磁离合器都是电磁铁具体应用的例子。此外，还可以应用电磁铁吊运钢锭、钢材、铁砂等铁磁性材料。在需要频繁起停电机的应用场合，也常使用电磁抱闸装置实现电机的暂时停转，避免电机的反复起动。

电磁铁的吸力是它的主要参数之一。吸力的大小与气隙的截面积 S 及气隙中磁感应强度 $\boldsymbol{B}_0$ 的二次方成正比。计算吸力的基本公式如下

$$F = \frac{10^7}{8\pi}\boldsymbol{B}_0^2 S \qquad\qquad (6\text{-}35)$$

式中：$\boldsymbol{B}_0$ 的单位是 T；S 的单位是 m^2；F 的单位是牛〔顿〕（N）。

对于正弦交流电磁铁，由于磁场是交变的，设磁感应强度为

$$\boldsymbol{B}_0 = \boldsymbol{B}_\mathrm{m}\sin\omega t \qquad\qquad (6\text{-}36)$$

则吸力 f 为

$$f = \frac{10^7}{8\pi}\boldsymbol{B}_\mathrm{m}^2 S\sin^2\omega t = \frac{10^7}{8\pi}\boldsymbol{B}_\mathrm{m}^2 S\left(\frac{1-\cos2\omega t}{2}\right)$$

$$= F_\mathrm{m}\left(\frac{1-\cos2\omega t}{2}\right) = \frac{1}{2}F_\mathrm{m} - \frac{1}{2}F_\mathrm{m}\cos2\omega t \qquad\qquad (6\text{-}37)$$

式中：$F_\mathrm{m} = \dfrac{10^7}{8\pi}\boldsymbol{B}_\mathrm{m}^2 S$ 是吸力的最大值。

在电磁铁工作过程中，决定其能否将衔铁吸合的是平均吸力的大小，即通常所说的交流电磁铁吸力。

$$F = \frac{1}{T}\int_0^T f\mathrm{d}t = \frac{1}{2}F_\mathrm{m} = \frac{10^7}{16\pi}\boldsymbol{B}_\mathrm{m}^2 S \qquad\qquad (6\text{-}38)$$

由式（6-38）可以看出，对于单相交变磁通所产生的吸力在每一周期内有两次经过零点，所以在工频电路中，吸力在零和最大值 F_m 之间脉动，如图 6-30 所示。因而衔铁以两倍电源频率颤动，引起噪声，同时触点容易损坏。为了消除这种现象，可用如图 6-31 所示的分磁环（一般为闭合的铜环，也称短路环）套在部分铁芯上，利用通过环内和端面的磁通相位角差，从而两磁通产生的电磁吸力不同时为零，减小振动。在衔铁闭合时，如果总吸力的最小值大于作用在衔铁上的反作用力，则可以基本上消除电磁铁的振动和噪声。但吸力仍然是脉动的，故交流电磁铁一般均发出轻微的"嗡嗡"声，俗称交流声。三相交流电磁铁一般不需加分磁环。

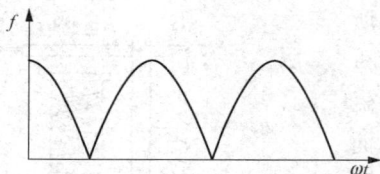

图 6-30　交流电磁铁的吸力

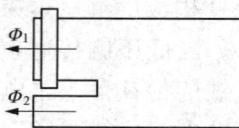

图 6-31　分磁环

交直流电磁铁虽然工作原理一样，但在吸合过程中电路的变化情况有着很大的不同。在直流电磁铁中，由于磁场基本恒定，励磁电流仅与线圈电阻有关，不会因气隙的大小而变化。但是交流电磁铁吸合过程中，由于其中电流不仅与线圈电阻有关，主要还与线圈感抗有

关，线圈中电流变化很大。在吸合过程中，随着气隙的减少，磁阻减小，线圈的电感和感抗增大，因而电流逐级减小。在实际使用过程中，如果出现某种机械故障，导致机械可动部分或衔铁被卡住，衔铁吸合不上，线圈中就流过较大电流而使线圈严重发热，甚至烧毁，这种情况需要特别注意。

练习与思考

1. 交流电磁铁和直流电磁铁的损耗构成有哪些不同？
2. 三相交流电磁铁为什么不需要加装分磁环？
3. 交流电磁铁和直流电磁铁的铁芯结构是一样的吗？试解释其原因。

习　题

6-1　空心线圈的电感是常数，而铁芯线圈的电感不是常数，为什么？如果线圈的尺寸、形状和匝数相同，有铁芯和没铁芯时，哪个电感大？铁芯线圈的铁芯在达到磁饱和和尚未达到磁饱和状态时，哪个电感大？

6-2　有一铁芯线圈，保持线圈匝数以及电源电压不变。当铁芯截面积加倍时，试分别分析交、直流励磁下，铁芯中的磁感应强度、线圈中的电流和铜损 RI^2 如何变化。

6-3　有一线圈，接于频率为 50Hz 的正弦交流电源，其匝数 $N=100$，绕在由铸钢制成的闭合铁芯上，如果在铁芯中产生磁通 $\Phi_m=0.02$Wb，试求电压有效值？

6-4　有一交流铁芯线圈，接在 $f=50$Hz 的正弦电源上，在铁芯中得到磁通的最大值 $\Phi_m=2.5\times10^{-3}$Wb。现在在此铁芯上再绕一个线圈，其匝数为 300。当此线圈开路时，求其两端电压。

6-5　将一铁芯线圈接于电压 $U=100$V，频率 $f=50$Hz 的正弦电源上，其电流 $I_1=5$A，$\cos\varphi_1=0.6$。若将此线圈中的铁芯抽出，再接于上述电源上，则线圈中电流 $I_2=8$A，$\cos\varphi_2=0.08$。试求此线圈在具有铁芯时的铜损和铁损。

6-6　有一单相照明变压器，容量为 10kVA，电压为 3300V/220V。在二次绕组接上 60W，220V 的白炽灯，要求变压器在额定情况下运行，问：（1）这种电灯可接多少个？一次、二次绕组的额定电流各为多少？（2）如果在二次绕组接上功率因数为 0.6 的 220V，60W 日光灯，在额定情况下运行时，可接多少只这样的日光灯？

6-7　图 6-32 所示是一电源变压器，原绕组有 550 匝，接 220V 电压。二次绕组有两个：一个电压 36V，负载 36W；一个电压 12V，负载 24W。两个都是纯电阻负载，试求两个二次绕组的匝数和一次侧电流 I_1。（变压器内阻抗忽略不计）

6-8　在图 6-33 中，将 $R_L=8\Omega$ 的扬声器接在变压器的二次绕组上，已知 $N_1=300$，$N_2=100$，信号源电动势 $E=6$V，内阻 $R_0=100\Omega$，试求信号源输出的功率。

6-9　在图 6-34 中，输出变压器的二次绕组有中间抽头，以便接 8Ω 或 3.5Ω 的扬声器，两者都能达到

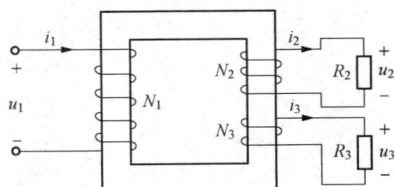

图 6-32　习题 6-7 图

阻抗匹配。试求二次绕组两部分匝数之比 N_2/N_3。

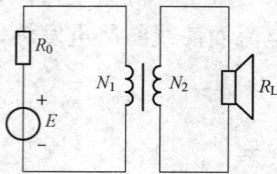

图 6-33　习题 6-8 图　　　　　图 6-34　习题 6-9 图

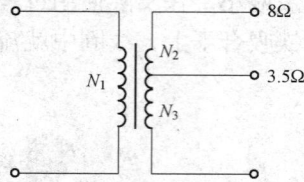

6-10　已知某变压器的额定容量 100kVA，额定电压为 10kV/230V，向负载 $Z_L=(0.412+j0.309)\Omega$ 供电时正好满载。求变压器一次、二次绕组的额定电流和电压调整率。

6-11　某电力变压器的额定容量为 50kVA，额定电压为 6000V/230V，满载时的铜损为 900W，铁损为 300W。满载时向功率因数为 $\cos\varphi_2=0.82$ 的负载供电，负载端电压为 220V。求该变压器的电压调整率和效率。

6-12　有一台三相变压器，额定容量 5000kVA，额定电压为 10kV/6.3kV，Y/d 联结，试求：(1) 一次、二次侧的额定电流；(2) 一次、二次侧的额定相电压和相电流；(3) 变压器的变比。

6-13　某三相变压器的铭牌数据如下：$S_N=180kVA$，$U_{1N}/U_{2N}=10kV/400V$，$f=50Hz$，Y/yn 联结。已知每匝线圈感应电动势为 5.133V，铁芯截面为 160cm²。试求：(1) 一次、二次绕组每相匝数；(2) 变比 K；(3) 铁芯中的磁感应强度 B_m；(4) 一次、二次侧的额定相电压和相电流。

6-14　某三相变压器，一次绕组每相匝数 $N_1=2080$ 匝，二次绕组每相匝数 $N_2=80$ 匝，如果一次绕组端加线电压 $U_{l1}=6000V$。求：(1) 在 Y/yn 联结时，二次绕组端的线电压和相电压；(2) 在 Y/d 联结时，二次绕组端的线电压和相电压。

6-15　有三个线圈如图 6-35 所示，试定出线圈 1 和 2，2 和 3，3 和 1 的同极性端，用三种记号标出。

6-16　当闭合 S 时如图 6-36 所示，画出两回路中电流的实际方向。

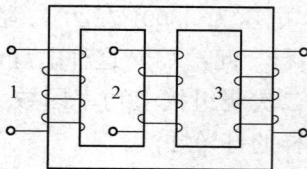

图 6-35　习题 6-15 图　　　　　图 6-36　习题 6-16 图

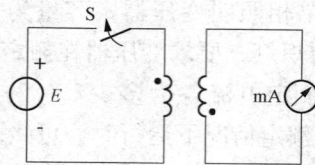

第7章 三相异步电动机

电动机是基于电磁感应原理，将电能转换为机械能的一种旋转电气设备。按照用电的性质，电动机可以分为直流电动机和交流电动机两大类。按照其工作方式的不同，交流电动机可分为同步电动机和异步电动机。异步电动机尤其是三相异步电动机，具有结构简单、运行可靠、坚固耐用和维护方便等优点，在工农业生产中应用最为广泛。因此，本章主要讨论三相异步电动机的相关知识。通过学习达到以下要求：

（1）理解三相异步电动机的结构和工作原理，掌握其机械特性和运行特性；

（2）掌握三相异步电动机起动和反转的方法，了解其制动和常用的调速方法，掌握电机铭牌数据的意义；

（3）了解单相异步电动机和同步电动机的工作原理。

7.1 三相异步电动机的结构

三相异步电动机主要由定子、转子两个基本部分组成。定子是三相异步电动机的静止部分，转子是三相异步电动机旋转部分。为了使转子在定子内顺利的旋转，定子与转子中间还存在一定的空气隙。此外，还有端盖、轴承等部件。图7-1是三相异步电动机的结构图。

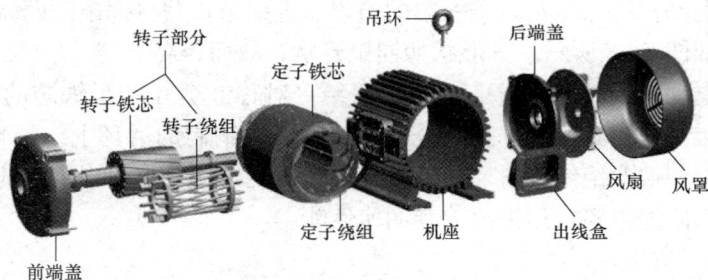

图7-1 三相异步电动机的结构图

1. 定子

三相异步电动机的定子由机座、定子铁芯、定子绕组等部分组成。机座通常用铸铁或铸钢浇铸而成，其作用是保护和固定三相电动机的定子绕组。定子铁芯由表面涂有绝缘漆的薄硅钢片叠压而成，其内圆周表面冲有槽孔，用来放置定子绕组。定子绕组由三个彼此独立的绕组组成，每个绕组称为一相。

定子绕组的六个出线端都引至机座的出线盒上，首端分别标为U1V1W1，尾端分别标为U2V2W2。定子绕组可以接成星形（Y）联结，也可以接成三角形（△）联结。图7-2（a）是定子三相绕组为Y联结，图7-2（b）为△形联结。

2. 转子

三相异步动机的转子由转子铁芯、转子绕组和转轴等组成。转子的主要作用是产生感应

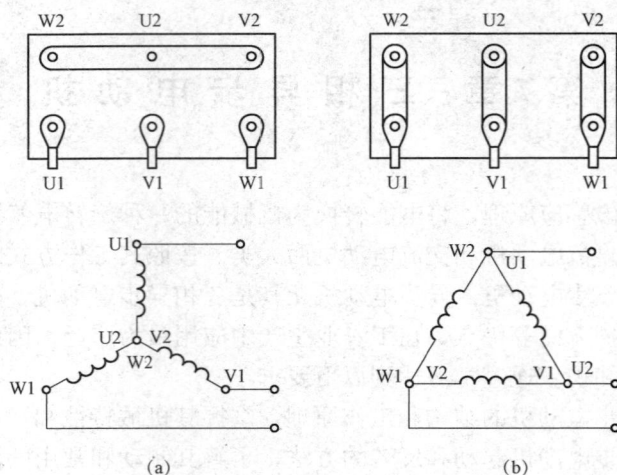

图 7-2　三相定子绕组的接法

（a）Y 形联结；（b）△形联结

电流，形成电磁力矩，以实现机电能量的转换。同定子铁芯类似，转子铁芯也是由涂有绝缘漆的薄硅钢片叠压而成，其外圆周表面冲有槽孔，用来放置转子绕组。转子铁芯套在转轴上，轴上加机械负载。

　　按照转子绕组结构的不同，三相异步电动机分为鼠笼式异步电动机和绕线式异步电动机两种。

　　鼠笼式异步电动机特点是在转子铁芯的槽内压进铜条，并将铜条的两端分别焊接在两个铜环上，其结构如图 7-3 所示。其形状如同鼠笼状，故而得名。

　　绕线式异步电动机的转子绕组采用 Y 形联结，对称嵌套在转子铁芯的槽内。如图 7-4 所示，转子绕组尾端短接到一起，始端分别连接在三个铜制的滑环上。滑环固定在转轴上，环与环、环与转轴都彼此绝缘。滑环通过电刷将转子绕组从首端引到机座的出线盒里，以便在转子回路中串入附加电阻，用来改善其调速性能。

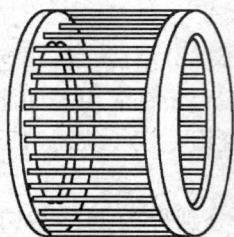

图 7-3　鼠笼式转子结构图　　　　图 7-4　绕线式转子结构示意图

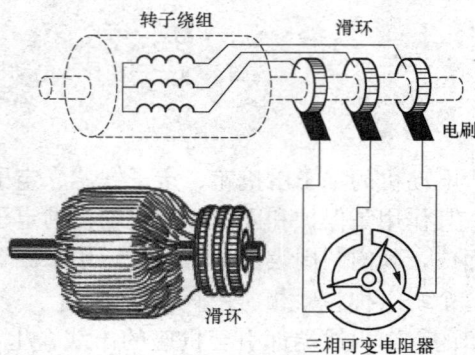

　　鼠笼式异步电动机结构简单，制造方便，价格低廉，工作可靠，是一种经济耐用的电动机，所以比绕线式异步电动机应用范围广。与鼠笼式异步电动机相比，绕线式异步电

动机转子结构稍复杂，价格稍贵，通常用于要求起动电流小、起动转矩大或需要调速的场合。

练习与思考

1. 为什么三相异步电动机的定子与转子铁芯要用硅钢片叠成？
2. 三相异步电动机主要由哪几部分组成？
3. 三相异步电动机的定子绕组有哪几种接法？
4. 根据转子绕组的构造不同，三相异步电动机分为哪两种形式？

7.2　三相异步电动机的转动原理

定子绕组接通三相电源后，三相异步电动机的转子就会旋转起来。原因是接通电源后，定子三相绕组在空间产生旋转的磁场，进而在转子绕组中产生感应电流，转子电流与旋转磁场相互作用产生电磁转矩，从而带动转子旋转。本节首先介绍旋转磁场的产生及其性质，进而分析三相异步电动机的工作原理。

7.2.1　旋转磁场

1. 旋转磁场的产生

三相异步电动机的定子铁芯放置有三相对称绕组 U1U2、V1V2、W1W2，三绕组在空间彼此相隔 120°。如图 7-5 所示，假设三相绕组采用 Y 联结方式，其中首端 U1、V1、W1 接电源，尾端 U2、V2、W2 短接到一起。取电流的参考方向为自绕组的首端流向尾端，如图 7-5 所示。

接通三相对称电源后，在定子绕组便产生三相对称电流：

$$i_U = I_m \sin\omega t$$
$$i_V = I_m \sin(\omega t - 120°)$$
$$i_W = I_m \sin(\omega t + 120°)$$

其波形如图 7-6 所示。

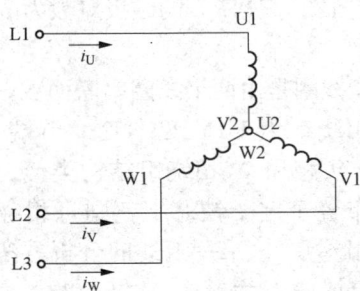

图 7-5　三相定子绕组接线方式　　　　图 7-6　三相对称电流

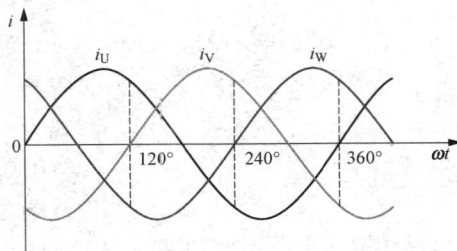

三相绕组在各自绕组空间里产生相应的磁场，在空间形成一个合成磁场。下面分析不同时刻的合成磁场情况。

如图 7-6 所示，当 $\omega t = 0$ 时，电流 $i_U = 0$，故绕组 U1U2 没有电流；i_V 为负，故电流从绕组 V1V2 尾端 V2 流入（用 $\oplus$ 表示），V1 流出（用 $\odot$ 表示）；i_W 为正，故电流从尾端 W1 流入，W2 流出，见图 7-7（a）。根据右手螺旋定则，可以判定此时合成磁场的方向自上而下，上方相当于合成磁场的 N 级，下方相当于合成磁场的 S 级。

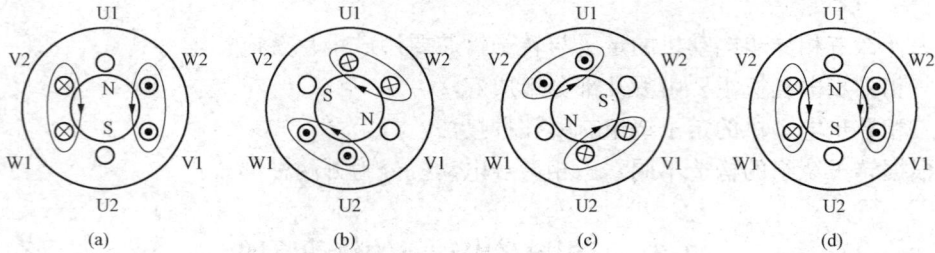

图 7-7 旋转磁场的形成

（a）$\omega t = 0°$；（b）$\omega t = 120°$；（c）$\omega t = 240°$；（d）$\omega t = 360°$

当 $\omega t = 120°$ 时，电流 i_U 为正，电流 i_U 从 U1 流入，U2 流出；电流 $i_V = 0$，故绕组 V1V2 没有电流；i_W 为负，故电流尾端 W2 流入，W1 流出，如图 7-7（b）所示。与 $\omega t = 0°$ 时刻相比较，此时合成磁场在空间顺时针旋转了 120°。

同理，可以得到 $\omega t = 240°$ 和 $\omega t = 360°$ 时的合成磁场，分别如图 7-7（c）、（d）所示。

由以上分析可以看出，在不同时刻，合成磁场在空间位置不同。随着电流的不断变化，合成磁场在空间不断旋转，从而产生了旋转磁场。

2. 旋转磁场的转向

旋转磁场的转向是由流入定子绕组的三相电流的相序决定的。只要将同三相电源连接的三根导线中的任意两根的一端对调位置，就能实现旋转磁场的反转。如将图 7-5 中的 U1 端改为与电源 L2 相连，V1 端改与 L1 相连，采用上述的分析方法，即可判断出旋转磁场反转了。读者可自行进行分析。

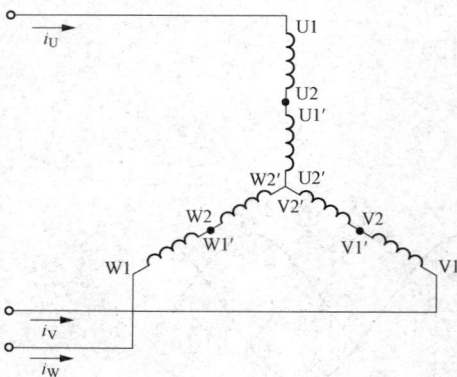

图 7-8 每相绕组由两个线圈串联组成的情况

3. 旋转磁场的磁极对数

旋转磁场的磁极对数与定子三相绕组的布置方式有关。图 7-5 中，每相绕组只有一个线圈，彼此在空间相差 120°，所产生的磁极对数为 $p=1$，如图 7-7 所示。

如每相线圈是由两个线圈串联而成，如图 7-8 所示，U 相绕组为 U1U2U1'U2'，首端为 U1，尾端为 U2'，V 相和 W 相绕组结构类似。将这三相绕组对称布置于定子铁芯上，则每相绕组首端与首端之间相差 60°。采用上述的分析方法，可知此时产生的合成磁场为 2 个 N 极，2 个 S 极，即磁极对数 $p=2$，如图 7-9 所示。

依次类推，如果要产生三对磁极的旋转磁场，则每相绕组必须有三个绕组串联构成，绕组首端之间相差 40° 空间角度。

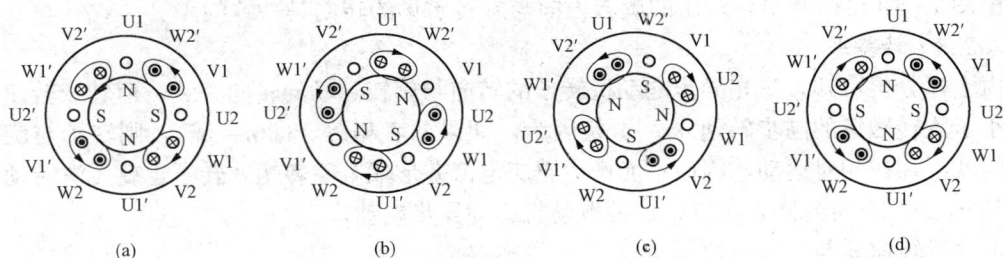

图 7-9　$p=2$ 时的旋转磁场

(a) $\omega t=0°$；(b) $\omega t=120°$；(c) $\omega t=240°$；(d) $\omega t=360°$

4. 旋转磁场的转速

当磁极对数 $p=1$ 时，由图 7-7 可以看出，当电流变化一个周期时，磁场在空间恰好转过一圈。设电流的频率为 f_1，则电流每分钟交变 $60f_1$ 次，则旋转磁场的转速 $n_0=60f_1$。

当磁极对数 $p=2$ 时，由图 7-9 可知，当电流变化一个周期时，磁场在空间只旋转了 $180°$（半圈），比 $p=1$ 的情况下慢了一半，即此时 $n_0=\dfrac{60f_1}{2}$。

由上述分析可知，旋转磁场的转速 n_0 不但与电流的变化频率 f_1 相关，还与磁极对数相关。n_0 又称为同步转速，单位为转每分（r/min）。当磁极对数为 p 时，旋转磁场的转速 n_0 为

$$n_0=\frac{60f_1}{p} \tag{7-1}$$

我国的交流电源的频率 $f_1=50\text{Hz}$，对应不同磁极对数下的旋转磁场转速如表 7-1 所示。对于某一特定三相异步电动机而言，f_1 和 p 通常是一定的，所以磁场转速 n_0 为一个常数。

表 7-1　　　　　　电动机的同步转速与磁极对数的关系

磁极对数 p	1	2	3	4	5	6
同步转速 n_0(r/min)	3000	1500	1000	750	600	500

7.2.2　三相异步电动机的转动原理

图 7-10 为三相异步电动机的转动原理图。定子三相绕组中通有三相电流，假定所产生的旋转磁场顺时针旋转，转速为 n_0。在某时刻定子电流及合成磁场如图 7-10 所示。

当磁场顺时针旋转切割转子绕组时，相当于磁场不动，转子绕组以逆时针方向切割磁场。此时转子绕组中会产生感应电动势，电动势方向可以用右手定则确定。在这个电动势作用下，闭合的转子绕组中会出现感应电流。这个电流与磁场相互作用会产生电磁力 F，其方向按左手定则确定，如图 7-10 所示。电磁力 F 作用在转子上从而形成电磁转矩，促使转子旋转起

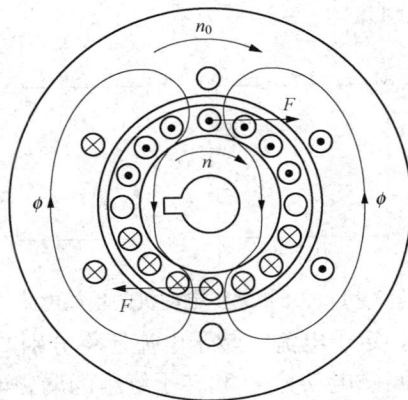

图 7-10　三相异步电动机的转动原理

来。由图 7-10 可以看出，转子的旋转方向与旋转磁场的转向是一致的。

7.2.3　转差率

由上述分析可知，三相异步电动机转子的转向与旋转磁场的转向一致，但转子转速 n 总要略小于旋转磁场的同步转速 n_0。这是因为，如果两者相等（即 $n=n_0$），则转子与旋转磁场之间就不存在相对运动，因而不能产生感应电流并形成电磁转矩，转子也就无法转动。所以 n 与 n_0 必须有所差别，所以把这种电动机称为异步电动机。

电动机转速 n 与同步转速 n_0 的差值，用转差率 s 表示，即

$$s = \frac{n_0 - n}{n_0} \qquad\qquad (7-2)$$

转差率是分析异步电动机运行特性和运行状态的一个重要参数。转子转速越是接近同步转速，则转差率也越小。在电动机起动瞬间 $n=0$，这时 $s=1$。一般异步电动机在额定负载下的转差率 s 在 $0.01\sim0.06$ 之间。

【例 7-1】　有一台异步电动机，额定转速 $n_N=1430\text{r/min}$，电源的频率 50Hz，求电动机的极对数 p 和额定转差率 s_N。

解　由于三相异步电动机额定转速略低于同步转速，由表 7-1 最接近的同步转速为 $n_0=1500\text{r/min}$，此电动机的极对数为 2。因此，由式（7-2）可求得

$$s_N = \frac{n_0 - n}{n_0} = \frac{1500 - 1430}{1500} \times 100\% = 4.7\%$$

练习与思考

1. 三相异步电动机中的旋转磁场是怎样产生的？
2. 电源频率一定时，磁极数增加，旋转磁场的转速如何变化？

7.3　三相异步电动机的电路分析

三相异步电动机的定子绕组和转子绕组之间只存在磁的耦合，与变压器一次和二次绕组之间的电磁关系类似。定子绕组相当于变压器的一次绕组，而转子绕组则相当于二次绕组。

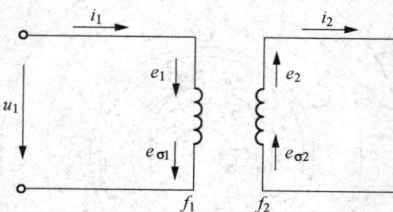

图 7-11 为三相异步电动机的单相电路图。当定子绕组接上三相交流电源（相电压为 u_1 时），定子绕组会产生交流电流，其相电流大小为 i_1。定子三相电流产生旋转磁场，磁通经过定子和转子闭合。这磁场不仅在转子每相绕组中要感应出电动势 e_2，而且在定子绕组中也要感应出电动势 e_1。由于转子绕组是闭合的，转子感应电动势在转子电路中产生电流 i_2。除了主磁通外，定子电流、转子电流还将分别产生经过空气隙而闭合的各自的漏磁通，进而产生定子绕组漏磁电动势 $e_{\sigma1}$ 和转子绕组的漏磁电动势 $e_{\sigma2}$。

图 7-11　三相异步电动机的单相电路

下面分别讨论定子与转子电路。

7.3.1 定子电路

主磁通 Φ 与定子绕组和转子绕组交链，其随着时间按正弦规律变化，如式（7-3）所示。

$$\Phi = \Phi_m \sin\omega t \qquad (7-3)$$

式中：Φ_m 是通过每相绕组的磁通最大值，在数值上等于旋转磁场的每极磁通。

假定定子每相绕组的匝数为 N_1，则定子每相绕组中由主磁通产生的电动势为

$$e_1 = -N_1 \frac{\mathrm{d}\Phi}{\mathrm{d}t} \qquad (7-4)$$

e_1 有效值为

$$E_1 = 4.44 N_1 f_1 \Phi_m \qquad (7-5)$$

式中：f_1 是 e_1 的频率，由于旋转磁场和定子间的相对转速为 n_0，所以

$$f_1 = \frac{pn_0}{60}$$

故可以得出 f_1，即为电源频率。

由图 7-11 可知，定子绕组的每相电压 u_1 为

$$u_1 = (-e_1) + (-e_{\sigma 1}) + R_1 i_1 \qquad (7-6)$$

式中：R_1 为定子每相绕组的电阻。

由于电阻和漏磁感抗数值较小，因此其上的压降与感应电动势比较可以忽略不计，于是

$$u_1 \approx -e_1 \qquad (7-7)$$

写成相量的形式

$$\dot{U}_1 \approx -\dot{E}_1 \qquad (7-8)$$

由式（7-5）和式（7-8），可以得出

$$U_1 \approx E_1 = 4.44 N_1 f_1 \Phi_m \qquad (7-9)$$

7.3.2 转子电路

1. 转子频率 f_2

由于三相异步电动机的转子是旋转的，转子电路的频率不同于定子电路的频率，这是异步电动机区别于变压器的地方。

转子转速与旋转磁场同向转动，转子相对于旋转磁场的转速为 $n_0 - n$，即以 $n_0 - n$ 的速度切割磁力线，因此转子电路的频率为

$$f_2 = \frac{p(n_0 - n)}{60} \qquad (7-10)$$

结合转差率公式（7-2），还可以写成

$$f_2 = \frac{(n_0 - n)}{n_0} \times \frac{pn_0}{60} = sf_1 \qquad (7-11)$$

从式（7-11）可以看出，转子频率与转差率有关，即与转子转速有关。

在电动机起动的瞬间（$n=0$，$s=1$），转子与旋转磁场间的相对转速最大，转子导条被旋转磁场切割得最快，因此此时转子频率最高，即 $f_2 = f_1$。

2. 转子电动势 e_2

旋转磁场在转子绕组中感生的电动势 e_2 为

$$e_2 = -N_2 \frac{\mathrm{d}\Phi}{\mathrm{d}t} \qquad (7-12)$$

式中：N_2 为转子绕组每相匝数。

其有效值 E_2 为

$$E_2 = 4.44 N_2 f_2 \Phi_\mathrm{m} \tag{7-13}$$

考虑到转子定子频率关系，同样可以写作

$$E_2 = 4.44 N_2 s f_1 \Phi_\mathrm{m} \tag{7-14}$$

在起动瞬间 $n=0$，$s=1$，此时转子电动势最大，用 E_{20} 表示。

$$E_{20} = 4.44 N_2 f_1 \Phi_\mathrm{m} \tag{7-15}$$

由式（7-11）和式（7-15）可得

$$E_2 = s E_{20} \tag{7-16}$$

3. 转子感抗 X_2

转子感抗 X_2 与转子频率 f_2 有关

$$X_2 = 2\pi f_2 L_2 \tag{7-17}$$

式中：L_2 为转子绕组电感值。

在转子静止时，由于 $s=1$，则 $f_2=f_1$。此时转子感抗最大，用 X_{20} 表示。

$$X_{20} = 2\pi f_1 L_2 \tag{7-18}$$

由式（7-11）和式（7-18）可得，转子感抗 X_2 可表示为

$$X_2 = s X_{20} \tag{7-19}$$

4. 转子电流 I_2

转子每相电路的电流 I_2，可以由式（7-20）得出

$$I_2 = \frac{E_2}{\sqrt{R_2^2 + X_2^2}} = \frac{s E_{20}}{\sqrt{R_2^2 + (s X_{20})^2}} \tag{7-20}$$

式中：R_2 为转子每相绕组的电阻，一般大小不变。

从式（7-20）可知，转子电流大小与转差率 s 有关。随着转速的降低，s 增大，从而感应电动势 E_2 也越大，I_2 随之增大。I_2 随 s 的变化关系如图 7-12 所示。

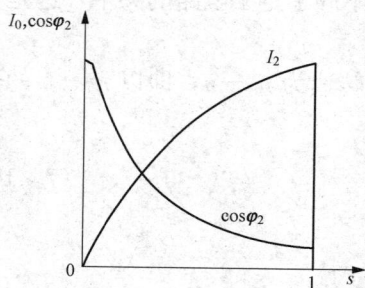

图 7-12　转子电流及转子电路的功率因数与转差率的关系

5. 转子功率因数 $\cos\varphi_2$

转子电路的功率因数为

$$\cos\varphi_2 = \frac{R_2}{\sqrt{R_2^2 + X_2^2}} = \frac{R_2}{\sqrt{R_2^2 + (s X_{20})^2}} \tag{7-21}$$

它也是与转差率有关，关系曲线如图 7-12 所示。可以看出，$\cos\varphi_2$ 随 s 的增大而减小。

通过上述分析，转子电路的频率、电动势、感抗和功率因数都与转差率有关，亦即与转子转速有关。当转子转速发生变化的时候，这些物理量都将发生变化，而不是一个恒定值。这是变压器与电动机的重要区别之一。

🧠 练习与思考

1. 三相异步电动机在工作中，若转子被卡住不能转动（堵转），对电动机有影响吗？
2. 频率为 60Hz 的三相异步电动机，若接在 50Hz 的电源上使用，将会发生何种现象？

3. 变压器一次电路频率与二次电路频率是否相同？三相异步电动机定子电路频率与转子电路频率是否相同？三相异步电动机与变压器的本质区别是什么？

7.4　三相异步电动机的机械特性

本节首先推导电磁转矩的表达式，在此基础上，讨论分析三相异步电动机机械特性。

7.4.1　电磁转矩

电磁转矩 T 是转子电流和旋转磁场相互作用的结果。T 除了与 I_2、Φ 有关外，还与转子功率因数 $\cos\varphi_2$ 有关。T 的表达式为

$$T = K\Phi I_2 \cos\varphi_2 \tag{7-22}$$

式中：K 为电动机的转矩常数，与电动机的结构有关。

代入式（7-9）、式（7-20）、式（7-21），则得到表达式

$$T = K\frac{sR_2U_1^2}{R_2^2 + (sX_{20})^2} \tag{7-23}$$

由上式可以看出，转矩 T 与定子每相两端电压的二次方成比例，电源电压的变动，对转矩的影响很大。同时，转子电路的电阻与转子转速的变化也会影响到转矩。

7.4.2　机械特性曲线

三相异步电动机的机械特性曲线，是指电源电压 U_1 和转子电阻 R_2 一定的情况下，电磁转矩 T 与转差率 s 之间的关系曲线，或电磁转矩 T 与转速 n 之间的关系曲线。如图 7-13 和图 7-14 所示，这两种曲线的实质是一样的，只是在形式有所不同，采用电磁转矩 T 与转速 n 之间的关系来分析机械特性更方便一些。

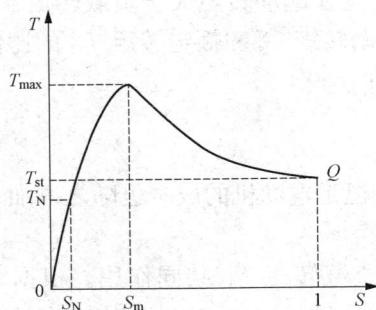

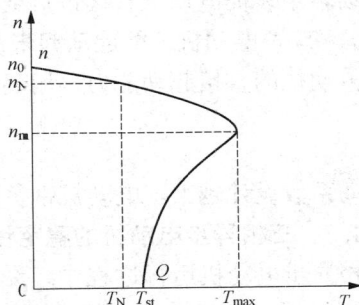

图 7-13　电磁转矩 T 与转差率 s 之间的关系曲线　　图 7-14　电磁转矩 T 与转速 n 之间的关系曲线

为了分析电动机的运行性能，实际中需要研究其机械特性。下面首先讨论机械特性曲线上三个特殊的转矩值。

1. 额定转矩 T_N

额定转矩 T_N 是指三相异步电动机带额定负载时的转矩，可由下式求得

$$T_N = 9550\frac{P_{2N}}{n_N} \tag{7-24}$$

式中：P_{2N} 为额定功率，单位为 kW；n_N 为额定转速，单位为 r/min（转/分）。

P_{2N} 和 n_N 可以从三相异步电动机铭牌上数据获得，进而可以求得 T_N。

2. 最大转矩 $T_{\max}$

从机械特性曲线 7-14 上看,电磁转矩有一个最大值 $T_{\max}$,称为最大转矩或临界转矩。与 $T_{\max}$ 相对应的转差率和转速,分别称为临界转差率 s_{m} 和临界转速 n_{m}。

令 $\dfrac{\mathrm{d}T}{\mathrm{d}s}=0$,求得临界转差率 s_{m} 为

$$s = \frac{R_2}{X_{20}} = s_{\mathrm{m}} \tag{7-25}$$

将 s_{m} 代入式(7-23)则得到

$$T_{\max} = K \times \frac{U_1^2}{2X_{20}} \tag{7-26}$$

由上面两式可知,最大转矩 $T_{\max}$ 正比于电源电压的二次方,而与转子电阻的大小无关,但临界转差率 s_{m} 与转子电阻成正比。

用最大转矩 $T_{\max}$ 和额定转矩 T_{N} 的比值来说明异步电动机的短时过载能力,这是异步电动机的重要的指标之一,用过载系数 λ_{m} 表示,即

$$\lambda_{\mathrm{m}} = \frac{T_{\max}}{T_{\mathrm{N}}} \tag{7-27}$$

为保证电动机不会因短时过载而停转,通常过载系数为 1.6～2.5。

3. 起动转矩 T_{st}

起动转矩 T_{st} 是指电动机在接通电源开始起动时的转矩。起动瞬间 $n=0$,$s=1$,将 $s=1$ 代入式(7-23)得起动转矩 T_{st} 为

$$T_{\mathrm{st}} = K \times \frac{U_1^2 R_2}{R_2^2 + X_{20}^2} \tag{7-28}$$

起动转矩表征电动机直接带负载起动能力。因为只有在起动转矩大于负载转矩 T_{L} 的时候即 $T_{\mathrm{st}} > T_{\mathrm{L}}$,电动机才能起动起来。因此,通常用起动转矩 T_{st} 和额定转矩 T_{N} 的比值来说明异步电动机的直接起动能力,用起动系数 λ_{s} 表示,即

$$\lambda_{\mathrm{s}} = \frac{T_{\mathrm{st}}}{T_{\mathrm{N}}} \tag{7-29}$$

起动系数设计越大,电动机带负载起动能力越强,但是电动机的成本也随之增加。

7.4.3 三相异步电动机的稳定性分析

三相异步电动机运行过程中,受到电磁转矩 T 和负载转矩 T_{L} 共同作用。根据力学原理,当电磁转矩与负载转矩相等,电动机将等速旋转。当负载转矩大于或小于电磁转矩时,电动机将减速或加速。

在负载转矩发生变化的情况下,电动机若能自动适应负载变化,调节本身的转速和转矩,达到新的平衡状态,称它能稳定运行;否则称为非稳定运行。

在图 7-15 中,以最大转矩点为界,将曲线分为 ac 段和 ce 段两部分。下面分别讨论当电动机运行在这两种情况下,电动机的稳定性。

(1) ac 段运行情况。

假设电动机运行在图 7-15 中 ac 段的 b 点。

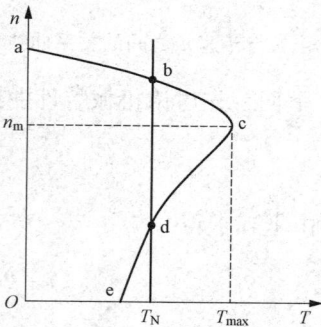

图 7-15 三相异步电动机运行的
稳定性分析

　　若负载转矩 T_L 增加，此时转速 n 将下降，转速下降后电磁转矩 T 将增大（见图 7-15），可自动适应负载转矩的增加，最后达到一个新的稳定状态。但此时的转速会略低于初始转速。过程如下：

$$T_L \uparrow \to n \downarrow \to T \uparrow \to T' = T'_L$$

　　若负载转矩 T_L 减小，此时转速 n 将上升，转速上升后电磁转矩 T 将略有减小（见图 7-15），可自动适应负载转矩的减少，最后达到一个新的稳定状态。但此时的转速会略高于初始转速。过程如下：

$$T_L \downarrow \to n \uparrow \to T \downarrow \to T' = T'_L$$

　　所以，电动机在曲线部分 ac 段能够自动适应负载变化，特性曲线的这一范围称为稳定运行区。

　　（2）ce 段运行情况。

　　假设电动机运行在图 7-15 中 ce 段的 d 点。

　　当负载转矩减小时，电动机转速 n 将增加，电磁转矩随之增大，更使电动机进一步加速，从而越过临界转速 c 点（见图 7-15），进入稳定运行区 ac 段。

　　反之，若当负载转矩增大时，电动机转速 n 将下降，而电磁转矩随转速的下降减小，这样会使转速进一步降低，直至电动机停转。这一过程如下所示。

$$T_L \uparrow \to n \downarrow \to T \downarrow \to n \downarrow \downarrow \to T \downarrow \downarrow \to n \downarrow \downarrow \downarrow \cdots$$

　　停转后，电动机的电流立即升高为额定电流的数倍，如果没有保护措施及时切断电源，电动机将可能被烧毁。

　　可见，图 7-15 中的 ac 段是电动机稳定运行区域，电动机应该运行在此状态下。而 ce 部分是电动机不稳定区域，应避免运行在此状态。

练习与思考

1. 三相异步电动机在一定的负载转矩下运行时，若电源电压改变，电动机的电流、转矩及转速有无变化？

2. 有一个 Y225M-4 型三相异步电动机，额定功率 $P_{2N}=45\text{kW}$，额定转速 $n_N=1480\text{r/min}$，则其额定转矩 T_N 是多少？

3. 画出三相异步电动机的机械特性曲线，指出哪一段是三相异步电动机的稳定工作区，为什么？

7.5　三相异步电动机的起动

　　接通三相电源，使电动机的转子转速从零加速到稳定运行转速的过程称为起动过程。在生产过程中，电动机要经常起动，其起动性能的优劣具有重要的影响。

7.5.1　起动过程存在的问题

1. 起动电流大

　　电动机起动瞬间，$n=0$，$s=1$，所以旋转磁场和静止转子间的相对转速很大，因此转子中的感应电动势很大，转子电流也将很大。反映在定子方面，也要从电源吸取更大的电流，这时的定子电流称为电动机的起动电流。一般中小型鼠笼式电动机，起动电流大概是额定电流的 4～7 倍。

起动电流大会对电源造成冲击，如果电源容量不够大，往往造成电压的显著降低，影响接在同一电源上其他设备的正常工作。电动机相对于电源的容量越大，这种不良影响越严重，因而必须采取措施减小起动电流。

2. 起动转矩小

电动机起动过程中，起动电流在定子绕组阻抗上的压降变大，而电源电压为定值，感应电动势将减少，主磁通也随之减小，并且功率因数也不大，所以起动转矩不是很大。而电动机起动时，要求起动转矩大于等于负载转矩的 1.1～1.2 倍，电动机才能正常起动，如果起动转矩不足，将使起动时间拖长，同时造成绕组严重过热，降低电动机的绝缘寿命。因此，应尽量提高起动转矩。

因此为了减少起动电流，增大起动转矩，必须采用合适的起动方法来起动电动机。

7.5.2　鼠笼型异步电动机的起动方法

鼠笼型异步电动机有直接起动和降压起动两种起动方法。

1. 直接起动

直接起动又称为全压起动，就是将电动机的定子绕组直接加上额定电压起动。直接起动是最简单的起动方法，利用隔离开关或者接触器将电动机的定子绕组直接接在额定电压的三相电源上。这种起动方法虽然起动设备和操作简单，但是起动电流较大，会造成线路较大的线路压降，从而影响负载的正常工作。

一般规定，7.5kW 以下的笼型异步电动机可以直接起动。

2. 降压起动

降压起动是在起动时通过一定的起动设备降低定子绕组上的电压，待电动机转速达到某一数值时，再把电压恢复到额定值。如果电动机直接起动引起电压降落较大，则必须采用降压起动。降压起动主要采用以下两种方法。

（1）Y-△降压起动。

大、中型三相异步电动机在正常运行时，其定子绕组都是三角形（△）联结。起动时，先将定子绕组接成星形（Y），待电动机转速升高到接近额定转速时，再将绕组换成三角形联结。这种起动方法只适用于正常运行时定子绕组为三角形联结的电动机。

图 7-16 是 Y-△起动与直接起动的对比图，其中 Z 为定子每相绕组的阻抗。Y-△起动时，定子每相绕组上的电压降到直接起动时电压的 $1/\sqrt{3}$。

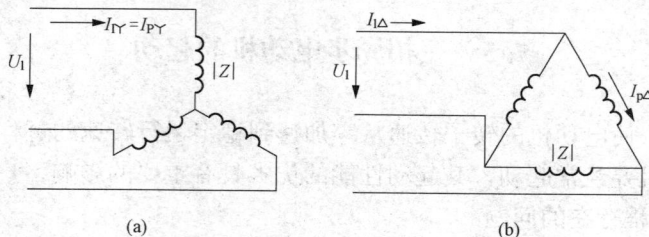

图 7-16　Y-△起动与直接起动的对比
（a）Y-△起动（星形联结）；（b）直接起动（三角形联结）

由图 7 - 16（a）可知，Y -△起动时，定子线电流为

$$I_{lY} = \frac{U_1/\sqrt{3}}{|Z|} \qquad\qquad (7 - 30)$$

由图 7 - 16（b）可知，直接起动时，定子线电流为

$$I_{l\triangle} = \sqrt{3}I_{p\triangle} = \sqrt{3}\,\frac{U_1}{|Z|} \qquad\qquad (7 - 31)$$

Y -△起动与直接起动两种方式，起动电流之比为

$$\frac{I_{lY}}{I_{l\triangle}} = \frac{1}{3} \qquad\qquad (7 - 32)$$

因为起动转矩和电压的二次方成正比，Y -△起动时其起动转矩也减少到直接起动的 1/3，即

$$\frac{T_{stY}}{T_{st\triangle}} = \left(\frac{1}{\sqrt{3}}\right)^2 = \frac{1}{3} \qquad\qquad (7 - 33)$$

　　Y -△起动借助 Y -△起动器实现，其原理如图 7 - 17 所示。起动时，将手柄向右扳，使右边一排触头与静触头相连，此时电动机就是星形联结方式。起动过程完成后，手柄左扳，使左边一排动触头与静触头相连，则定子绕组为三角形联结方式。

　　Y -△起动虽然减少了起动电流，但起动转矩也相应减小，所以只适用于空载或轻载起动。

　　（2）自耦降压起动。

　　自耦降压起动是利用自耦变压器降低电动机起动过程中的端电压。这种起动方法既适用于正常运行时三角形联结的电动机，也适用于星形联结的电动机。起动时，先通过三相自耦变压器将电动机的定子电压降低，起动后再将电压恢复到额定值。

　　自耦降压起动原理电路如图 7 - 18 所示。起动时，开关 Q_2 扳到"起动"位置，电动机定子绕组通过自耦变压器接到三相电源，电动机降压起动。当电动机转速接近额定转速时，将 Q_2 扳向工作位置，自耦变压器被切除，电动机定子直接接在电源上，电动机进入工作状态。

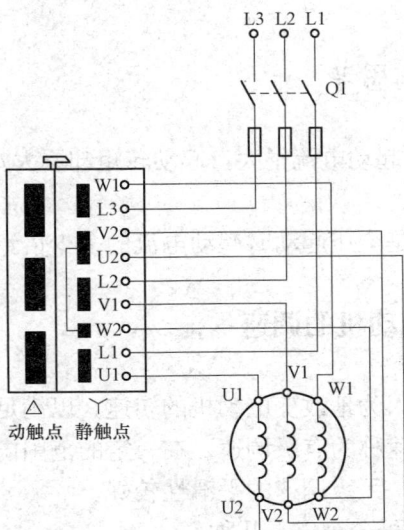

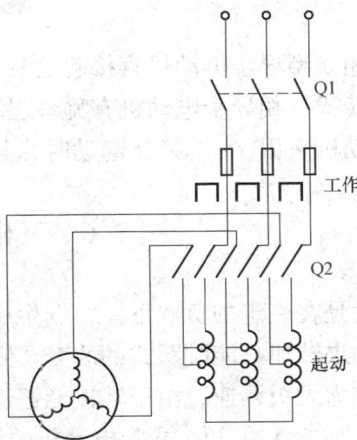

　　图 7 - 17　Y -△起动器原理图　　　　　图 7 - 18　自耦降压起动原理接线图

自耦降压起动时，假定起动时电动机的端电压降为直接起动电压的 $k(k \leqslant 1)$ 倍，可以证明：降压起动电流是直接起动电流的 k^2 倍，降压起动时起动转矩也为直接起动转矩的 k^2 倍。

自耦变压器由于有几种抽头可供选择，比较灵活，在较大容量的三相鼠笼式异式电动机上广泛采用。其缺点是自耦变压器体积大、价格高，而且不允许频繁起动也不能带重负载起动。

三相鼠笼式异步电动机降压起动时，在降低起动电流的同时也使起动转矩减小。若要求在减小起动电流的同时又要增大起动转矩，则应采用绕线式三相异步电动机。

7.5.3　绕线式异步电动机的起动方法

绕线式异步电动机的转子绕组是三相对称绕组，一般都是通过在转子绕组串接电阻起动。在转子回路串接电阻后，不仅可以减小起动电流，而且可以在一定范围内增大起动转矩。其原理电路如图 7-19 所示。起动时，先将外接起动变阻器的电阻值 R_{st} 调至最大，然后接入三相电源，随着转子转速提高，逐渐减小 R_{st} 的值，当达到额定转速后，切除起动变阻器，电动机进入正常运行状态。

因此，与鼠笼式电动机相比，绕线式异步电动机的起动性能具有优势，广泛应用于起动频繁并要求起动转矩大的设备上。

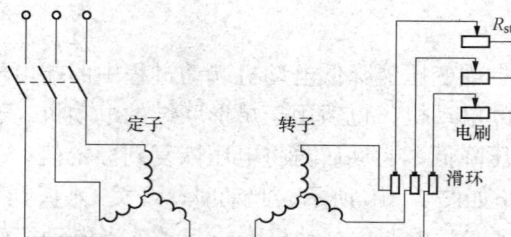

图 7-19　绕线式异步电动机转子串电阻起动的原理接线图

练习与思考

1. 三相笼型异步电动机直接起动时，为什么起动电流很大，起动转矩却不大？
2. 鼠笼式三相异步电动机有哪些起动方法？
3. 电动机采用 Y-△换接起动时，起动电流是全压起动时起动电流的多少倍？

7.6　三相异步电动机的调速

调速就是在一定的负载下，根据生产的需要人为地改变电动机的转速，以满足生产过程的要求。如果转速只能跳跃式的改变，则这种调速称为有级调速。在一定的范围内能够连续调节转速称为无级调速。由于转速能够连续变化，无级调速的平滑性较好。

由式（7-34）可知，异步电动机的调速方法可分为以下几种：

$$n = n_0(1-s) = (1-s) \times \frac{60 f_1}{p} \tag{7-34}$$

（1）变频调速，改变电源频率 f_1，从而改变同步转速 n_0，来改变转子转速 n；

（2）变极调速，改变定子绕组的极对数 p；

（3）变转差率调速，改变电动机的转差率 s。

鼠笼式异步电动机常采用前两种调速方法，而绕线式三相异步电动机由于可以外串电阻，常采用调节转差率的方法实现调速。

7.6.1　变频调速

变频调速是通过改变电源频率来改变电动机的同步转速 n_0，使转子转速随着变化。三相异步电动机变频调速系统原理如图 7-20 所示。变频调速器是一种电力电子变频装置，可以将加到电动机上电压/电流频率在一定范围内持续可变。

这种方法调速范围宽、精度高、效率也较高且能够无级调速，但是需要专门的变频装置，应用受到一定的限制。随着电力电子技术的发展，变频器性能的提高，价格降低，已经成为交流调速中发展最快、使用最广的方法之一。

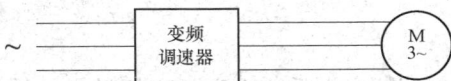

图 7-20　三相异步电动机变频调速原理

变频调速有两种方式：一种是交—直—交方式，其工作原理是：首先将工频交流电通过整流器转换为直流，再由逆变器将直流转换成频率可调的近似正弦交流电，这种装置称为变频器。另一种是交-交方式，即正弦交流电通过变频器直接变成频率可调的近似正弦交流电。

7.6.2　变极调速

在电源频率恒定的情况下，改变电动机定子绕组的极对数，同样可以改变旋转磁场和转子的转速。而定子绕组产生的磁极对数的改变，可以通过改变绕组的接线方式实现。由于改变定子绕组的接法只能使极对数成对变化，所以这种调速方法是有级调速。

具有变极调速功能的电动机称为多速电动机。实现定子绕组变极主要有两种方法。一种是在定子槽内放置两套绕组，各有不同的极对数。根据需要，每次只用其中一套，这种方法称为双绕组变极。另外一种方法只放置一套绕组，通过改变绕组接线方式可以得到不同的极数，这种方法称为单绕组变极。

变极调速属于有极调速，转速几乎是成倍变化，调速平滑性较差。这种调速方法多用于对调速性能要求不高的生产机械上，如升降机、切削机床等。

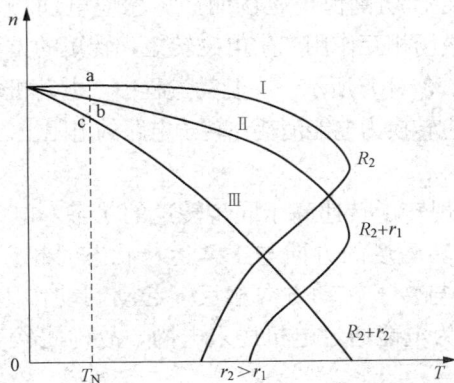

图 7-21　转子串电阻大小对绕线式异步
电动机机械特性的影响

7.6.3　变转差率调速

变转差率调速可以通过异步电动机转子回路串电阻的方式实现。这种调速方法只适用于绕线式转子异步电动机。

如图 7-21 为转子串联电阻（r_1，r_2）对异步电动机机械特性的影响，可以看出，当负载转矩一定时，工作点的转差率随着转子串联电阻的增大而增大，转速随着转子串联电阻的增大而减小。改变转子电路的电阻，可以改变电动机的机械特性，从而实现调速的目的。

这种调速方法比较简单，但因调速电阻中要消耗电能，经济性较差，而且转子电路串联电阻后，机械特性变软，低速时负载稍有变化，转速变化较大，所以常用于调速时间不长的生产机械，如起重机等。

练习与思考

1. 变极调速有什么特点？绕线式电动机能否实现变极调速？为什么？
2. 三相异步电动机有哪几种调速方法？各有什么优缺点？
3. 变转差率调速的原理是，主要适用于什么场合？

7.7　三相异步电动机的制动

切断电源后，电动机由于转子的惯性作用，短时间内不会停转。为提高生产机械的生产率，往往要求电动机能够快速停车和反转，这就需要给电动机提供一个与转动方向相反的制动力矩。在制动力矩作用下，电动机转速降为零的过程即为电动机的制动。

电动机的常用制动方式为：反接制动、能耗制动和发电反馈制动。

7.7.1　反接制动

根据前面所学知识，当改变三相电源的相序时，旋转磁场反向旋转，电磁转矩 T 随之转向。但转子由于惯性仍然原方向转动，电磁转矩 T 转换为制动转矩，此时电动机便进入了反接制动过程，如图 7-22 所示。当转速接近零时，必须切断电源，否则电动机会反转。

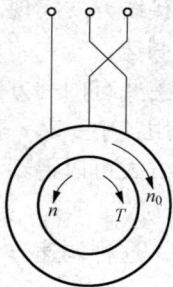

由于在反接制动过程中旋转磁场与转子的相对速度很大，因而电流较大，为了限制电流必须在转子回路中串入较大的外串电阻，从而保护电动机不致过热而损坏。

三相异步电动机反接制动速度快，但能量损失较大。

7.7.2　能耗制动

能耗制动是在电动机断电后，立即在定子其中两相绕组上通入直流电流，接线图如图 7-23（a）所示。通入的直流电流会在电动机内产生一个恒定磁场。此时电动机转子由于惯性继续旋转，转子导体切割恒定磁场而产生感应电动势及电流，该电流和恒定磁场相互作用产生电磁转矩，转矩的方向

图 7-22　三相异步电动机电源两相反接的反接制动

与转子实际旋转方向相反，起到了制动的作用，如图 7-23（b）所示。在制动过程中，电动机转速不断下降，电动机不断吸收系统储存的机械能，并把它转换为电能消耗在转子电路的电阻上。

7.7.3　发电反馈制动

当由于某些原因，如起重机快速放下重物，会出现转子转速高于同步转速的状态，电动机会进入发电制动状态运行。此时，转子导体切割旋转磁场的方向与正常运行状态时相反，使得转子感应电动势和转子电流反向，从而电磁转矩与转子转动方向相反，起动制动作用。这时，电动机已转入发电机状态，将重物的势能转换为电能通过电机送入电网，故称此状态为发电回馈制动。

无论何种制动方法，本质上都是通过改变旋转磁场与转子之间的相对运动方向，从而改变了感应电动势和电流的方向，进而转矩的方向发生改变，实现制动效果。

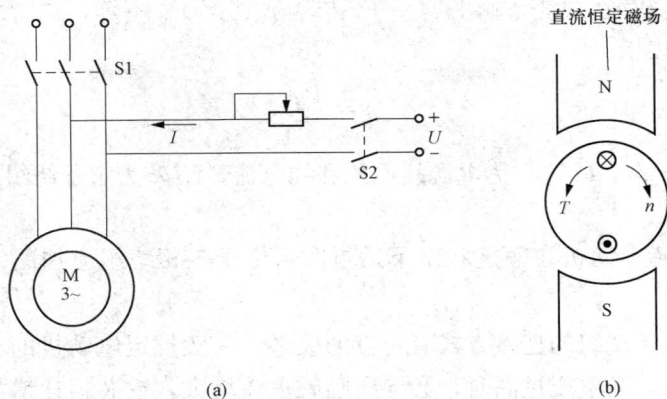

图 7 - 23　三相异步电动机的能耗制动

（a）接线图；（b）制动原理图

练习与思考

1. 什么是发电反馈制动？
2. 异步电动机制动的方法有哪些？

7.8　三相异步电动机的铭牌数据

电动机的外壳上都附有电动机的铭牌，上面标有该电动机的型号和主要额定数据。要正确使用电动机，必须看懂铭牌，正确理解各项数据的意义。

表 7 - 2 为 Y - 112M - 4 型电动机的铭牌数据，以此为例介绍铭牌数据的意义。

表 7 - 2　　　　　　　　　　**Y - 112M - 4 型电动机的铭牌数据**

三相感应电动机		
型号：Y - 112M - 4	出厂编号：××××	接线方式：△
功率：4.0kW	电压：380V	电流：8.7A
频率：50Hz	转速：1440r/min	噪声值：74dB（A）
工作制：S1	绝缘等级：B	防护等级：IP44

1. 型号

型号表示电动机的种类和形式。按照国家规定，三相异步电动机的型号由汉语拼音字母和数字组成，各部分含义如图 7 - 24 所示。

2. 功率

铭牌上的功率是指三相异步电动机在额定状态下运行时，轴上输出的机械功率，一般用 P_{2N} 表示，单位为 kW（千瓦）。

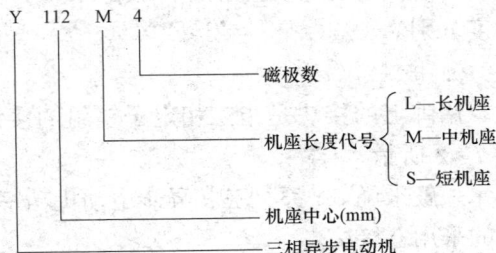

图 7 - 24　三相异步电动机的型号说明

由于电动机本身存在损耗，输出功率 P_2 与输入功率 P_1 不等，二者之比定义为电动机的工作效率，用 η 表示。

$$\eta = \frac{P_2}{P_1} \qquad\qquad (7 - 35)$$

式中：$P_1 = \sqrt{3}U_1 I_1 \cos\varphi$，$U_1$、$I_1$ 为电源线电压和线电流，$\cos\varphi$ 为定子绕组的功率因数。

3. 电压

铭牌上的电压指电动机在额定状态下运行时，定子三相绕组应加的线电压有效值，用 U_N 表示。

U_N 的大小与定子绕组的连接方式有对应的关系，一般规定电动机的工作电压不能高于或者小于 U_N 的 5%。当电压过高时，会导致励磁电流增大，铁芯损耗增加且绕组存在发热现象。电压过低转速下降，电流增加。

4. 电流

铭牌上的电流是指电动机在额定状态下运行时，定子三相绕组的线电流，也就是电动机在长期运行时所允许的定子线电流。一般用 I_N 表示。当电动机的实际工作电流等于额定电流时，电动机的工作状态称为满载。

5. 频率

铭牌上的频率是指定子三相绕组所加交流电压的频率。我国工业交流电频率为 50Hz。

6. 转速

铭牌上的转速指电动机在额定状态下运行时的转子转速，一般用 n_N 表示。额定转速非常接近而又略小于同步转速，额定转差率 $s_N = 0.01 \sim 0.09$。因此只要知道额定转速，再参考表 7-1，就能确定同步转速和极对数。例如 $n_N = 1470 \text{r/min}$，则 $n_0 = 1500 \text{r/min}$，$p = 2$。

7. 功率因数

因为电动机呈现感性，定子相电压比相电流超前 φ 角，$\cos\varphi$ 就是电动机的功率因数。铭牌上的功率因数是指额定状态下运行时的功率因数，一般用 λ_N 表示，$\lambda_N = \cos\varphi_N$。

额定功率因数是三相异步电动机的重要技术经济指标。电动机在额定状态或接近额定状态运行时，功率因数比较高，而在轻载或空载下运行时，功率因数很低。所以，在选用电动机时，考虑到经济性，额定功率要选得合适，应使它等于或略大于负载所需要的功率值，尽量避免用大容量的电动机带小的负载运行，即要防止"大马拉小车"的现象。

8. 绝缘等级

绝缘等级是指电动机中所用绝缘材料的耐热的等级，它决定电动机允许的最高工作温度。目前，一般电动机采用 E 级绝缘，Y 系列电动机采用 B 级绝缘，它们允许的最高工作温度分别为 120℃ 和 130℃。

9. 接法

铭牌上的接法是指三相定子绕组的接法，有星形（Y）和三角形（△）两种接法，如图 7-2 所示。

一般来说，Y 系列三相异步电动机功率在 3kW 及以下的采用 Y 接法，功率在 4kW 及以上的采用△接法。

【例 7-2】 已知 YA25004-4 型三相异步电动机的技术数据如下表：

额定功率 (kW)	额定电压 (kV)	功率因数 $\cos\varphi$	电源频率 (Hz)	额定转速 r/min	额定效率 η	$\dfrac{I_{st}}{I_N}$	$\dfrac{T_{max}}{T_N}$	$\dfrac{T_{st}}{T_N}$	连接方式
2000	10	0.85	50	1470	87.5%	6.0	1.9	1.8	Y

（1）试求额定输入功率 P_1，额定转差率 s_N，额定电流 I_N，起动电流 I_{st}，额定转矩 T_N，起动转矩 T_{st}，最大转矩 T_{max}；

（2）如果负载转矩为 $T_L=19800\text{N}\cdot\text{m}$，试问在①$U=U_N$ 和②$U=0.7U_N$ 两种情况下电动机能否起动？

（3）如果负载转矩为 $T_L=19800\text{N}\cdot\text{m}$，若采用降压起动方式，降压系数为 $k=0.64$，此时能否起动？

解　（1）额定输入功率 P_1 为

$$P_1=\frac{P_2}{\eta}=\frac{2\times10^6}{0.875}=2.29\times10^6(\text{W})$$

额定转差率 s_N 为

$$s_N=\frac{n_0-n}{n_0}\times100\%=\frac{1500-1470}{1500}\times100\%=2.0\%$$

额定电流 I_N 为

$$I_N=\frac{P_1}{\sqrt{3}U\cos\varphi}=\frac{2.29\times10^6}{\sqrt{3}\times10\times10^3\times0.85}=155.55(\text{A})$$

起动电流 I_{st} 为

$$I_{st}=6I_N=6\times155.55=933.27(\text{A})$$

额定转矩 T_N 为

$$T_N=9550\frac{P_2}{n_N}=9550\frac{2000}{1470}=12993.20(\text{N}\cdot\text{m})$$

起动转矩 T_{st} 为

$$T_{st}=\frac{T_{st}}{T_N}\times T_N=1.8\times12993.20=23387.76(\text{N}\cdot\text{m})$$

最大转矩 T_{max} 为

$$T_{max}=\frac{T_{max}}{T_N}\times T_N=1.9\times12993.20=24687.08(\text{N}\cdot\text{m})$$

（2）当电源电压 $U=U_N$ 时，此时 $T_{st}=23387.76\text{N}\cdot\text{m}$，大于负载转矩 $T_L=19800\text{N}\cdot\text{m}$，故可以起动。

当 $U=0.7U_N$ 时，此时起动转矩用 T'_{st} 表示

$$T'_{st}=\left(\frac{0.7U_N}{U_N}\right)^2\times T_{st}=0.49\times23387.76=11460.00(\text{N}\cdot\text{m})$$

T'_{st} 小于负载转矩 $T_L=19800\text{N}\cdot\text{m}$，故不能起动。

（3）采用降压起动时，降压系数为 $k=0.64$，此时，起动电流为 I'_{st}

$$I'_{st}=k^2\times I_{st}=0.64^2\times933.27=382.27(\text{A})$$

起动转矩 T'_{st}。

$$T'_{st} = k^2 \times T_{st} = 0.64^2 \times 23387.76 = 9579.63(\text{N} \cdot \text{m})$$

T'_{st}小于负载转矩 $T_L = 19800\text{N} \cdot \text{m}$，故不能起动。

练习与思考

1. 电动机的额定功率是指输出机械功率，还是输入电功率？

2. 电动机的额定电压是指线电压，还是相电压？额定电流是指定子绕组的线电流，还是相电流？

3. 在电源电压不变的情况下，如果电动机的三角形联结误接成星形联结，或者星形联结误接成三角形联结，其后果如何？

7.9　三相异步电动机的选择

在工农业生产中，正确为生产机械选择合适的三相异步电动机极为重要。选择电动机，既要使电动机的性能满足生产机械的要求，又要考虑周围环境的影响，同时还要尽可能节约投资，降低运行费用。一般来说，电动机的选择包括以下内容。

1. 种类的选择

选择哪一种电动机，主要应根据生产机械对电动机的机械特性（硬特性还是软特性）、调速性能和起动性能等方面的要求来选择。一般情况下，优先选用三相笼型异步电动机，无法满足要求时才考虑选用其他电动机。

2. 功率的选择

根据生产机械所需要的功率和电动机的工作方式选择电动机的额定功率，使其工作时的功率不超过而又接近或等于额定值。

3. 电压的选择

根据电动机的容量和供电电压的情况选择电动机的额定电压。如三相笼型异步电动机，中小容量的额定电压为 380V，而大中容量的额定电压有 3kV、6kV 和 10kV 几种。

4. 转速的选择

根据生产机械的转速和传动方式来选择电动机的额定转速。

5. 外形结构的选择

根据使用环境的要求选择电动机的外形结构。电动机的外形结构有以下几种：

(1) 开启式。

代号为 IP23，电动机的机座和端盖下方有通风孔，散热好，能防止水滴和铁屑等杂物从上方落入电动机内，但潮气和灰尘仍可进入。

(2) 封闭式。

代号为 IP40，电动机的机座和段盖上均无通风孔，完全是封闭的。外部的潮气和灰尘不易进入电动机，多用于灰尘多、潮湿、有腐蚀性气体、易引起火灾等恶劣环境中。

(3) 密封式。

代号为 IP68，电动机的密封程度高，外部的气体和液体都不能进入电动机内部，可以浸在液体中使用，如潜水泵电动机。

（4）防爆式。

电动机不但有严密的封闭结构，外壳又有足够的机械强度。一旦少量爆炸性气体侵入电动机内部发生爆炸时，电动机的外壳能承受爆炸时的压力，火花不会窜到外面以致引起外界气体再爆炸。适用于有易燃、易爆气体的场所，如矿井、油库和煤气站等。

练习与思考

1. 正确选择电动机的原则主要有哪些？
2. 电动机的容量（即功率）选择依据的运行情况有哪些？
3. 电动机的种类选择根据哪些因素？

7.10　单相异步电动机

单相异步电动机是使用单相电源供电的异步电动机。单相异步电动机具有结构简单、成本低廉和使用方便等优点，因此被广泛应用于工业和人们生活的各个方面，尤以家用电器电动工具，医疗器械使用较多。

单相异步电动机由定子和转子两部分构成。转子多为鼠笼式，定子上有一个或者两个绕组。由于定子绕组使用的单相交流电，产生的磁场为非旋转的脉动磁场，因此转子无法自动起动。但在转子起动后，该脉动磁场可使转子继续转动下去。因此，单相异步电动机起动问题要比三相异步电动机复杂。

下面介绍两种常用的单相异步电动机。

1. 电容分相式异步电动机

电容分相异步电动机的定子有两个绕组，其中一个是工作绕组 L_1，另外一个是起动绕组 L_2，二者在空间上相差 90°。如图 7-25 所示，在起动绕组中串接电容 C，然后与工作绕组共同接到同一单相电源上。由于工作绕组的阻抗为感性，其电流滞后电源电压一定角度，而串接了电容的起动绕组的阻抗呈容性，电流相位超前于电源电压。如果电容参数选取合适，可以使起动绕组的电流超前工作绕组电流 90°，那么可以在单相异步电动机气隙内建立旋转磁场。从而产生一定的起动转矩，使电动机起动。

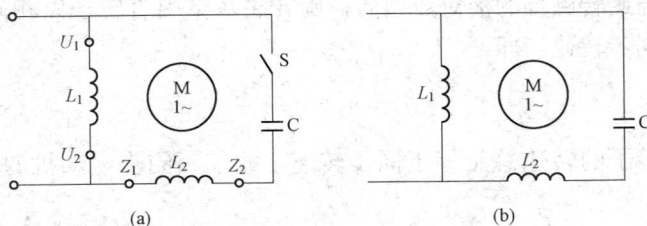

图 7-25　电容分相式异步电动机原理图
(a) 电容起动式电动机；(b) 电容运转式电动机

当转子转速达到额定转速的 75% 左右时，离心开关在离心力的作用下自行断开，从而切断起动绕组电源只让工作绕组单独运行，这种电动机叫电容起动电动机。如果起动绕组是按长期工作设计，那么起动绕组不仅在单相异步电动机起动作用，而且还与工作绕组一起长期工作，这种电动机叫做电容运行电动机，其接线示意图如图7-25（b）所示。

要改变电动机转向，只需要把起动绕组与工作绕组相并联的出线对调即可实现。

2. 罩极式异步电动机

罩极起动电动机的定子铁芯通常做成凸极式，也是由硅钢片叠压而成。每个极上装有工作绕组，在磁极极面的一边开有一个小槽，用短路铜环把部分磁极罩起来，如图7-26所示。此铜环也称为罩极起动绕组。

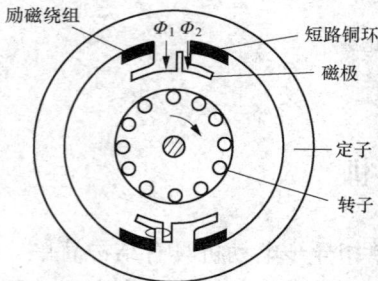

图 7-26 罩极式异步电动机原理图

风扇和吹风机等设备中。

当定子绕组通入交流电时，产生的交变磁通在极面上被分为两部分，由于短路环的作用，被罩部分的磁通在时间上滞后于未罩部分磁通一个电角度，即磁通在空间被分成相位不同的两部分，在时间上又有一定的相位差，因此合成磁场是一个沿着某一个方向推移的磁场。在这个磁场作用下，转子转动起来，旋转磁场的方向是由磁极的未罩部分向被罩部分转动。

罩极式电动机的起动转矩较小，效率、功率因数低，过载能力较差，但结构简单，维修方便，故多用于小型

*7.11 同步电动机

同步电动机是一种交流电动机。同步电动机主要应用于驱动不要求调速和功率较大的机械设备，如轧钢机、透平压缩机、鼓风机等设备。同步电动机还可用做同步调相机，向电网输送电感性的或电容性的无功功率，以提高电网电压的稳定性。

同步电动机的定子结构与异步电动机类似，也是由定子铁芯、定子绕组以及机座、端盖等附件组成。同步电动机的转子有两种结构形式：一种有明显的磁极，称为凸极式；另一种转子为一个圆柱体，表面上开有槽，无明显的磁极，称为隐极式。

与三相异步电动机一样，同步电动机定子绕组连接成星形或三角形后，接到三相电源上，三相电流通过三相绕组产生旋转磁场。转子励磁绕组通以直流励磁电流，使转子形成磁极，只要其极对数与旋转磁场的极对数相同，旋转磁场牵引着转子以相同的转速一起转动，故转子的转速等于同步转速，即

$$n = n_0 = \frac{60 f_1}{p} \qquad (7-36)$$

在一定的范围内，转子的转速总是等于同步转速，故三相同步电动机的机械特性为绝对硬特性。

改变同步电动机转子励磁电流的大小，可以改变同步电动机的功率因数。因为在定子电压和负载转矩不变的情况下，改变励磁电流的大小，会引起转子磁通和定子绕组中感应电动势的变化，从而引起定子电流和功率因数等一系列的相应变化。根据励磁电流的大小不同，同步电动机可处于正常励磁、欠励磁和过励磁三种状态。

习 题

7-1 有一台三相异步电动机,磁极对数为 2。电源频率为 50Hz,若运行时转差率为 0.02,求此时电动机的转速为多少?同步转速为多少?

7-2 某台三相异步电动机,额定转速为 720r/min,电源频率为 50Hz,求这台电动机的磁极对数、额定转差率及额定转子电流的频率?

7-3 图 7-27 中,U1U2、V1V2、W1W2 是某三相异步电动机定子绕组的六个线端,现引出至接线盒。(1) 若该电动机采用 △ 形联结时,这六个出线端应该怎样连接?(2) 若该电动机采用 Y 形联结时,这六个出线端又该怎样连接?画出各接线图。

7-4 有一台额定频率为 50Hz,额定电压为 380V 的三相异步电动机,若运行在电源频率为 50Hz,电压为 400V 的电源上,问电动机的最大转矩、起动转矩和起动电流有什么变化?

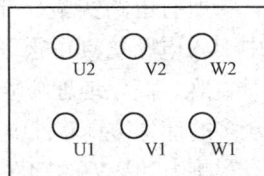
图 7-27 习题 8-3 的图

7-5 某台额定频率为 50Hz 的三相异步电动机,若电源电压不变,电源频率变为 60Hz 情况下,问电动机的最大转矩、起动转矩和起动电流有什么变化?

7-6 已知 YKK3551-4 型三相异步电动机的技术数据如下表:

额定功率 (kW)	额定电压 (kV)	功率因数 $\cos\varphi$	电源频率 (Hz)	额定转速 r/min	额定效率	$\dfrac{I_{st}}{I_N}$	$\dfrac{T_{max}}{T_N}$	$\dfrac{T_{st}}{T_N}$	连接方式
185	6	0.86	50	1470	89%	6	2.3	1.9	Y

(1) 试求 ①额定输入功率 P_1;②额定转差率 s_N;③额定电流 I_N;④起动电流 I_{st};⑤额定转矩 T_N;⑥起动转矩 T_{st};⑦最大转矩 T_{max}。

(2) 如果负载转矩为 1100N·m,试问电动机能正常起动的最低电压?

7-7 一台 Y122M-4 型三相异步电动机技术数据如下:功率 $P_N=6$kW,电压 $U_N=380$V,△接法,转子转速 $n_N=1470$r/min,功率因数 $\cos\varphi=0.82$,效率 $\eta=0.855$,频率 $f=50$Hz,$T_{st}/T_N=2.0$。试求:(1) 额定运行时的转差率 s_N;(2) 电动机输入功率 P_1;(3) 额定电流 I_N;(4) 额定转矩 T_N;(5) 起动转矩 T_{st};(6) 如果电动机采用 Y-△ 起动,负载转矩为额定转矩 50% 的情况下,电动机能否起动。

附录A 基于MatLab软件的电路辅助分析方法

电工学学习，除了课堂理论教学，电工实验也是一个重要的实践环节，通过实验可以加深对定理的理解和对电路感性认识。但由于理论与实验教学分离性，实际电路的结构和工作特性很难在课堂上比较直观地展现出来。而在实验教学中，受限于实验学时和设备等诸多客观条件，将所有电路实验都开设出来可行性较小。随着计算机辅助教学手段的发展，在电工教学过程中引入电路仿真可很好地解决电路实验存在的不足。虽然仿真工具不能完全替代传统实验，但对直观、高效地理解电路有很大帮助，与理论教学共同促进学生对知识的学习、理解和掌握。在众多的计算仿真软件中，美国MathWorks公司开发的MatLab软件是当今国际科学界和教育界最具影响力和活力的软件之一。本附录主要以MatLab为例，讲述其在电工学习中的应用。

A.1 MatLab简介

MatLab是Matrix&Laboratory两个词的合成，起源于矩阵运算，意为矩阵工厂（矩阵实验室），是美国MathWorks公司开发的面对数值分析、矩阵计算、交互式程序设计及非线性动态系统建模和仿真的商业软件，主要包括MatLab和Simulink两大部分。

MatLab具有强大的运算和绘图功能，包含大量计算算法，拥有600多个数学运算函数，可以方便实现用户所需的各种计算功能。这些函数集合既包括最简单最基本的函数（实数运算、复数运算、三角函数和其他初等数学逻辑运算等）也包含矩阵运算和线性方程组求解、微分方程及偏微分方程组求解、快速傅里叶变换的复杂函数。MatLab作为一种高级的矩阵/阵列语言，具有类C语言的特点，包含控制语句、函数、数据结构、输入和输出。可以在命令窗口中将输入语句与执行命令同步。同时一些复杂计算，可以编写一个较大的应用程序（M文件）或定义为子函数封装后运行。

Simulink作为MatLab重要组成部分，是结合了框图界面和交互仿真能力的系统设计和仿真工具软件包，其中的软件包含了专用于电力系统和电力电子电路建模仿真的SimPower Systems模块库，具体包括电源（Electrical resources）、元件（Elements）、连接器（Connectors）、电机（Machines）、测量仪表（Measurements）、电力电子器件（Power electronics）等功能模块子集，利用这些元件模块可直接搭建电路模型进行仿真分析和计算，建模过程非常容易。

A.2 计算机辅助分析方法

MatLab具有数值计算和模型仿真功能，利用其分析求解电路问题，通常有以下两种方法。

A.2.1 数值计算方法

数值计算方法侧重于电路分析方法的掌握和理解，是将解题的思路和方法按照语法要求转换为计算机语言，利用计算机强大的计算功能求解电路，避免了烦琐手工计算。最终计算结果既可以以数字的形式显示在工作区，同时也可以利用绘图命令将结果图形化显示。求解过程如下：

（1）将实际问题转换为电路模型；

（2）确定电路分析方法，同时选择相应的变量建立电路方程；

（3）利用文本编辑软件编写电路求解算法程序，并将程序拷贝到命令窗口执行。

例如在电路分析中，经常会遇到方程组的求解（$2b$ 法、支路电流法、支路电压法等），如式（A.1）所示支路电流方程组。

$$\begin{cases} 2I_1 + 5I_2 + 6I_3 = 9 \\ -3I_1 + 2I_2 + I_3 = 3 \\ 8I_1 + 6I_2 + 9I_3 = 12 \end{cases} \tag{A.1}$$

为方便编程实现将式（A.1）整理成如式（A.2）所示矩阵形式。

$$\begin{bmatrix} 2 & 5 & 6 \\ -3 & 2 & 1 \\ 8 & 6 & 9 \end{bmatrix} \times \begin{bmatrix} I_1 \\ I_2 \\ I_3 \end{bmatrix} = \begin{bmatrix} 9 \\ 3 \\ 12 \end{bmatrix} \tag{A.2}$$

启动 Matlab 软件，如图 A.1（a）所示。为方便用 Matlab 语言编程求解，可进一步整理为式（A.3）。

$$\vec{A}\,\vec{I} = \vec{U} \tag{A.3}$$

式中：$\vec{A} = [2\,5\,6,\ -3\,2\,1,\ 8\,6\,9]$，$\vec{U} = [9\ 3\ 12]$。

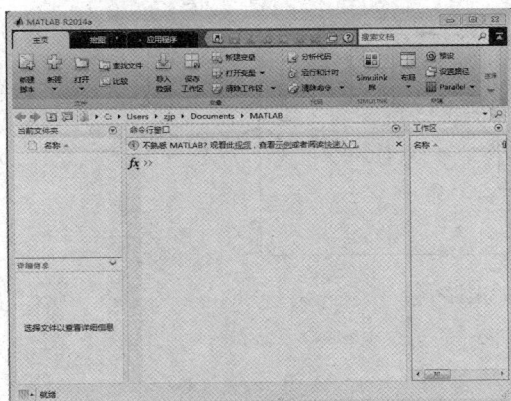

(a)

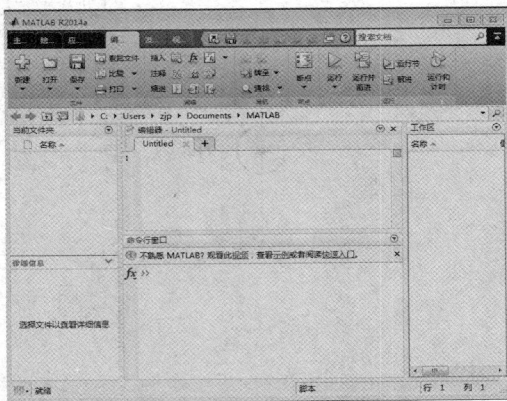

(b)

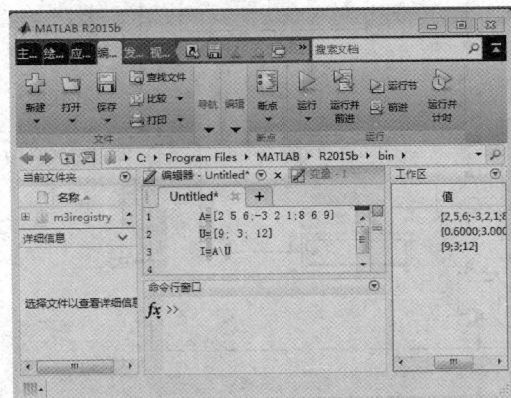

(c)

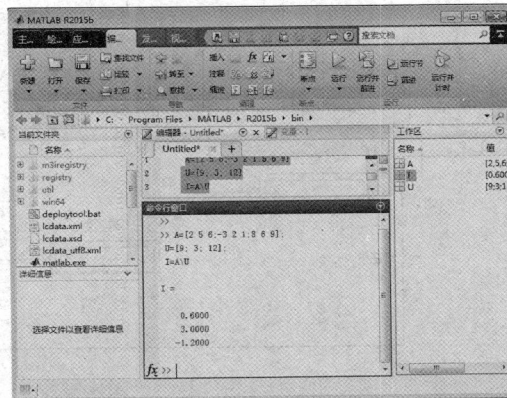

(d)

图 A.1　数值计算

（a）程序启动界面；（b）编辑器和命令运行界面；（c）计算程序编写；（d）程序执行

则 $\vec{I}=\vec{U}\setminus\vec{A}$ 或 $\vec{I}=\mathrm{inv}(\vec{A})\vec{U}$，其中 inv 代表对矩阵求逆运算。打开如图 A.1（b）所示文本编辑器，在编辑器窗体将式（A.3）实现，如图 A.1（c）所示。将编辑器窗体中的语句粘贴至命令执行窗口，按回车键，程序运行结果如图 A.1（d）所示。

A.2.2 电路模型仿真分析

利用电路仿真求解电路问题，由于避免了复杂的计算过程，可以更加直观高效解决电路问题。通过电路仿真模型建立过程，可增加学生对电路组成、结构及元件特性的感性认知。仿真结果既可以通过示波器 Scope 以波形形式直观展现，还可将重要变量保存至 Workspace，方便数据进一步分析处理。仿真模型分析过程如下：

（1）根据给定电路拓扑及其组成元件，利用 SimPower Systems 模块库，选择、拖放和连接对应元件模块，搭建仿真电路；

（2）设置系统仿真参数，主要包括仿真电路各元件子模块参数和仿真运行参数；

（3）运行仿真，输出结果。

如图 A.2 所示电路，为了求解各个支路电压电流，搭建图 A.3 所示仿真电路。打开图 A.4 所示仿真模型所用 Simlink 元件库，选择相应的元件将其拖放到工作区，按照图 A.2 所示拓扑连线。根据图 A.2 电路中各个元件的给定参数，设置图 A.3 中相应元件的仿真参数，运行仿真程序，利用显示控件 Display 显示出各个支路电压电流的值。

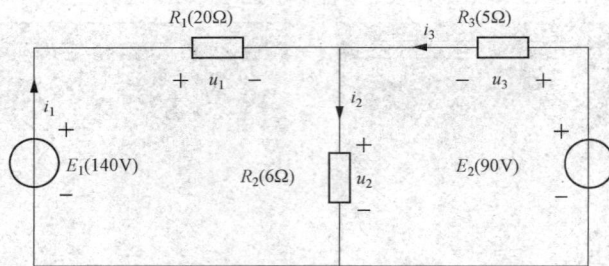

图 A.2 原始电路

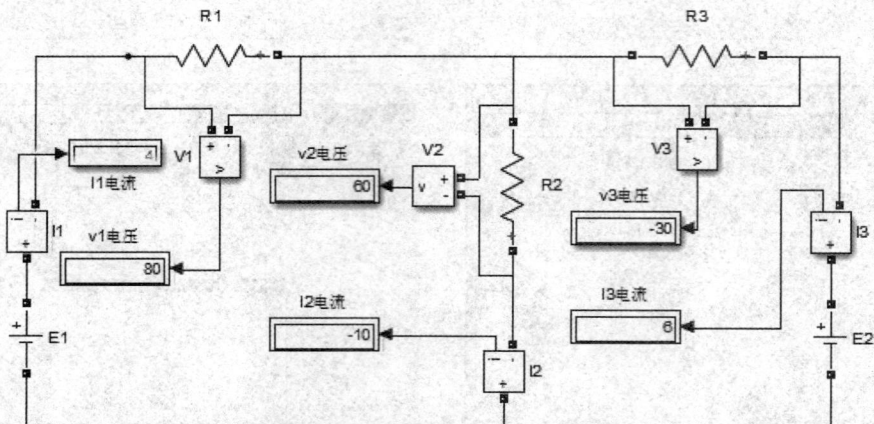

图 A.3 仿真电路

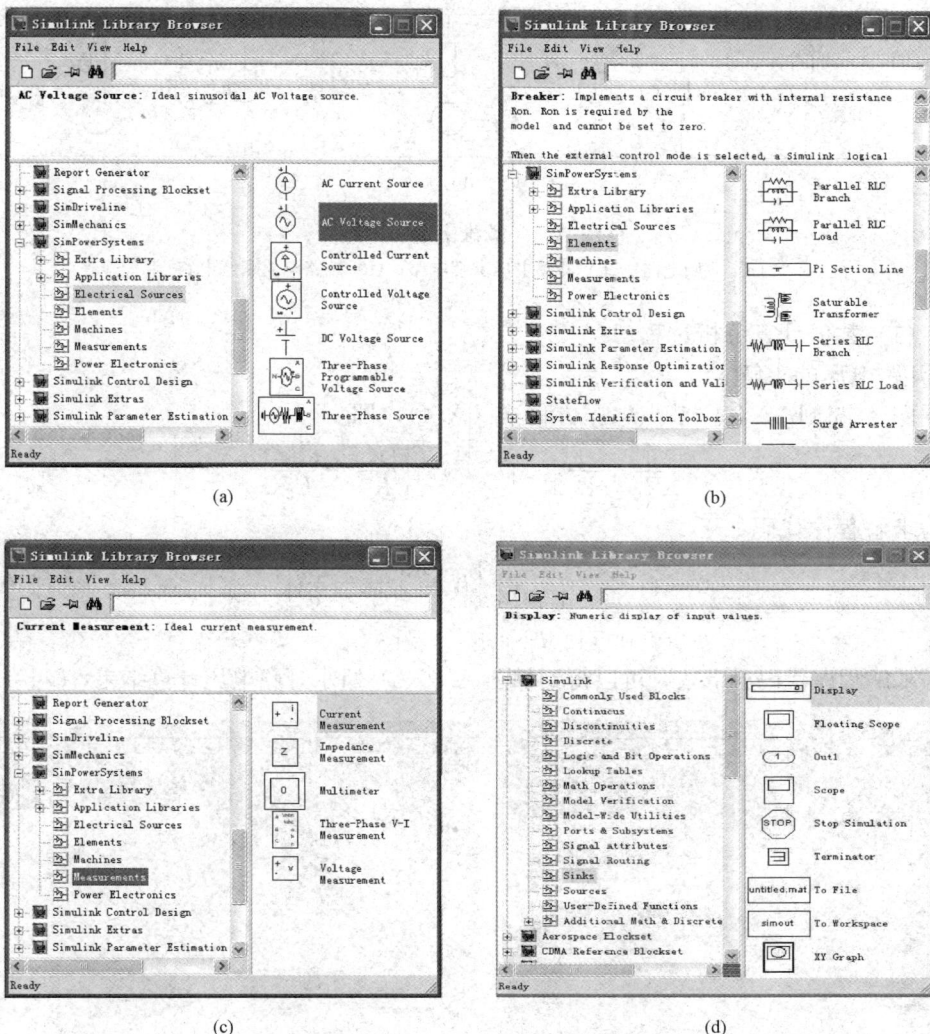

图 A.4　仿真元件库

(a) 电源元件库；(b) RLC 元件库；(c) 测量元件；(d) 结果输出元件库

A.3　直流电路仿真

戴维南定理及其应用仿真分析。戴维南定理是电路中一个重要的定理，当只对电路中某一条支路电压电流感兴趣的时候，可以根据戴维南定理对电路等效化简，进而得到一个最简电路。戴维南定理的一个典型应用是分析电路中的最大功率传输问题。

与传统电路分析思路一样，为实现问题的求解，主要涉及开路电压、短路电流和戴维南等效电阻的计算。

【例 A-1】　电路如图 A.5 所示，试在 MatLab 环境下分别利用数值计算和电路模型仿真两种方法，分析电阻 R_L 为多少时获得功率最大。

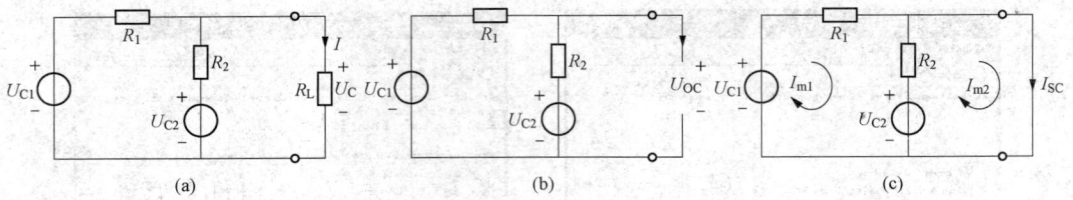

图 A.5 戴维南定理电路

（a）原始电路；（b）开路电压求解电路；（c）短路电流求解电路

解 （1）数值计算分析过程。

1）开路电压的求解。

根据图 A.5（b），建立节点电压方程式（A.4），即

$$\left[\frac{1}{R_1} + \frac{1}{R_2}\right] \times [U_{oc}] = \left[\frac{U_{C1}}{R_1} + \frac{U_{C2}}{R_2}\right] \tag{A.4}$$

编写求解程序代码如下

$$G = \left[\frac{1}{3} + \frac{1}{6}\right] \quad I_s = \left[\frac{9}{3} + \frac{30}{6}\right]$$

$$G = [0.5] \quad I_s = [3+5] \quad U_{oc} = I_s/G$$

编写求解程序代码如上式，可以得到如图 A.6（a）所示开路电压计算结果，$U_{oc}=16\text{V}$。

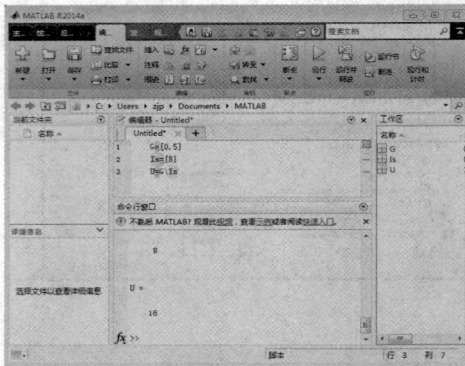
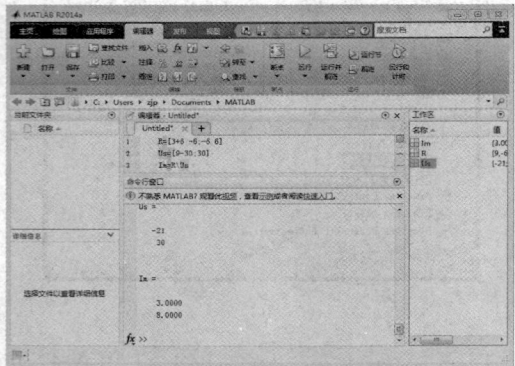

图 A.6 戴维南等效电路参数计算

（a）开路电压计算；（b）短路电流计算

2）短路电流 I_{sc} 的求解。根据图 A.5（c）建立网孔电流方程，如式（A.5）所示。

$$\begin{bmatrix} R_1+R_2 & -R_2 \\ -R_2 & +R_2 \end{bmatrix} \begin{bmatrix} I_{m1} \\ I_{m2} \end{bmatrix} = \begin{bmatrix} U_{C1}-U_{C2} \\ U_{C2} \end{bmatrix} \tag{A.5}$$

编写求解程序代码如式（A.6）所示，程序编写及执行结果如图 A.6（b），短路电流 $I_{sc}=8\text{A}$。

$$R = [3+6-6; -6\ 6] \quad U = [9-30;30] \quad I = R/U \tag{A.6}$$

3）等效电阻 R_{eq} 的求解。根据戴维南定理和诺顿定理的关系，可以得到式（A.7）所示等效电阻计算公式和计算结果。

$$R_{eq} = \frac{U_{oc}}{I_{sc}} = \frac{16}{8} = 2(\Omega) \tag{A.7}$$

4）根据最大功率条件，当 $R_L = R_{eq}$ 时负载获得最大功率为

$$P_{max} = \left(\frac{U_{oc}}{R_{eq}+R_L}\right)^2 \times R_L = \left(\frac{16}{2\times 2}\right)^2 \times 2 = 32(\text{W})$$

（2）电路仿真分析。根据图 A.5（a）所示原始电路，在 Simulink 下建立仿真电路如图 A.7 所示。

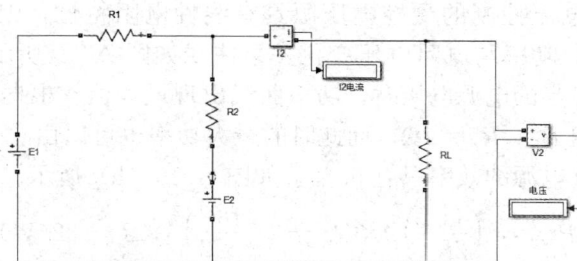

图 A.7　戴维南定理电路仿真图

1）测其开路电压 V2，如图 A.8（a）所示，利用显示控件 Display 可以获得开路电压为 16V。

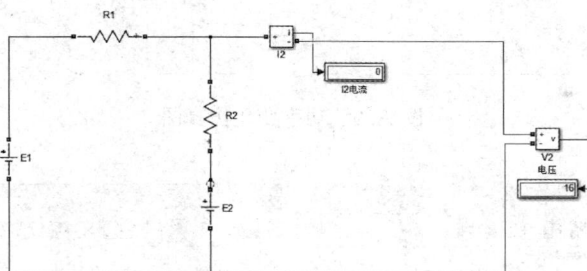

(a)

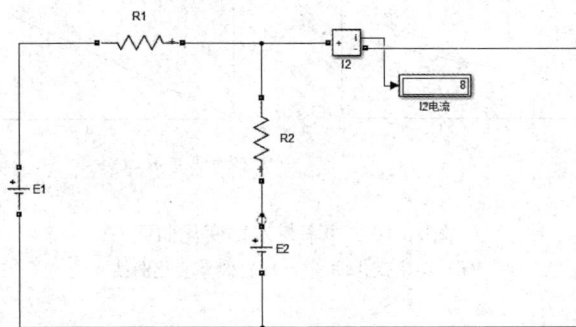

(b)

图 A.8　开路电压短路电流测量图

（a）开路电压仿真图；（b）短路电流仿真图

2）测其短路电流 I_{sc}，如图 A.8（b）所示，同样利用显示控件 Display 获得短路电流为 8A。

3）等效电阻 R_{eq} 求解

$$R_{eq} = \frac{U_{oc}}{I_{sc}} = \frac{16}{8} = 2(\Omega) \tag{A.8}$$

（3）最大功率传输。对于图 A.5（a）所示电路，由于输出功率随着负载电阻 R_L 变化而变化，借助可变电阻元件可以得到输出功率随着外接负载电阻值变化曲线，从而找出满足最大功率时的电阻值及其获得的最大功率值。为获得最大功率条件及最大值，搭建如图 A.9 所示仿真电路（由于电流控制的受控电压源具有线性电阻特性，因此在仿真图中用一个 CCVS 代替可变电阻），功率与电阻电压变化关系曲线如图 A.10 所示。从仿真结果中可以发现，当端口电压为一半的电源电压时，功率曲线出现最大值。根据电阻元件的分压公式，可以得出此时负载电阻 $R_L = R_{eq} = 2\Omega$，而此时的最大功率也可以由式（A.9）计算，但是当负载获得最大功率时，电源的效率只有 50%，如图 A.10（b）所示。

$$P_{max} = \left(\frac{U_{oc}}{2R_{eq}}\right)^2 \times R_L = \left(\frac{16}{2 \times 2}\right)^2 \times 2 = 32(W) \tag{A.9}$$

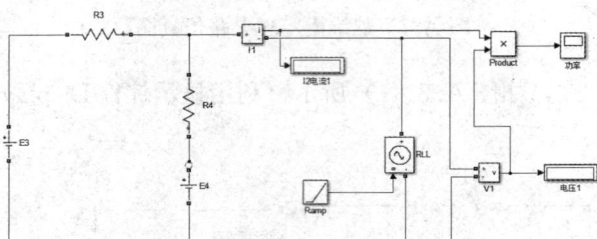

图 A.9　功率变化仿真图

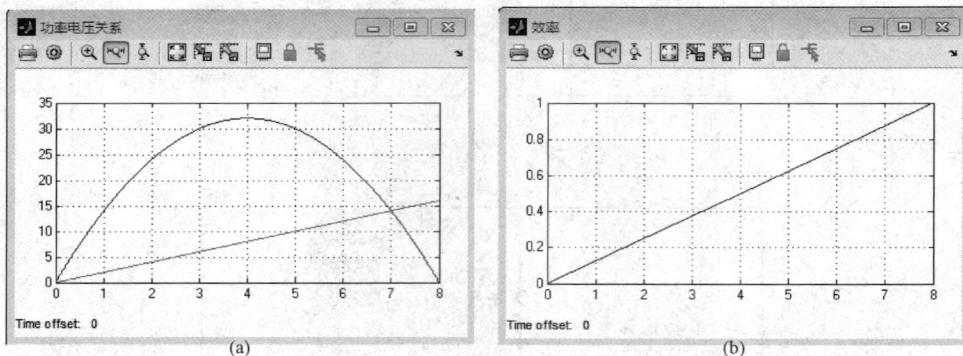

图 A.10　功率与效率变化曲线
（a）功率变化曲线 ；（b）效率变化曲线

A.4　交流电路仿真

A.4.1　RLC 元件电压电流关系特性仿真

根据电阻、电感和电容三个分立元件的电压电流关系式（A.10），在正弦稳态电路中三个元件的电压电流将呈现出不同的相位关系。为了形象的显示电压电流的相位关系，分别搭建图 A.11（a）～（d）所示仿真电路，其中电压源频率为 10Hz，幅值为 10V，电阻为 1Ω，电感为 0.016H，电容为 0.016F。从图 A.12（a）～（d）可以看出，对于电阻元件，电压电流同相位；对于电感元件，电压超前电流 90°，对于电容元件，电流超前电压 90°，而对于电阻电感串联电路，电压仍然超前于电流，但是小于 90°，即呈现出电感特性。

$$i_c = C \frac{\mathrm{d}u_c}{\mathrm{d}t} \quad u_l = L \frac{\mathrm{d}i_1}{\mathrm{d}t} \quad u_R = Ri \qquad (A.10)$$

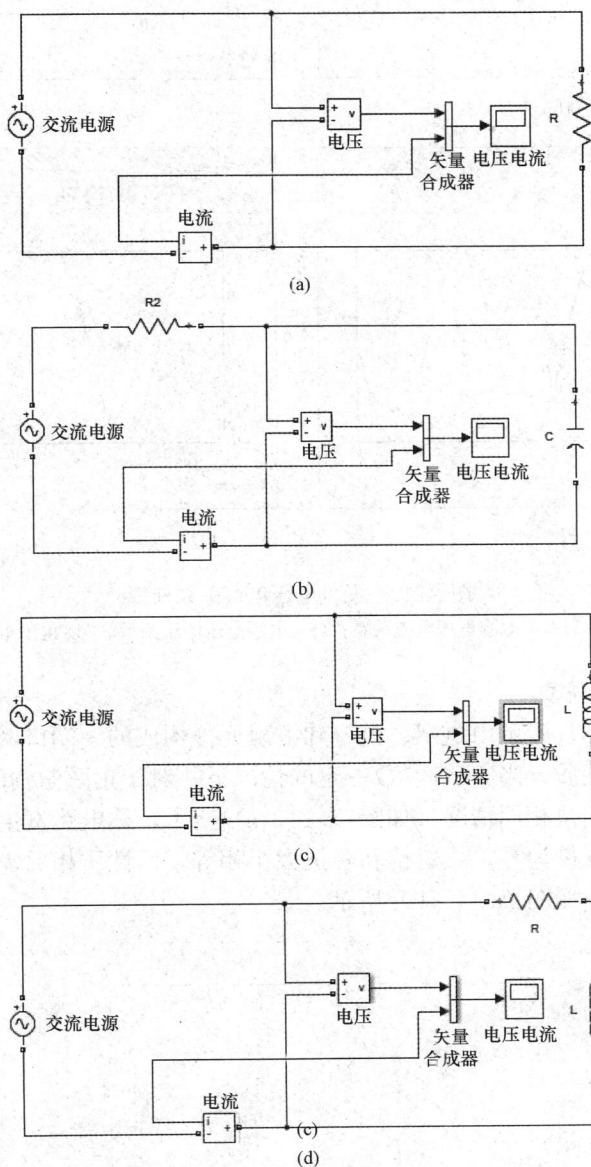

(a)

(b)

(c)

(d)

图 A.11 正弦交流电路电压电流关系仿真电路

（a）电阻电压电流关系仿真电路；（b）电容电压电流关系仿真电路；
（c）电感电压电流关系仿真电路；（d）电感电阻串联电压电流关系仿真电路

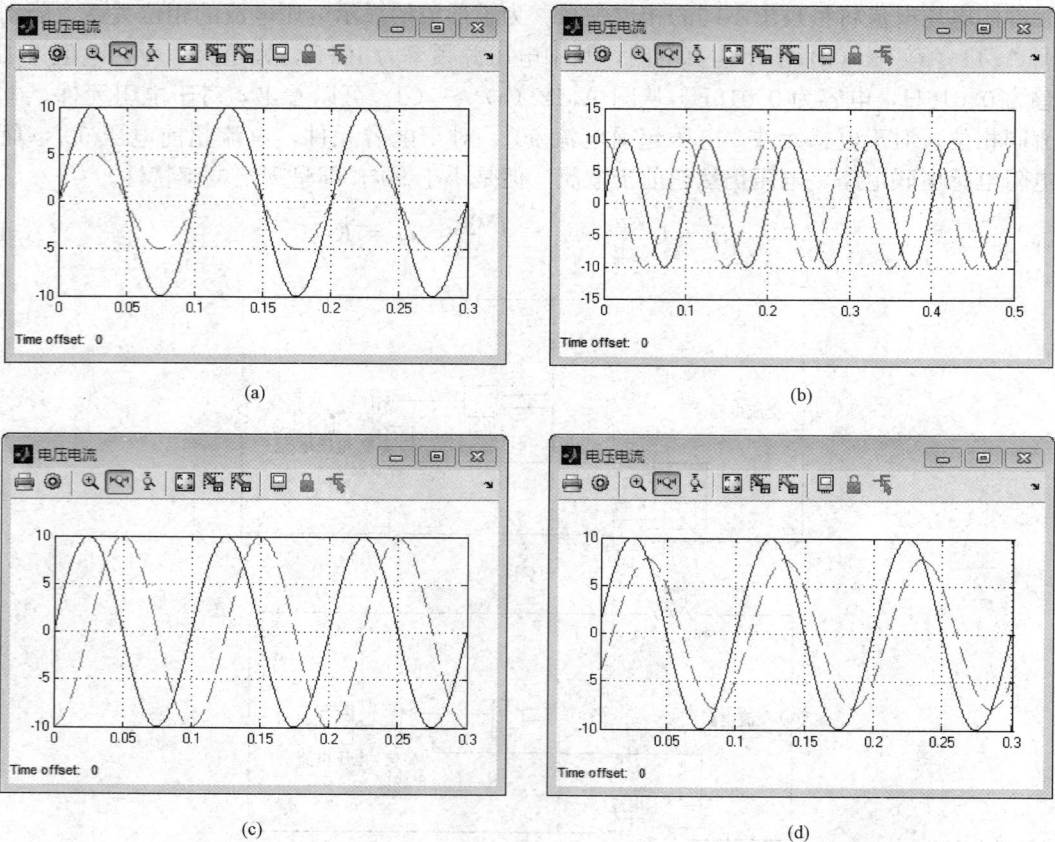

图 A.12　元件电压电流关系曲线

（a）电阻电压电流关系；（b）电容电压电流关系；（c）电感电压电流关系；（d）电阻电感串联电压电流关系

A.4.2　谐振特性仿真

对于如图 A.13（a）所示由电感、电容和电阻元件构成的一端口网络，端口电压电流相位关系取决于网络的性质。当 RLC 参数一定的情况下，对于正弦激励的某一特定工作频率，出现端口电压和电流相位相同情况，如图 A.14（a）所示，称电路发生谐振。此时由于等效阻抗为阻性，即电抗分量为零，故感抗和容抗大小相等，而性质相反，电感和电容两端电压大小相等，相位相反，如图 A.14（b）所示。

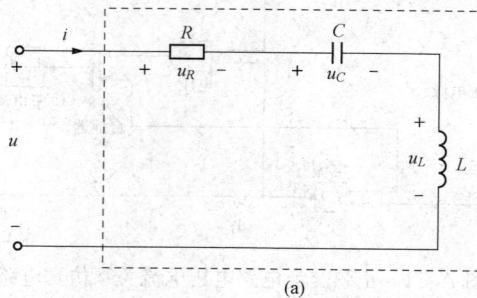

图 A.13　串联谐振电路仿真（一）

（a）RLC 串联电路

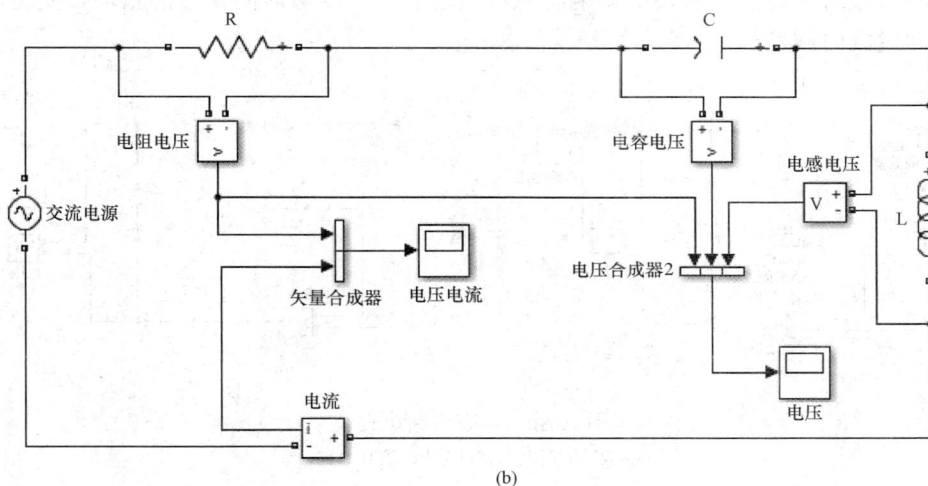

(b)

图 A.13 串联谐振电路仿真（二）

（b）*RLC* 谐振仿真电路

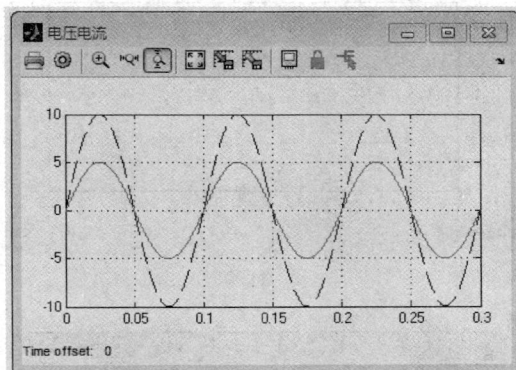

(a)

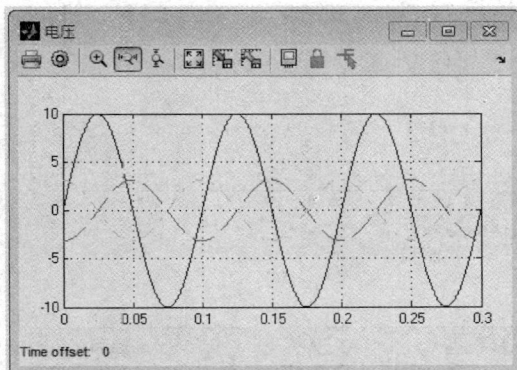

(b)

图 A.14 串联谐振仿真结果

（a）端口电压电流关系；（b）电感电容电压关系

A.5 动态电路仿真

当电路中含有电容、电感储能元件时，在电路发生换路后，电路将从一种稳定状态过渡到另外一种稳定状态。但是由于电容电压和电感电流不能够突变，此时将经历一段过渡过程。对于只含有一个储能元件的电路，根据一阶微分电路解的特性，电路中电压电流将以指数的规律发生变化，而变化的快慢取决于电路的时间常数。图 A.15（a）（b）分别是 *RL* 和 *RC* 电路的零状态响应仿真电路。从图 A.16（a）～（d）中可以看出，由于为零状态响应，电容电压和电感电流从零开始以指数的规律上升，最终稳定于 10V 和 10A，而电容电流和电感电压以指数的规律下降，最终由于电容开路和电感短路而趋近于零。图 A.16（e）（f）

是电路时间常数对过渡过程快慢的影响，从中可以看出，随着时间常数的增加，变化曲线逐渐趋缓，即过渡时间变长。

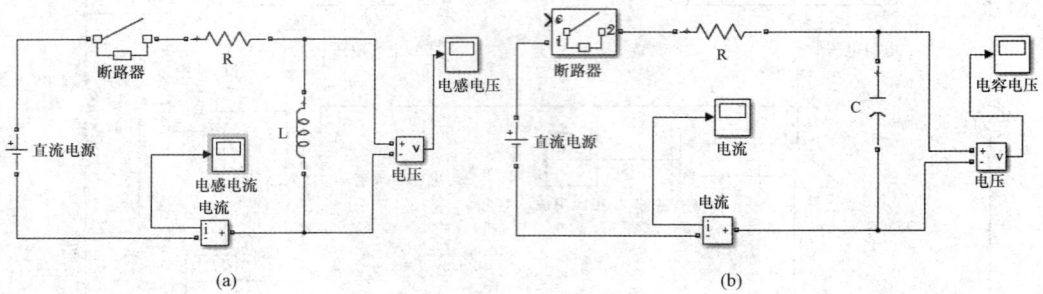

图 A.15　动态电路仿真
(a) RL 仿真电路；(b) RC 仿真电路

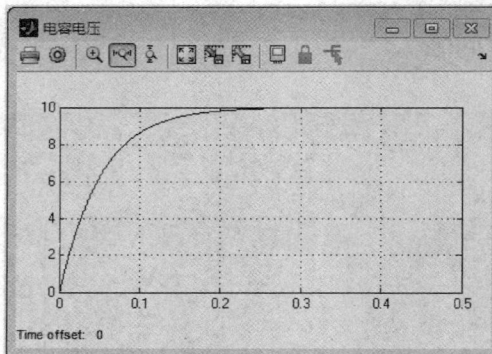

(a)

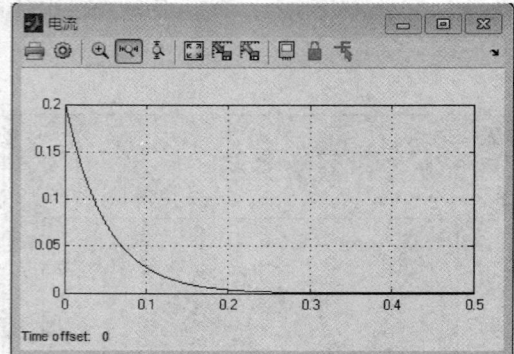

(b)

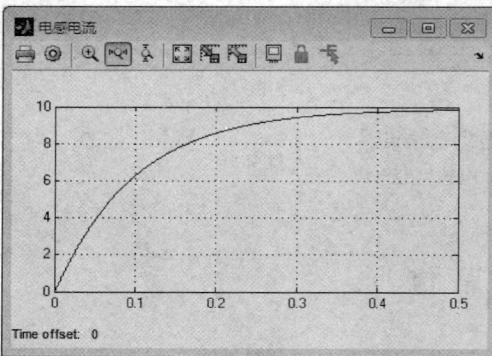

(c)

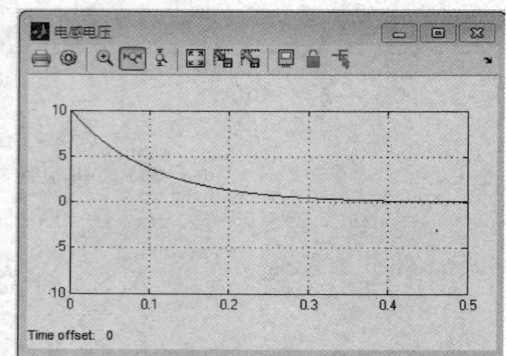

(d)

图 A.16　动态电路仿真结果（一）
(a) RC 电路电容电压；(b) RC 电路电容电流；
(c) RL 电路电感电流；(d) RL 电路电感电压

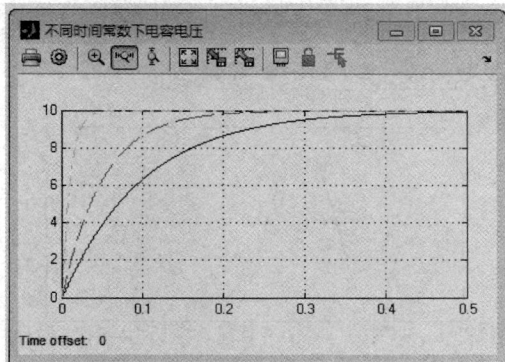 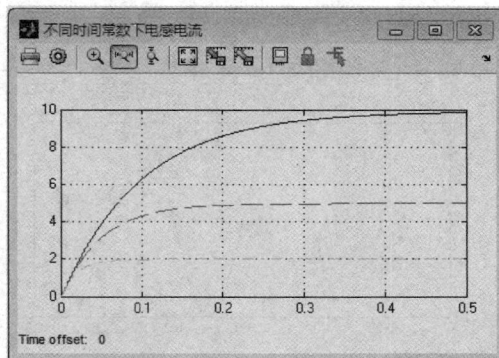

(e)　　　　　　　　　　　　　　　　　(f)

图 A.16　动态电路仿真结果（二）

（e）不同时间常数下 RC 电路电容电压；（f）不同时间常数下 RL 电路电感电流

A.6　三相电路电压电流仿真

三相电路指的是含有三相对称电源和三相负载的电路。当三相对称负载采取星形接线时，线电流和相电流相等，但线电压有效值是相电压的 $\sqrt{3}$ 倍，相位超前相应的相电压 $30°$；而采取角形接线方式时，线电压和相电压相等，但线电流是相电流的 $\sqrt{3}$ 倍，相位滞后相应的相电流 $30°$。为对上述结论进行验证，搭建图 A.17 所示三相电路仿真模型，仿真结果如图 A.18 所示。

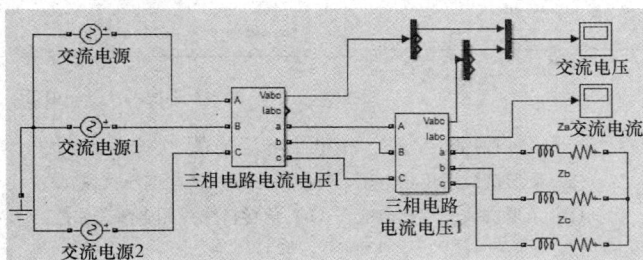

(a)

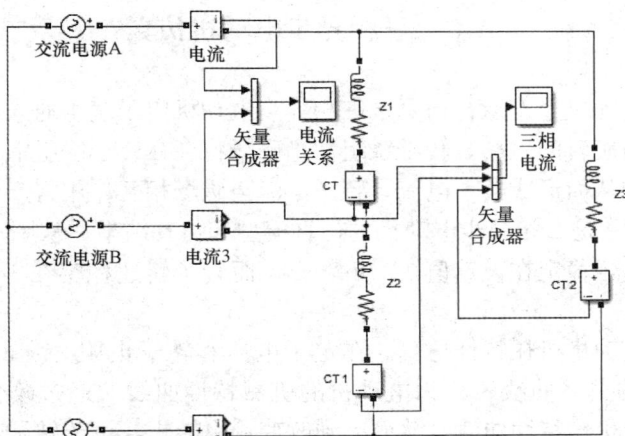

(b)

图 A.17　三相电路仿真模型

（a）星形接线三相电路仿真模型；（b）角形接线三相电路仿真模型

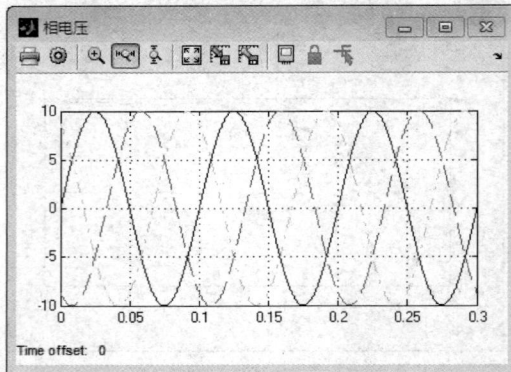

(a)

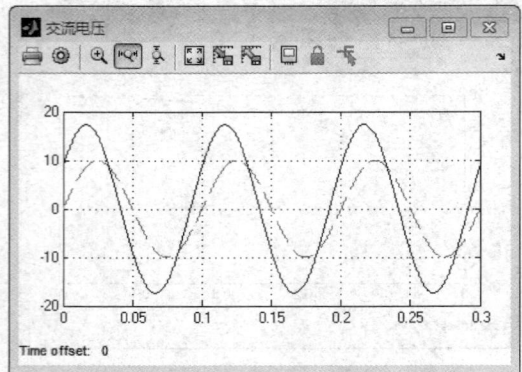

(b)

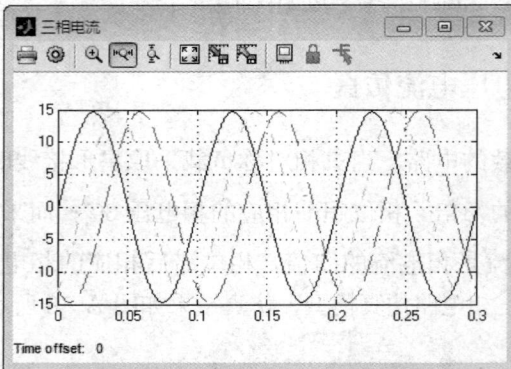

(c)

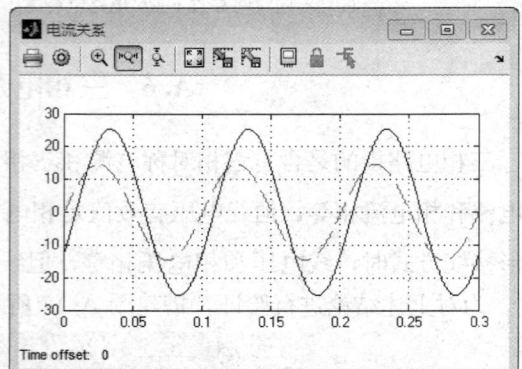

(d)

图 A.18　相电压电流关系

（a）星形接线三相相电压；（b）星形接线线相电压关系；

（c）角形接线三相相电流 ；（b）角形接线线相电流关系

A.7　三相异步电动机仿真

（1）三相异步电动机稳态运行仿真。三相异步电动机定子绕组通入三相对称的正弦交流电流，将产生在空间旋转的磁场。转子绕组切割磁场将会在转子绕组上产生出感应电势，由于转子绕组是闭合的从而形成转子电流，转子电流与磁场相互作用将产生电磁力矩，从而带动转子旋转。图 A.19 是三相异步电动机的仿真模型和仿真结果，从图 A.19（d）（e）可以看出，电动机输出转矩稳定在设定值 11.9N·m，而转子转速稳定在 1450r/min，与同步速 1500r/min 比较接近。

（2）三相异步电动机机械特性仿真。在定子电压和转子电阻一定的情况下，电动机输出转矩与转子转速的关系曲线，称为电动机的机械特性曲线。通过改变定子电压或转子电阻可以改变电动机的机械特性曲线，从而起到改变输出转矩，调节转子转速的效果。为了分析电压和转子电阻变化对机械特性的影响，采取数值计算的方法来模拟不同电压、电阻下的机械特性曲线，如图 A.20 所示。从图 A.20（a）可以看出，增加转子电阻可以实现转子调

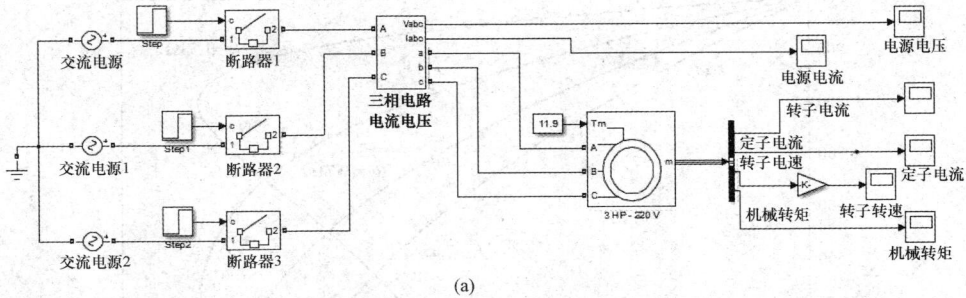

(a)

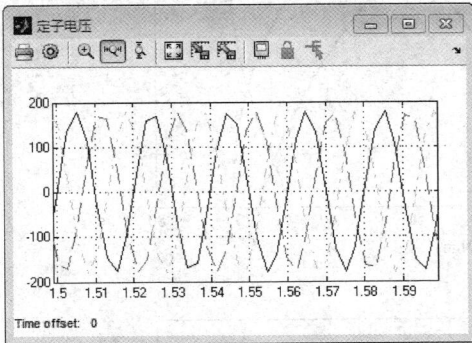

(b)

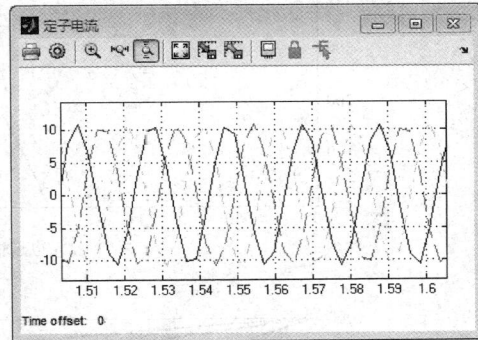

(c)

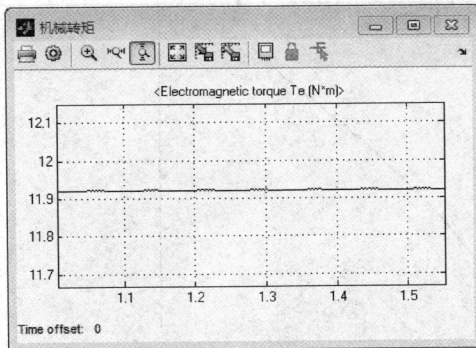

(d)

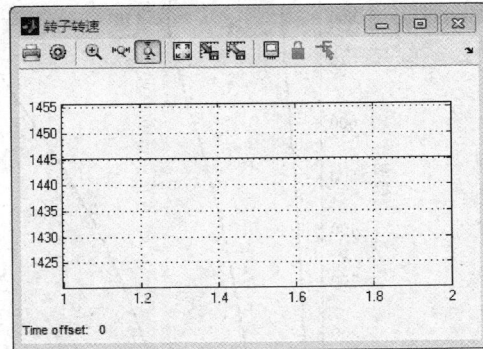

(e)

图 A.19　三相异步电动机运行仿真

(a) 三相异步机仿真模型；(b) 定子电压；(c) 定子电流；
(d) 机械转矩；(e) 转子转速

速的效果，同时也可以在一定程度上增加电动机的启动转矩，但对电动机的最大转矩没有影响。而从图 A.20 (b) 可以看出，改变电源电压也能起到调速的效果，但是随着定子所加电压的降低，由于转矩与电压的二次方成正比，最大转矩和启动转矩都随之减少。

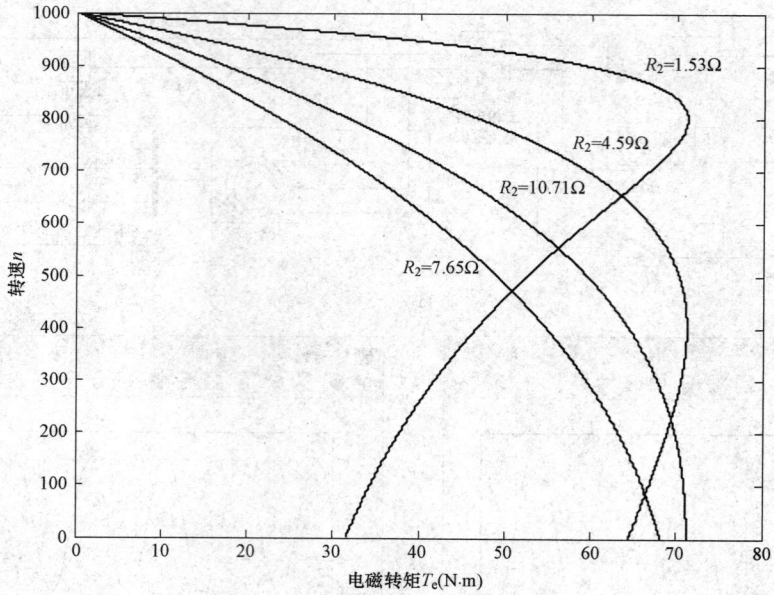

(a)

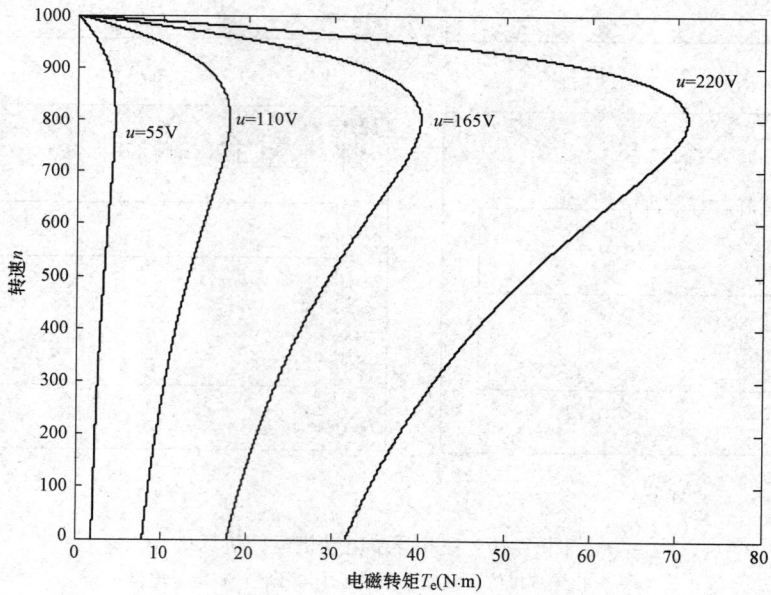

(b)

图 A.20　人为机械特性曲线

（a）转子电阻对机械特性曲线的影响；（b）定子电压对机械特性曲线的影响

附录 B　部分习题参考答案

第1章

1-3　—4A，相反；4A，相同；—30V，相反；—20V，相反

1-4　9W；吸收，发出，发出，吸收

1-5　$R_1=10\Omega$ 时，$I=1.1$A，$I_2=0.1$A；$R_1=100\Omega$ 时，$I=0.2$A，$I_2=0.1$A；电压源工作状态改变，R_2 工作状态不变

1-6　$R_1=5\Omega$ 时，$U=110$V，$U_2=100$V；$R_1=50\Omega$ 时，$U=200$V，$U_2=100$V；电流源工作状态改变，R_2 工作状态不变

1-7　2.3A，230V，529W；2.19A，219V，479.61W

1-8　$I_1=1$A，$I_2=-2$A，$I_3=-5$A，$I_5=2$A；$U_2=4$V，$U_3=7$V，$U_4=6$V，$U_8=-4$V

1-9　$P_1=12$W，吸收；$P_2=3$W，吸收；$P_3=20$W，提供；$P_4=4$W，提供；$P_5=9$W，吸收；功率守恒

1-10　$U_{ab}=30$V，$U_{bc}=-5$V，$U_{ca}=-25$V

1-11　（a）电阻吸收功率25W，电压源提供功率5W，电流源提供功率20W；（b）电阻吸收功率16W，电压源吸收功率20W，电流源提供功率36W

1-12　S断开时，$I=0$；S闭合时，$I=2$A

1-13　-16W

1-14　电流源提供 -2W，电压源提供25W

1-15　（a）18V；（b）24V；（c）2V

1-16　（a）2.5A；（b）4A

1-17　（a）8V，8V，2V；（b）3V，3V，1V

1-18　$U_A=10.5$V，$U_B=6$V

1-19　35V，8.75Ω

1-20　断开时，$U_a=-2$V，$U_b=8$V；闭合时，$U_a=-5$V，$U_b=0$V

1-21　$+12.5\%$，-25%

1-22　$U_a=31$V，$U_b=30$V，$I=1$A

1-23　$U_a=-5$V，$U_b=-6$V，$U_c=-10$V，$P_{2A}=20$W，发出

1-24　$U=2$V，$I_1=1$A

第2章

2-1　6Ω，9.4Ω，6Ω，4Ω

2-2　S打开时，$R_{ab}=3\Omega$；S闭合时，$R_{ab}=3\Omega$

2-3　$I=7/6$A

2-4　1/7A，2/5A

2-5　2Ω

2-6　0.65A

2-7　4.5V，4.5W

2-9　1/3A

2-10　12/5V

2-11　(a) $I=6A$；(b) $I=10/3A$

2-12　$-22/9A$

2-13　9V

2-14　电压 U 变为原来 2 倍，3Ω 电阻的功率变为 4 倍

2-15　$-2.4V$

2-16　$-110mA$

2-17　(a) $-1A$；(b) 3A

2-18　1.75A

2-19　38.88W

2-22　(a) 18V；(b) 0.14A

2-23　0.5A

2-24　$U=8/3V$，$I=-2A$

2-25　7/2V

2-26　2A

2-28　(2) 4V

2-29　(2) 5A

2-30　$-3A$

2-32　(2) 1013Ω

第3章

3-1　$u(t)=1-e^{-3000t}V$，$9.03\times10^{-7}J$

3-2　0.2V，$-0.4V$，$16\times10^{-7}J$

3-3　$i(0_+)=0$，$u_C(0_+)=6V$

3-4　$i(0_+)=0$，$u_L(0_+)=20V$

3-5　$u_V(0_+)=-10000V$

3-6　$i_S(0_+)=15mA$，$i_R(0_+)=0$，$i_C(0_+)=-10mA$，$i_L(0_+)=5mA$，$u_C(0_+)=10V$，$u_L(0_+)=-10V$

3-7　$u_C=6e^{-3.3\times10^2t}V$，$i=2e^{-3.3\times10^2t}mA$

3-8　$u_C=60e^{-100t}V$，$i_1=12e^{-100t}mA$

3-9　$i=-0.4e^{-50000t}A$

3-10　$u_L=-4e^{-2t}V$

3 - 11　$u_O = 4e^{-t}V$，$i_O = -\dfrac{2}{3}e^{-t}A$，$i = 2e^{-t}A$

3 - 12　$u_C = 10 - 10e^{-10^5 t}V$，$i = e^{-10^5 t}A$；$t = 6.93\mu s$

3 - 13　$u_C = 20 - 20e^{-25t}V$

3 - 14　$u_L = 100e^{-50t}V$，$i_L = 1 - e^{-50t}A$

3 - 15　$i_L = 1 - e^{-7.5t}A$

3 - 16　$u_C = 30 - 15e^{-0.5t}V$

3 - 17　$u_C = 6.25 + 3.75e^{-2t}V$

3 - 18　$u_C = -5 + 15e^{-10t}V$

3 - 19　$u_C = 1.5 - 0.5e^{-2.3 \times 10^6 t}V$，$V_A = 1.5 + 0.36e^{-2.3 \times 10^6 t}V$，$V_B = 3 - 0.14e^{-2.3 \times 10^6 t}V$

3 - 20　$i_L = 2 - 0.8e^{-6t}A$，$i = \dfrac{4}{3} - \dfrac{8}{15}e^{-6t}A$，$u = 4 - 1.6e^{-6t}V$

3 - 21　$i_L = 3.8 - 1.8e^{-5t}A$，$i = 0.2 - 1.2e^{-5t}A$

3 - 22　$i_L = 4 - 2e^{-t/3}A$

3 - 23　$t = 0.0223s = 22.3ms$

3 - 24　$i_0(t) = 10 + 5e^{-100t}mA$，$i_1(t) = 20 + 10e^{-100t}mA$，$i_2(t) = 15e^{-500t}mA$，$u_C(t) = 30 + 15e^{-100t}V$

3 - 25　$0 \leqslant t \leqslant 2s$ 时，$i(t) = -1.8 + 4.8e^{-t/1.8}A$；$t \geqslant 2s$ 时，$i(t) = -4.8 + 4.58e^{-\frac{t-2}{0.8}}A$

第4章

4 - 1　(1) $10\sqrt{2}V$，$1A$，$-150°$，u_1 滞后 $i_1 150°$；(2) $220V$，$220V$，$-150°$，u_a 滞后 $u_b 150°$；(3) $2A$，$3A$，$15°$，i_1 超前 $i_2 15°$

4 - 2　(1) $\dot{U} = 25\sqrt{2}\underline{/60°}V$，$\dot{I} = 2\underline{/-30°}A$，$90°$；(2) $\dot{I}_1 = 2\underline{/135°}A$，$\dot{I}_2 = 5\underline{/135°}A$，$i_1$ 与 i_2 同相 (3) $\dot{U}_1 = 100\sqrt{2}\underline{/-120°}V$，$\dot{U}_2 = 100\underline{/0°}V$，$-120°$。

4 - 3　$i_1 = 6\sin(314t + 45°)A$，$i_2 = 6\sin(314t - 45°)A$，$i_3 = 6\sin(314t + 135°)A$，$i_4 = 6\sin(314t - 135°)A$

4 - 4　$2.83A$

4 - 5　$j220V$

4 - 6　$1000\mu F$，$53mH$，7.07Ω

4 - 7　元件 1 为电阻元件，$R = 10\Omega$；元件 2 为电感元件，$L = 5mH$

4 - 8　$i_R = 2\sqrt{2}\sin(50t)A$，$i_L = 4\sqrt{2}\sin(50t - 90°)A$，$i_C = 0.5\sqrt{2}\sin(50t + 90°)A$

4 - 9　$\omega_1 = 100rad/s$ 时，$I_R = 1A$，$I_L = 1A$，$I_C = 2.5A$；$\omega_1 = 200rad/s$ 时，$I_R = 1A$，$I_L = 0.5A$，$I_C = 5A$

4 - 10　(a) $\dot{U}_R = 6\underline{/30°}V$，$\dot{U}_L = 8\underline{/120°}V$，$\dot{U} = 10\underline{/83.1°}V$；(b) $\dot{U}_R = 16\underline{/30°}V$，$\dot{U}_C = 12\underline{/-60°}V$，$\dot{U} = 20\underline{/-6.9°}V$

4 - 11　(a) $\dot{I}_1 = 0.4\underline{/0°}A$，$\dot{I}_2 = 0.4\underline{/-90°}A$，$\dot{I} = 0.57\underline{/-45°}A$；(b) $\dot{I}_1 = 0.4\underline{/0°}A$，$\dot{I}_2 = 0.4\underline{/90°}A$，$\dot{I} = 0.57\underline{/45°}A$

4-12　元件 2 为电阻元件，且 $R=4\Omega$

4-13　$u=22.36\sqrt{2}\sin(1000t+116.57°)\text{V}$

4-14　40V，80V，80V

4-15　7A，5A，5A

4-16　电压表 PV3 读数为 80V，电流表 PA3 的读数为 6A

4-17　(a) $(0.5+\text{j}0.5)\text{k}\Omega$，呈电感性；(b) $6.33\,\underline{/-71.6°}\,\Omega$，呈电容性

4-18　$(10-\text{j}10)\Omega$

4-19　(1) RL 串联，$R=10\Omega$，$L=1\text{H}$；(2) RC 串联，$R=200\Omega$，$C=250\mu\text{F}$；(3) RL 串联，$R=30\Omega$，$L=5.2\text{H}$；(4) RC 串联，$R=6.93\text{k}\Omega$，$C=0.025\text{F}$

4-20　日光灯上 103V，镇流器上 190.6V

4-21　(a) $\dot{U}_1=5\sqrt{2}\underline{/-45°}\text{V}$，$\dot{U}_2=5\sqrt{2}\underline{/45°}\text{V}$，(b) $\dot{I}_1=1\underline{/0}\text{A}$，$\dot{I}_2=\text{j}\sqrt{3}\text{A}$

4-22　$\dot{I}=2\underline{/0°}\text{A}$，$\dot{U}_2=40\sqrt{3}\underline{/30°}\text{V}$

4-23　$i=0$，$i_1=-i_2=0.5\sin(3\omega t-90°)\text{A}$

4-24　(a) $P_R=120\text{W}$，$Q_C=-240\text{var}$，$Q_L=400\text{var}$；(b) $P_R=200\text{W}$，$Q_L=200\text{var}$，$Q_C=-100\text{var}$

4-25　2.5W，1.2var

4-26　$P_R=500\text{W}$，$Q_L=866\text{var}$，$Q_C=-500\text{var}$，$\lambda=0.81$（电感性）

4-27　$U_2=36.6\text{V}$，$Z_2=\text{j}3.66\Omega$

4-28　$I=4.12\text{A}$，$U=240\text{V}$

4-29　$C=246.6\mu\text{F}$

4-30　$|T(\omega)|=\dfrac{U_2(\omega)}{U_1(\omega)}=\dfrac{1}{\sqrt{1+\left(\dfrac{1}{\omega RC}\right)^2}}$，$\varphi(\omega)=\dfrac{\pi}{2}-\arctan\dfrac{1}{\omega RC}$

4-31　(1) $R=0.17\text{k}\Omega$，$L=0.1\text{H}$，$C=0.24\mu\text{F}$；(2) $U_{C0}=39\text{V}$

4-32　V1、V2、V 的读数分别为 0、14.14V、10V；A1、A2、A 的读数分别为 0、2A、2A

4-33　$i_1=\sqrt{2}\sin t\,(\text{A})$，$P=12\text{W}$

4-34　$2\sqrt{2}\underline{/-45°}\text{A}$

4-35　$3.6\,\underline{/53.1°}\text{V}$

4-36　$3.54\,\underline{/81.87°}\text{A}$

4-37　$0.667\,\underline{/-45°}\text{A}$

4-38　30V

4-39　30V，17.32A，346.4W

4-40　$I=10\sqrt{2}\text{A}$，$R=X_C=10\sqrt{2}\Omega$，$X_L=5\sqrt{2}\Omega$

4-41　$I=10\text{A}$，$X_C=17\Omega$，$R_2=X_L=8.5\Omega$

4-42　$C=50\mu\text{F}$

4-43　$I=35.8\text{A}$，$\lambda=0.98$（电感性）

4-44　(1) 21.26A，1.8kW，0.847（电感性）；(2) 26μF

4 - 45 $L_1 = 0.33\text{H}$, $L_2 = 1\text{H}$

第 5 章

5 - 1 220V，380V，220V，220V

5 - 2 $380\underline{/-120^\circ}\text{V}$，$380\underline{/120^\circ}\text{V}$，$220\underline{/-150^\circ}\text{V}$，$220\underline{/90^\circ}\text{V}$，$220\underline{/-30^\circ}\text{V}$

5 - 3 （1）b、c、e 连接形成中性点，a、d、f 引出端线；（2）a 与 e、d 与 b、f 与 c 相连，从三个连接点引出端线

5 - 4 （1）Y 形，△形，Y 形带中线；（2）220V，380V，220V

5 - 5 $\dot{U}_{12} = 172.3\underline{/90^\circ}\text{V}$

5 - 6 $\dot{I}_2 = 2\sqrt{3}\underline{/135^\circ}\text{A}$

5 - 7 （a）V1、V2、A 示数分别为 380V、220V、22A；（b）V、A1、A2 示数分别为 380V、38A、65.82A

5 - 8 $22\sqrt{2}\sin(\omega t - 83.1^\circ)\text{A}$，$22\sqrt{2}\sin(\omega t + 156.9^\circ)\text{A}$，$22\sqrt{2}\sin(\omega t + 36.9^\circ)\text{A}$

5 - 9 $10\underline{/-71.6^\circ}\text{A}$，$10\underline{/168.4^\circ}\text{A}$，$10\underline{/48.4^\circ}\text{A}$；$17.3\underline{/-101.6^\circ}\text{A}$，$17.3\underline{/138.4^\circ}\text{A}$，$17.3\underline{/18.4^\circ}\text{A}$

5 - 10 （1）每相均为 220V；（2）同（1）；（3）126.7V，253.3V；（4）380V，380V

5 - 11 （1）2.2A，3.8A，2.2A （2）3.3A，0，3.3A

5 - 12 $38\underline{/-60^\circ}\text{A}$，$50.3\underline{/161^\circ}\text{A}$，$32.9\underline{/30^\circ}\text{A}$

5 - 13 （1）4.35kW，5.8kvar；（2）13kW，17.4kvar

5 - 14 $I_\text{P} = 21.1\text{A}$，$I_\text{L} = 36.5\text{A}$；$Z = 18\Omega$，$R = 14.4\Omega$，$L = 34.4\text{mH}$

5 - 15 5.16kW，4.29kvar

5 - 16 $\dot{I}_1 = 17.1\underline{/-43.2^\circ}\text{A}$，$\dot{I}_{31} = 9.87\underline{/106.8^\circ}\text{A}$，$\dot{U}'_{12} = 237\underline{/23.7^\circ}\text{V}$

5 - 17 $\dot{U}_{2N'} = 1.496U_\text{p}$，$\dot{U}_{3N'} = 0.4009U_\text{p}$，设电容为第一相，较亮的白炽灯为第二相，较暗的为第三相

5 - 18 393.3V

5 - 19 $19.9\mu\text{F}$

第 6 章

6 - 3 444V

6 - 4 167V

6 - 5 铜损 25W，铁损 275W

6 - 6 （1）约 166 只，$I_{1N} \approx 3.03\text{A}$，$I_{2N} \approx 45.5\text{A}$；（2）100 只

6 - 7 $N_2 = 90$ 匝，$N_3 = 30$ 匝，$I_1 \approx 0.273\text{A}$

6 - 8 $P_L = 87.6\text{mW}$

6 - 9 $\dfrac{N_2}{N_3} \approx \dfrac{1}{2}$

6 - 10　$I_{1N}=10A$，$I_{2N}=434.8A$，$\Delta U\dfrac{0}{0}=2.65\%$

6 - 11　$\Delta U\%=4.34\%$，$\eta=97\%$

6 - 12　（1）$I_{1N}=288.67A$，$I_{2N}=458.21A$；（2）$U_{P1}=5.77kV$，$U_{P2}=6.3kV$，$I_{P1}=288.67A$，$I_{P2}=264.55A$；（3）$k\approx0.92$

6 - 13　（1）$N_1=1125$ 匝，$N_2=45$ 匝；（2）$K=25$；（3）$B_m\approx1.45T$；（4）$U_{P1}=5.77kV$，$U_{P2}=231V$，$I_{P1}=10.4A$，$I_{P2}=260A$

6 - 14　（1）$U_{l2}=230V$，$U_{P2}=133V$；（2）$U_{l2}=133V$，$U_{P2}=133V$

第 7 章

7 - 1　1470r/min，1500r/min

7 - 2　4 对磁极，0.04，2Hz

7 - 4　最大转矩增大，起动转矩增大，起动电流增大

7 - 5　最大转矩下降，起动转矩下降，起动电流增大

7 - 6　（1）①207.87kW，②0.02，③23.26A，④139.56A，⑤1201.87N·m，⑥2283.5587N·m，⑦2762.3N·m；（2）4163.3V

7 - 7　（1）0.02；（2）7kW；（3）130A；（4）39N·m；（5）78N·m；（6）可以起动

参 考 文 献

[1] 秦曾煌. 电工学：上册电工技术. 7版. 北京：高等教育出版社，2009.

[2] 刘式雍. 电工技术. 北京：高等教育出版社，1985.

[3] 颜伟中. 电工学（土建类）学习指导. 北京：高等教育出版社，2004.

[4] 张文生，丁巧林，王鲁杨. 电工学（上册）：电工技术. 北京：中国电力出版社，2007.

[5] 黄忠霖. 电工学的 MATLAB 实践. 北京：国防工业出版社，2010.

[6] 马向国，刘同娟，陈军. Matlab & Multisim 电工电子技术仿真应用. 北京：清华大学出版社，2013.

[7] 陈佳圭. 中国大百科全书：电工与电子技术. 2版. 北京：中国大百科全书出版社，2012.

[8] 《中国大百科全书》总编委会. 中国大百科全书. 2版. 北京：中国大百科全书出版社，2009.

[9] 《中国电力百科全书》编辑委员会，《中国电力百科全书》编辑部. 中国电力百科全书. 3版. 北京：中国电力出版社，2014.

[10] 丹弟斯 丁，米歇尔 S，吐梯尔 E. 科学家传记百科全书. 刘劲生，张益龙，译. 成都：四川辞书出版社，1992.

[11] 美国不列颠百科全书公司. 不列颠百科全书：国际中文版. 《不列颠百科全书》国际中文版编辑部，译. 北京：中国大百科全书出版社，1999.

[12] 克里斯特尔. 剑桥百科全书. 2版. 北京：中国友谊出版公司，1998.

[13] 伊东俊太郎，坂本贤三，山田庆儿. 科学技术史词典. 樊洪业，译. 北京：光明日报出版社，1986.

[14] 刘景华，张功耀，许良英. 世界思想文化名著精读丛书科学卷. 广州. 花城出版社，2004.

[15] 任媛媛. 科学百科彩图馆. 北京：中国华侨出版社，2016.

[16] 赫拉莫夫 Ю A. 世界物理学家词典. 梁宝洪，译. 长沙：湖南教育出版社，1988.

[17] 吴海林. 世界科学家辞典. 哈尔滨：黑龙江科学技术出版社，1990.

[18] 曾少潜. 科技名人词典. 北京：中国青年出版社，1988.

[19] 湖北辞书出版社. 常用百科辞典. 武汉：湖北辞书出版社，1991.

[20] 梁贵书，董华英. 电路理论基础. 3版. 北京：中国电力出版社，2009.

[21] 邱关源，罗先觉. 电路. 5版. 北京：高等教育出版社，2006.